ANTOLOGÍA DE LA POESÍA ESPAÑOLA 1960-1975

1960-1975

POESÍA

ANTOLOGÍA DE LA POESÍA ESPAÑOLA 1960-1975

Edición
Juan José Lanz

COLECCIÓN AUSTRAL

ÍNDICE

INTRODUCCIÓN

SOBRE LA GENERACIÓN DEL 68

El descrédito en que ha caído el método generacional en los estudios literarios más contemporáneos no es sino el resultado de su reducción metodológica y su aplicación mecánica y de la falta de comprensión de la realidad histórica que ha conllevado dicha aplicación. Ahora bien, si se concibe una época histórica como un complejo de relaciones entre generaciones vigentes y no vigentes y la generación como una unidad dinámica que en modo alguno mantiene su coherencia artística a lo largo del tiempo sino que se manifiesta en continua evolución, abierta a la influencia de las circunstancias y de los acontecimientos histórico-sociales y literarios, la metodología generacional se establecerá como una concepción abierta para el estudio histórico de las diversas artes, una manera de delimitar, de poner puertas al campo del devenir histórico, compartido por un grupo de individuos, coetáneos y contemporáneos (Lanz 1994b: 15-29). Si aplicamos este concepto metodológico abierto de generación a un grupo de poetas que comienzan a publicar a partir de los primeros años sesenta, obtendremos algunos resultados interesantes. Una generación abarca a *todos* los que comparten la misma edad en un momento histórico determi-

nado. Para la generación que comienza a tener una inciden-
cia histórica en torno al comienzo de la década de los se-
senta, un extremo de la «zona de fechas» de nacimiento
queda determinado por el fin de la guerra civil española en
1939. Frente a la generación que les precede, formada por
autores que, niños durante la guerra, inician su producción
en torno a los años de la segunda posguerra con «la inquie-
tud de penetrar, de comprender y aun de asumir el sentido de
una guerra en la que ellos no participaron más que como tes-
tigos mudos» (Castellet 1960: 103), los autores que comien-
zan a escribir a principios de los años sesenta, nacidos a par-
tir de 1939, no han vivido directamente la guerra civil y, por
lo tanto, sus referencias a ella serán menores y provendrán
de fuentes indirectas, tal como señala Castellet:

> Todos los poetas que aparecen en esta antología han na-
> cido a partir de 1939, es decir, que nada puede despertar en
> ellos ningún recuerdo personal de la guerra civil, hecho que
> marcó decisivamente a las generaciones anteriores (Caste-
> llet 1970: 12).

El fin de la contienda bélica marcaba un acontecimiento
definitivo y diferencial. Por el otro extremo, en torno a 1953
se empiezan a gestar una serie de acontecimientos relevan-
tes para la Historia de España, que permiten abrir un nuevo
período dentro del régimen franquista. La firma de los trata-
dos con la Santa Sede y con Estados Unidos y el ingreso de
España en la UNESCO unos meses antes, paso importante
para la definitiva admisión de nuestro país en la ONU, co-
mienzan a romper el cerco de aislamiento en que España se
encontraba desde el fin de la II Guerra Mundial y condicio-
nan el desarrollo de la política interna hacia una apertura re-
lativa, en una revisión profunda de las directrices políticas,
económicas, culturales y religiosas que habían fundamen-

tado el régimen desde 1939. Del mismo modo, la oposición, representada principalmente por el Partido Comunista de España, cambiaba hacia una política de *reconciliación nacional* que se lanzaría como consigna en el primer lustro de los años cincuenta (Morán 1986: 236-290).

La progresiva apertura del régimen encontraría en cambio sus momentos de retroceso al enfrentarse al Congreso de Escritores de 1956 y expulsar del Ministerio de Educación y Ciencia a Joaquín Ruiz-Giménez. A partir de 1962 se inicia una nueva etapa en la evolución del régimen franquista, presidida por el liberalismo económico, el aperturismo político y la voluntad de aproximación a Europa. Es el período en el que se va a empezar a manifestar una nueva generación de poetas jóvenes: la generación del 68. Determinada a partir de elementos histórico-sociales su «zona de fechas» de nacimiento [entre 1939 y 1953 (Palomero 1987: 21)], puede establecerse la fecha central de la generación en 1946 (Marías 1975: 183), y 1968 puede considerarse el año que marca el desarrollo en la formación de dicha generación.

Las revueltas juveniles que se llevaron a cabo en ese año, no sólo en Europa (el «mayo francés» o la «primavera de Praga»), sino también en USA (en la Universidad de Berkeley, por ejemplo), habían de afectar también a la juventud española, que ya había tenido sus conatos protestatarios en las revueltas de las universidades de Madrid y Barcelona a mitad de la década. Esta generación coincide cronológicamente con la que en todo el mundo es protagonista del fenómeno de la «revolución de los jóvenes» (Castellet 1970: 12) y participa de sus mismas actitudes. Pero además, en 1968, todos los miembros de la generación se encuentran en su plena juventud, entre los quince años del menor y los veintinueve del mayor. Es su etapa de formación y de mayor receptividad, por lo que el «hecho generacional» de las revueltas juveniles europeas, vinculado a otros que acaecen en torno a esa fecha (la guerra de Vietnam, el enconamiento de la Guerra Fría, el desarrollo del armamento atómico, etc.), y sus consecuencias, dejaría importante huella en ellos.

Por esto creo que a la generación española que nos ocupa le conviene el nombre de *generación del 68,* ya que esa fecha histórica tuvo una enorme importancia en su formación y la vincula al resto de generaciones occidentales que en ese momento empiezan a tomar conciencia de sí mismas.

Frente a otras denominaciones, como «novísimos» o «generación del lenguaje» (Cuenca 1979-1980: 245 y sigs.; Barella 1981: 4), que hacen referencia a una tendencia de la obra desarrollada por algunos de estos autores; «venecianismo» (Vignola 1981; Barnatán 1989: 15-16), que se refiere a una etapa concreta del desarrollo de una parte de la generación; generación de la «marginación» (Bousoño 1983: 23-25), refiriéndose a una característica más o menos definitoria, o «generación del 70» o «poetas del 70» (Palomero 1987; Luna Borge 1991; VV.AA. 1989), que desvía la atención hacia el desarrollo ulterior de la estética generacional olvidando el importante desarrollo que tiene a lo largo de los años sesenta, la denominación de *generación del 68* adquiere un carácter mucho más general que evita referencias a estilos, etapas o características concretas y que vincula los inicios de la generación a un momento histórico concreto que determinará buena parte de su desarrollo.

HISTORIA Y SOCIEDAD

El período de la Historia de España que abarca desde 1962 a 1975 se caracteriza por los cambios radicales que se producen con respecto a las etapas anteriores del gobierno franquista y por el importante desarrollo que se efectúa tanto en el plano económico-social, como en el ideológico e intelectual.

En 1962 puede encontrarse el germen originario de una serie de tendencias políticas e ideológicas, tanto en el régimen oficial como en la oposición política, cuyo desarrollo se llevará a cabo a lo largo de la década de los años sesenta, como son: a) tendencia a la integración en Europa; b) fortalecimiento del movimiento obrero; c) intensificación del movimiento universitario, y d) reorganización de la oposición política, dentro y fuera de España (Rico 1980: 86).

La sustitución de Arias Salgado por Manuel Fraga Iribarne al frente de la jefatura del gobierno en 1962 trajo un proceso de liberalización que tuvo importantes consecuencias en el plano político y económico así como en el desarrollo cultural. En el plano político, la liberalización se manifiesta en la renuncia a cuatro presupuestos ideológicos que habían guiado la política española desde el fin de la contienda civil: a) renuncia al imperialismo teórico; b) establecimiento de una transición del dirigismo a la liberalización económica; c) descomposición del *sindicato vertical,* y d) establecimiento de los primeros pasos para la transición de la unidad religiosa a la libertad de cultos (Tuñón de Lara 1980: 500 y sigs.).

En el plano económico, las consecuencias más inmediatas de la liberalización fueron el crecimiento de un capitalismo desmedido, el consumismo y el fortalecimiento de la clase media urbana. Pero el desarrollismo impulsado por la liberalización económica de los años sesenta produjo también sus consecuencias negativas en el campo intelectual, la más importante de las cuales fue una aparente *desideologización* de la juventud en el ámbito cultural.

Una de las consecuencias más notorias del aumento de la clase media fue la masificación de las aulas universitarias, problema que se unió a la muy deficiente estructura de la Universidad española. Desde 1939, la Universidad había sufrido el embate continuo del régimen para convertirla en su propio resorte ideológico (Laín Entralgo 1976: 93), sin embargo el fracaso de dicha manipulación se hizo patente a mediados de los años sesenta, con las protestas de parte del profesorado unidas a las de los jóvenes universitarios. Por otro lado, la leve apertura socio-política que se había iniciado en 1962 tuvo pronto sus resonancias en el ámbito cultural con la aparición de tres revistas de pensamiento encaminadas a elevar el tono intelectual español en un intento de acercamiento al pensamiento europeo: *Atlántida, Revista de Occidente* y *Cuadernos para el Diálogo* (Rico 1980: 88-92).

A la par del cambio socio-político que se inicia en 1962, se da en España un cambio en el panorama literario (Blanco Aguinaga y otros 1984: 187), que tiene como consecuencia inmediata el abandono paulatino de la literatura social que había dominado desde la década anterior (Sanz Villanueva 1984: 42), ante el mejoramiento evidente de las clases más desprotegidas. En poesía, libros publicados entre 1962 y 1964, como *Invasión de la realidad,* de Carlos Bousoño, o *Libro de las alucinaciones,* de José Hierro, adelantan un cambio literario hacia el formalismo que se hará más o menos general en el segundo lustro de la década. La novela también sufre un cambio importante en estos primeros años sesenta, como muestra la publicación en 1962 de *Tiempo de silencio,* de Luis Martín Santos, y posteriormente *Señas de identidad,* de Juan Goytisolo; *Últimas tardes con Teresa,* de Juan Marsé, etc. Este cambio estético venía acompañado y sustentado por una corriente literaria cuyos máximos exponentes eran los escritores (narradores y poetas) del *boom* hispanoamericano, el objetivismo francés, la literatura del exilio, la literatura de la *modernidad,* etc., y por una teoría literaria, con Roland Barthes, el formalismo ruso, el estructuralismo, etc., que ponían su acento en la configuración formal de la obra literaria como lo definitorio y distintivo de ésta (Blanco Aguinaga y otros 1984: 246).

El movimiento hacia la liberalización intelectual tiene su correspondencia en la ligera apertura en la política cultural que se lleva a cabo desde el gobierno con la aprobación en marzo de 1966 de la *Ley de Prensa e Imprenta,* que suprimía la censura previa (Abellán 1979: 75-89; 1980) y suponía una cierta libertad de expresión, mientras no se atentase contra los Principios Fundamentales del Movimiento.

El año 1973 señala el comienzo del ocaso final del franquismo, pues en ese año coinciden dos sucesos de singular importancia y de distinta naturaleza que hacen entrar al régimen en una crisis profunda, paralela a la decadencia física del dictador. La «crisis del petróleo» sumirá a todo el mundo occidental en un profundo *crack* económico y, en España, el desarrollismo de los años sesenta, en su dimensión política e ideológica, se verá privado de su fundamento económico. Por otro lado, el asesinato del almirante Carrero Blanco provocará el descabezamiento político del régimen, pues en él se veía al perpetuador del ideal franquista más allá de la muerte del dictador. El nombramiento de Arias Navarro como presidente del gobierno significó, en lo económico, el apartamiento de los tecnócratas, el fin de la etapa desarrollista y el comienzo de un período definido por la inflación y el desempleo crecientes, que hacen volver al movimiento obrero a una actividad radical en la oposición política al régimen. En el plano socio-político, el nuevo período se inicia con un incipiente aperturismo (Carr 1984: 699), que culminará en el *Estatuto de Asociaciones Políticas* (1974), pero los graves acontecimientos de 1974 y 1975 acaban con el espíritu aperturista de Arias Navarro.

Ante la enfermedad cada vez más acentuada de Franco, a mediados de 1975, surgen dos agrupaciones con el ánimo de llevar a cabo la transición democrática: la Junta Democrática, reunida en torno al PCE, y la Plataforma de Convergencia Democrática, que agrupa a partidos y asociaciones políticas de muy diverso signo. El régimen político había demostrado en sus últimos quince años su incapacidad de autotransformarse, y los «buenos gestos», que no pretendían sino afianzar al propio sistema, no consiguieron evitar las peticiones de verdaderas libertades democráticas. El 20 de noviembre de 1975, a la muerte de Franco, se abrirá un período de expectación democrática bajo el reinado de Juan Carlos I.

Este nuevo período de la vida española produce un cierto cambio cultural (García de la Concha 1983: 3; Sanz Villanueva 1984: 46-49; Rico 1992: 3-4) que se había venido elaborando desde los años sesenta. En aquella década, buena parte de los intelectuales españoles olvidaron el enfrentamiento ideológico que los paralizaba en el tiempo, para avanzar, ignorando el propio sistema franquista, por un camino que les facilitaba la integración cultural en Europa (Siles 1989: 10-11), aunque la política y la económica no se hubiera llevado a cabo aún. Paradójicamente, esta postura los hizo, en cierto modo, partícipes de la desideologización que pretendía el régimen (González 1980: 7). Por otro lado, las tendencias artísticas que se habían venido implantando desde los años sesenta empezaban a mostrar en torno a 1975 síntomas evidentes de agotamiento y desgaste, que se manifestarán en la búsqueda de una serie de perspectivas nuevas a partir de 1977, año en que, con la legalización de todos los partidos, incluido el PCE, y la celebración del primer referéndum democrático, se pone fin a un período de la historia de España.

Culturalmente, la aparición del diario *El País,* en mayo de 1976, constituye uno de los fenómenos más relevantes del período 1975-1977. *El País* se convertirá, junto con otras publicaciones, como *El Viejo Topo, Cambio 16,* etc., en el máximo ejemplo de la libertad de prensa y a su vez será el impulsor de una nueva cultura «oficial» que, conformada en los años del franquismo, vendrá a sustituir a la cultura oficial de la dictadura, contando con los resortes necesarios para establecerse en el nuevo sistema político (Rico 1980: 103-108; Vélez 1984). Por otro lado, la concesión del premio Nobel de Literatura a Vicente Aleixandre venía a confirmar a la generación del 68 que su proyecto de enlace con los presupuestos estéticos de la generación del 27 no era errado.

Por último, la eliminación de la censura y la creación del Ministerio de Cultura parecen poner fin, en el plano cultural, al régimen franquista y a sus derivaciones, enlazando con la tradición liberal y librepensadora que habían representado en nuestro país los autores de las generaciones del 98, del 14 y del 27. En fin, todo parecía hermanarse para intentar recuperar un momento estético, político y social que había venido siendo idealizado a lo largo del franquismo por los intelectuales que se habían situado al margen o en contra del régimen: el período de la II República (Sotelo 1991: 12-13).

LAS ANTOLOGÍAS POÉTICAS CON CARÁCTER GENERACIONAL: HISTORIA CRÍTICA

El estudio de las antologías cobra una importancia radical dentro de la historiografía de la poesía española contemporánea, puesto que éstas se constituyen en muestras selectivas de una realidad actual en formación, cuya característica definidora es su falta de estabilidad. Al incidir las antologías en esa realidad en formación, interpretándola, ésta asume dicha interpretación y, por lo tanto, queda transformado su desarrollo posterior. Las antologías poéticas se convierten, así, en un documento de doble valor: en cuanto reflejo de un momento histórico-literario determinado y en cuanto que su interpretación de la realidad literaria del momento incide en el desarrollo poético posterior. Hace algunos años, Guillermo Carnero echaba en falta la existencia de una revista

como núcleo aglutinante de la nueva poesía del momento
(Moral y Pereda 1985: 308). Lo cierto es que este papel ha
pasado a ser desempeñado por la antología poética, convir-
tiéndose en un medio de reunión de poetas con la voluntad
de remover y despertar el ambiente literario y de impulsar-
los e integrarlos en el panorama poético de la época, funcio-
nes que desempeñaron las revistas de poesía en otro tiempo
(Rubio 1976: 10). Pero, a su vez, la continua floración de
antologías y su referencia a una realidad inconclusa, las ha
dotado de un rasgo que caracteriza también a las revistas
poéticas: estar ligadas, en la novedad o en el anacronismo, a su
tiempo (Rubio 1976: 10). En consecuencia, las antologías,
como las revistas, se han integrado en un ciclo de desarrollo
histórico, en el que, como testigos de una época determi-
nada, les es dada la degradación del envejecimiento (Martí
1987: 29). Su rasgo implícito de actualidad facilita los ele-
mentos necesarios para una comprensión sincrónica de la
poesía de cada momento, sin olvidar que la perspectiva dada
no es neutra, sino cómplice de la revisión y de la posterior
evolución.

En torno a 1967 y 1968 se publican tres antologías que
pretenden dar muestras de los últimos cambios acaecidos en
la poesía española más joven: *Antología de la joven poesía
española* (1967), de Enrique Martín Pardo; *Doce jóvenes
poetas españoles* (1967), y *Antología de la nueva poesía es-
pañola* (1968), de José Batlló. Las tres venían a recoger una
nómina considerable de autores jóvenes representantes de
las más diversas tendencias estéticas que convivían en co-
dominancia desde los primeros años de la década. En ellas
se vislumbra ya un cambio principalmente formal, más que
temático (Palomero 1987: 12), con respecto a la poesía do-
minante anterior. Estas tres antologías constituyen un primer
núcleo de *presentación* de la nueva generación poética, y
tienen la importancia de mostrar una parte de la producción

poética generacional en un primer momento de indefinición y de relativa indiferenciación en sí y con respecto a las estéticas anteriores.

A partir de 1970 aparecen otras tres antologías que pueden definirse como de *lanzamiento generacional: Nueve novísimos poetas españoles* (1970), de José María Castellet; *Nueva poesía española* (1970), de Enrique Martín Pardo, y *Espejo del amor y de la muerte* (1971), de Antonio Prieto. El cambio estético con respecto a las producciones poéticas dominantes anteriores se hace más evidente en algunas de las tendencias jóvenes, y los antólogos recogen en estas selecciones a aquellos autores que muestran de modo más radical dicho cambio, en la voluntad de hacer evidente la *ruptura* con la tradición poética inmediata. Los poetas seleccionados en estas tres antologías y los presupuestos estéticos defendidos desde prólogos, poéticas y poemas, más que oponerse entre sí (Luna Borge 1991: 102), constituirán el núcleo rector de la tendencia estética dominante durante los años setenta (Talens 1992: 28-31), en clara divergencia en algunos aspectos, y radicalizando otros, con los que habían caracterizado a la joven poesía de la década anterior. Si *Nueve novísimos* trataba de exponer la fractura estética de la nueva generación, *Nueva poesía española,* coincidiendo con la anterior en algunos autores como Pere Gimferrer y Guillermo Carnero, eliminaba las expresiones más extremas a fin de dotar de una mayor personalidad a las voces seleccionadas. Por otro lado, el signo culturalista que define parcialmente *Nueve novísimos* guía de un modo explícito *Nueva poesía española* y es llevado hasta el extremo por los poetas más destacados de *Espejo del amor y de la muerte:* Luis Alberto de Cuenca y Luis Antonio de Villena (Cuenca 1979-1980; Munne 1981: 21-23).

Las respuestas a la nueva estética no se hicieron esperar por parte de grupos poéticos que veían en ella la relegación

de otras estéticas discordantes [1]. Así, *Equipo «Claraboya».
Teoría y poemas* (1971) se constituye como la primera respuesta desde una antología poética contra la «nueva estética». Todo su extenso estudio prologal está dedicado a negar sus fundamentos, que define como «neoesteticista», «neorromántica» y «neodecadente», para afirmar frente a ella la validez de una poesía más ligada a la realidad histórico-social, continuadora de las propuestas poéticas de la primera y segunda posguerra: la «poesía dialéctica». Pero su respuesta, que, desde un planteamiento teórico más amplio, podría haber sido válida para un grupo importante de tendencias y poetas distantes del culturalismo (José-Miguel Ullán, Aníbal Núñez, etc.), hallaba una escasa repercusión al reducirse a un grupo de cuatro autores, cuya única característica común, pese al sentido globalizador que pretendía tener el prólogo, era haber compartido la dirección de la revista leonesa *Claraboya* en los años sesenta. Otra respuesta a la ruptura enarbolada por las tres antologías *de lanzamiento* la lleva a cabo Florencio Martínez Ruiz al hacer compartir en *La nueva poesía española* (1971) un espacio estético colindante a poetas de la generación del 50 con otros más jóvenes, como hiciera años atrás Batlló. La nueva poesía de la generación del 68 parecía menos nueva si se tenía en cuenta la evolución llevada a cabo por poetas como Claudio Rodríguez, Eladio Cabañero, Ángel García López, Miguel Fernández, Félix Grande o Carlos Sahagún, y el enlace con la estética precedente evidenciaba sus pasos en las obras de Antonio Hernández, Diego Jesús Jiménez, Manuel Váz-

---

[1]   Aquí sólo me ocupo de las «respuestas» antológicas. Para una visión más amplia de las polémicas poéticas en los años setenta puede verse el capítulo «Bajo el signo polémico: teoría y polémica poética en torno a 1970» en Lanz. En prensa: 1033-1237.

quez Montalbán o Antonio López Luna. Teniendo en cuenta las obras de estos autores, la poesía de Ullán, Gimferrer o Carnero perdía mucho de su carácter rupturista, y se los podía considerar, junto a los anteriores, insertos en una segunda generación de posguerra.

No resulta exacta la opinión de Carnero al señalar que *Poetas españoles poscontemporáneos* (1974), de José Batlló, supone «dentro de una orientación marcada por los Novísimos, la incorporación de poetas más jóvenes o no, que se mueven dentro de esa línea» (Carnero 1978a: 89). Si se tienen en cuenta nombres como los de Lázaro Santana, Antonio Carvajal, José Elías, Eugenio Padorno, José-Miguel Ullán, Ángel Fierro, Jenaro Talens o Aníbal Núñez, entre otros, se verá la dispersión estética que supone la nueva antología de Batlló, que ha tenido en cuenta muy diversas tendencias poéticas, aunque es cierto que los «nuevos poetas» lanzados por Castellet y Martín Pardo en 1970 tienen una gran importancia en esta selección. En cierto modo, la antología de Batlló supone la continuación de la «nueva estética», eliminados los rasgos más extremos de ésta e incorporando las nuevas creaciones y la evolución de sus obras en el período transcurrido; pero, en su inclusión de poetas de muy diversas tendencias, la antología pretende ser una amplia representación de las corrientes más características de la poesía joven en los primeros años setenta y supone una verdadera superación de la estética novísima tal como se había formulado en 1970.

Nueve poetas del resurgimiento (1976), de Víctor Pozanco, se plantea desde su mismo título como una respuesta directa a la «nueva poesía» tal como se había formalizado en *Nueve novísimos*. La antología se elaboraba con el ánimo de demostrar las características distintivas de los poetas presentados con respecto a los apadrinados por Castellet, puesto que, tal como opinaba Sanz Villanueva en el epílogo de la antología, «la corriente "veneciana" (...) había periclitado pronto» (1976: 274). Sin embargo, los rasgos diferenciales señalados por Pozanco resultaban tan sólo aparentes; «neo-barroquismo», «fe en el lenguaje», «decantamiento hacia lo connotativo», etc., son elementos que caracterizan de igual modo tanto a los poetas *resurgentes* como a los *novísimos*. Lo que para 1976 había declinado era el autor-modelo diseñado por Castellet[2]. Este modelo estético ya había entrado en crisis en el momento de la publicación de la antología barcelonesa (Prat 1982b: 199) y tanto *Nueva poesía española* como *Poetas españoles poscontemporáneos* vienen a mostrar el desajuste entre el archi-poeta diseñado por Castellet y la realidad poética del momento. Pozanco, queriendo establecer su antología como respuesta a la «nueva poesía», colaboraba a su difusión incluyendo a dos de los poetas más significativos de las nuevas tendencias, antologados ya por Martín Pardo en 1970: Antonio Colinas y Jaime Siles. Junto a ellos, los poemas de Cristina Peri Rossi y de José Luis Giménez-Frontín no parecían negar, sino ampliar, los presupuestos establecidos por las antologías *de lanzamiento*.

En *Segunda antología del resurgimiento* (1980), Pozanco pretende dar una continuación a la labor iniciada cuatro años atrás considerando periclitada la tendencia novísima y proponiendo un grupo de poetas jóvenes como renovadores de la poesía (Luna Borge 1991: 109), pero los presupuestos teóricos esbozados ahora resultan más oscuros y la antología adquiere, por lo general, un carácter caótico, al que contribuye el amplio espectro de tendencias y edades abarcado.

---

[2]   La traducción, matizada y reducida, al italiano de *Nueve novísimos poetas españoles* y el proyecto de una segunda edición de la antología de 1970 incorporando las últimas creaciones de los autores antologados, no buscaban sino completar dicho proyecto estético entre 1975 y 1977 y señalar que el modelo estético de 1970 se había transformado.

Mari Pepa Palomero califica a *Joven poesía española* (1979) como la «última antología generacional» (Palomero 1987: 17) y no hay duda de que en muchos aspectos lo es. Por un lado, *Joven poesía española* es la última antología que establece a la generación del 68 y, dentro de ella, a la tendencia novísima, con las ampliaciones llevadas a cabo durante la década dentro de esta línea estética, como «el último giro renovador de la lírica española» (Voric 1980: 58). Por otro, es la última antología que selecciona exclusivamente a poetas de dicha generación como representantes de la «nueva o joven poesía». Por último, la publicación de la antología en una colección de verdadero peso académico venía a certificar la validez de los argumentos historizadores defendidos por un grupo de poetas con voluntad de autopromocionarse (Talens 1992: 32-33). En definitiva, los presupuestos estéticos que habían sido lanzados en torno a 1970 hallan en esta antología una revisión desde una perspectiva histórica que pretende elevarlos a definitivos, «a la cátedra» (Rozas 1979). La antología y el estudio introductorio parten de las formulaciones llevadas a cabo en las tres antologías *de lanzamiento,* en 1970-1971, y tratan de completar la evolución de la línea estética allí diseñada añadiendo algunos nombres que la complementan y definen. De hecho, el núcleo de la antología (doce de los diecisiete poetas seleccionados) lo forman poetas que habían sido recogidos en alguna de esas tres antologías. No resultan vanas, por lo tanto, las críticas vertidas contra esta antología señalando que se trataba de una continuación de *Nueve novísimos,* o de «una antología de antologías» (Molina Campos 1980: 33-36; García Martín 1980: 41). *Joven poesía española* venía a ser un resumen compilativo de lo que había supuesto la década de los años setenta en la evolución de su principal línea estética, de signo culturalista, novísimo, esteticista o del lenguaje. En este sentido, la selección realizada atendía más al desarrollo poético acaecido en el primer lustro de la década. Lo cierto es que hasta algunos autores en sus poéticas (Carnero, Gimferrer, Cuenca) empezaban a mostrar un cierto agotamiento de la estética que paradójicamente se presentaba como «joven».

Varias de las antologías que se publican en los años ochenta presentan a poetas de la más joven generación junto a los de la generación del 68. Así, *Las voces y los ecos* (1980), de José Luis García Martín, lleva a cabo su selección entre aquellos autores que publican su primer libro en los años setenta, para marcar de esta manera un cambio cualitativo con respecto a la tendencia *novísima,* que comenzó a publicar en el segundo lustro de los sesenta. La mayor parte de los autores ahora seleccionados cuestionarán la supuesta ruptura estética que habían llevado a cabo los poetas de la «nueva poesía», para señalar el enraizamiento en una amplia tradición. Por otro lado, *Las voces y los ecos* intentaba recuperar, como lo había hecho dos años atrás *Degeneración del 70,* la tradición establecida por los poetas andaluces, que «eran los grandes ausentes de los novísimos» (García Martín 1981: 42), para mostrar cómo en ellos se daba una continuidad estética que venía a enlazar con los poetas de la generación más joven. Pese a la diversidad de tendencias recogidas, el predominio de un tono cernudiano-elegíaco se establecía como una respuesta a la estética novísima tal como había quedado reducida en *Joven poesía española.* Frente a los presupuestos de vanguardia, ruptura y modernidad, lanzados por las antologías de 1970-1971 y recogidos en la de 1979, *Las voces y los ecos* oponía unos presupuestos diferentes fundados en el clasicismo y la tradición como formas efectivas de creación poética.

Elena de Jongh Rossel seleccionará los poetas de *Florilegium* (1982) entre aquellos nacidos en la década de los cincuenta, coincidiendo en la selección poetas de la generación del 68 con otros pertenecientes a la que la autora denomina «promoción de 1975». La antología venía a demostrar que, si bien los poetas más jóvenes se situaban a una distancia estética considerable de los presupuestos *novísimos,* esta distancia quedaba reducida si se tenía en cuenta la evolución llevada a cabo en distintas direcciones por poetas como Luis Alberto de Cuenca, Jaime Siles, Luis Antonio de Villena, César Antonio Molina o Andrés Sánchez Robayna, que establecían un puente efectivo con los poetas *novísimos* y demostraban que no había existido en la poesía última una ruptura tajante con la estética inmediatamente anterior.

Como las dos anteriores, *Después de la modernidad* (1987), de Julia Barella, antologaba poetas de las dos últimas generaciones, con la novedad de que incluía autores en las otras lenguas oficiales del Estado. Esta antología trataba de demostrar de un modo radical que la generación del 68 y su tendencia *novísima* más representativa (o, al menos, más representada hasta entonces) no eran ya el último giro renovador de la lírica española. Es más, tal como se argüía en el prólogo, las nuevas tendencias se situaban en el extremo opuesto al que había caracterizado a la «nueva poesía» en los primeros años setenta, y si aquella tendencia se había definido por su «afán de modernidad», los nuevos poetas se situaban «después de la modernidad», en el espacio indefinido de la *posmodernidad.* En el estudio introductorio, Barella negaba punto por punto los supuestos teóricos que había fundamentado más de quince años atrás Castellet, para postular el neoclasicismo y la tradición como elementos de una estética *posmoderna,* frente a la ruptura y la vanguardia como rasgos definitorios de la estética *moderna* (Lanz 1995).

Poetas de los 70 (1987), de Mari Pepa Palomero, se realizaba con un propósito histórico y con una distancia considerable con respecto a los momentos de aparición y lanzamiento generacional y, por lo tanto, los criterios que habían determinado las selecciones poéticas de los años setenta se encontraban ahora tamizados por los cambios estéticos y de consideración crítica que habían supuesto las revisiones de los primeros años ochenta. En este sentido, emprende una revisión del panorama poético de los años setenta con la voluntad específica de mostrar la diversidad de tendencias estéticas que confluyen en la generación del 68. Si, por una parte, se atendía la producción de los autores de la generación del 68 desde su momento de aparición y a lo largo de los años setenta, por otra también se atendía a algunos de aquellos autores de dicha generación que habían comenzado a publicar después de la aparición de *Joven poesía española* y que, en consecuencia, imponían un nuevo cambio estético, una nueva tendencia en la generación (Ramón Irigoyen, Mario Hernández o Ana Rossetti). En su amplia selección, la antología tenía la virtud de incluir a algunos poetas que no habían sido seleccionados anteriormente y que apuntaban una cierta ampliación de las perspectivas estéticas que habían dominado en la década anterior (Juan Luis Panero, Carlos Piera, Clara Janés, Eduardo Hervás y Ramón Buenaventura). También se recuperaban algunos nombres que habían quedado olvidados en alguna de las antologías de los años setenta y cuya obra cobraba nueva validez (Aníbal Núñez, Lázaro Santana, Antonio Carvajal, Agustín Delgado y Cristina Peri Rossi). En definitiva, el haz de estilos practicados por los poetas de la generación del 68 se multiplicaba enormemente en esta antología, aunque aún la corriente lanzada en las tres antologías de 1970-1971 y elevada «a la cátedra» por *Joven poesía española* seguía considerándose como la más representativa de la generación del 68. Por el contrario, la mayor parte de los poetas que, dados a conocer en torno a la segunda mitad de los años setenta, habían sido promocionados en alguna de las antologías de los años ochenta están ausentes (Andrés Sánchez Robayna, Abelardo Linares, Francisco Bejarano, César Antonio Molina, etc.), lo mismo que algunos de los autores que se habían dado a conocer en el primer momento generacional y que quedaron arrumbados por los «nuevos poetas» (Diego Jesús Jiménez, Antonio Hernández, Eugenio Padorno, etc.). En consecuencia, y pese a las críticas que vierte contra aquélla, *Poetas de los 70* partía fundamentalmente de la selección realizada por *Joven poesía española,* para completarla con algunas tendencias complementarias y exponer un panorama poético variopinto en el que la tendencia emblematizada en la antología de 1979 apareciera no como la única dentro de la generación del 68, pero sí como la predominante. Si bien es cierto que una parte importante de las corrientes generacionales estaba representada en esta antología, la verdad es que no resultaban atendidas en equilibrio (Barella 1988: 10). Las ausencias resultaban al cabo de los años y, dada la perspectiva existente, más hirientes. *Poetas de los 70* caía, como todas las antologías precedentes, en el olvido de una de las corrientes poéticas características de la generación del 68, que había discurrido de modo marginal desde los inicios de la década prodigiosa; me refiero a la corriente de poesía experimental que, en cambio, ocupó un espacio considerable en diversas revistas literarias (Millán 1981: 32-37; Rubio y Falcó 1981: 51-56; Domínguez Rey 1987: 105-115; Sarmiento 1990; Lanz 1994b: 183-203).

SOBRE ALGUNAS REVISTAS DE POESÍA

En este apartado, dedicaré unas breves notas al estudio de aquellas revistas poéticas impulsadas por autores jóvenes en las que se fragua la poesía de los años sesenta y del primer lustro de la década siguiente y que nacen en dicho período.

El estudio de las revistas poéticas revela dos etapas dentro
de este período, agrupando a diversas revistas. La primera
etapa discurre entre 1962 y 1969; el primer año señala el del
comienzo de buena parte de los primeros proyectos reviste-
riles encabezados por jóvenes de la nueva generación, mien-
tras que el bienio 1968-1969 marca el fin de las diversas
revistas iniciadas entre 1962 y 1965. En esta primera etapa,
comienza a manifestarse en diversas publicaciones la crisis
de la estética social en una cierta desorientación surgida del
carácter epigonal que caracteriza una parte importante de la
producción publicada en las revistas. Entre 1969 y 1977 se
desarrolla una nueva etapa en las revistas poéticas, con la
aparición de nuevos proyectos, en la que se manifiesta, a tra-
vés de una pluralidad de tendencias, una mayor conciencia
de la renovación completa del panorama literario que se ha
llevado a cabo en los últimos años, a la vez que en las publi-
caciones del fin de este período se anuncia el cambio esté-
tico que tendrá lugar al final de la década y que se consoli-
dará en los años ochenta. Aunque algunas de estas revistas
continúan su andadura más allá, hacia 1977 puede percibirse
el fin de la mayor parte de aquellos proyectos.

A fines de 1963, aparecía en León *Claraboya,* que iba a
reunir a cuatro jóvenes poetas (Agustín Delgado, Ángel Fie-
rro, José Antonio Llamas y Luis Mateos Díez) con el ánimo
de superar las dos tendencias, social e intimista, predomi-
nantes en la poesía española desde la primera posguerra.
Para ello, *Claraboya* pretendía establecer una síntesis de es-
tas tendencias, recogiendo de la primera la vinculación de
poesía e historia, y de la segunda la voluntad de un canto
sincero y humano. Lo cierto es que, si la superación de dicha
dicotomía va a caracterizar la labor de la revista en sus pri-
meros años, a partir de 1965, con la guía de Antonio Gamo-
neda, inicia un período en el que lo característico va a ser la
voluntad de investigar y conectar con la poesía española del

momento y con la poesía mundial. En esa evolución, *Clara-
boya* va a plantear una nueva concepción dinámica, *dialéc-
tica,* de la realidad y de la poesía, que le llevará pronto a pro-
mulgar una superación de la concepción estática del
realismo precedente y la búsqueda de una estética de «fór-
mulas rotas», derivada directamente de su concepción de la
realidad y de la poesía como captación de la vida en su pro-
pio devenir. Pero este estilo *roto,* fragmentario, iba a ser
pronto abandonado en favor de un estilo más *narrativo,* do-
minante en su poesía más madura, inspirado en Bertolt
Brecht, Luis Cernuda o Nazim Hikmet. Todo ello se desa-
rrolla a partir de una concepción de la poesía como un modo
de conocimiento profundo y dialéctico de la realidad desde
la conciencia individual. Desde *Claraboya* se criticaba con
igual dureza que el anquilosamiento de las técnicas realistas
de la poesía social, cualquier intento de elaborar una poesía
evasiva, que no tuviera a la realidad del momento como su
objeto y eje principal, lo que condicionó su enfrentamiento
con el esteticismo novísimo, aceptado por su carácter reno-
vador en un primer momento. La última etapa de la revista,
que desaparecerá en 1968, plantea los fundamentos estéticos
de un nuevo estilo poético: por un lado, el nuevo estilo avan-
zaba hacia una poesía narrativa, más relatada que exultada;
por otro, avanzaba hacia una purificación del lenguaje
fundada en la poesía popular, a fin de que la realidad narrada
por el poema fuera asequible a una mayoría.

   Una semejante voluntad de enlace con la generación del 50,
y especialmente con la Escuela de Barcelona, va a guiar tam-
bién a *La trinchera. Frente de poesía libre,* que, en su corta
vida, desarrolla, bajo la dirección de José Batlló, dos etapas
bien diferentes. El primer número de *La trinchera* fue publi-
cado en Sevilla en noviembre de 1962, y plantea, a partir del
eco suscitado por la antología *Veinte años de poesía espa-
ñola (1939-1959),* la renovación y continuidad de la estética

social tal como la estaban llevando a cabo en los primeros años sesenta los poetas dados a conocer en aquella antología. Más de tres años habrán de pasar hasta que se publiquen los dos números siguientes de *La trinchera* en Barcelona en el primer semestre de 1966, que, abiertos a las distintas lenguas nacionales, anunciaban la definitiva y profunda renovación estética que acaecería en la poesía española durante el segundo lustro de los años sesenta, más atentos a la experimentación que al compromiso político.

Vinculada al proyecto de *La trinchera* y a la colección de poesía *El Bardo* (Batlló 1995: LXIII y sigs.), *Si la píldora bien supiera no la doraran tanto por defuera* (1967-1969) compartía con la anterior revista de Batlló el tono comprometido y combativo, salvaguardado ahora por su falsa edición en Canadá, y una semejante preocupación por dar testimonio de la poesía joven en castellano y de las manifestaciones poéticas en las otras lenguas del Estado. La vinculación de *Si la píldora...* con *El Bardo,* con la intención de promover un frente poético juvenil, del que Batlló ya había adelantado una muestra en *Antología de la nueva poesía española* (1968), salta a la vista al comprobar la coincidencia de poetas jóvenes que publican tanto en la colección de poesía como en la revista. Otro de los extremos que con el ánimo de promocionar a la joven poesía establecía su eje en Batlló, fue la relación que *El Bardo* iniciaría, mediados los años sesenta, con *Claraboya* con el ánimo de organizar un frente plural para el lanzamiento y promoción de una nueva vanguardia poética entre la joven poesía y que la revista bautizaría con el nombre de *Grupo 66.* El triunfo estético *novísimo,* en torno al cambio de década, provocó el fracaso de ese frente poético renovador y vanguardista, si no en cuanto a algunos poetas, sí al menos en cuanto tal frente.

Pero aún el espíritu de aquel proyecto sobrevivirá en *Camp de l'arpa,* fundada en 1972 y desaparecida en los pri-

meros años ochenta. Dentro de la poesía escrita en caste-
llano, *Camp de l'arpa* sirvió de base de consolidación para
la generación del medio siglo en el panorama nacional, al
mismo tiempo que su preocupación por las corrientes «disi-
dentes» de la poesía de posguerra estableció diversos mode-
los literarios para los autores más jóvenes.

A fines de 1962, comienza a reunirse un grupo de jóvenes
poetas en torno al uruguayo Julio Campal con una clara vo-
luntad vanguardista y experimental. Apenas unas hojas
ciclostiladas componen los dos números que estos poetas
publicaron en 1962 con el nombre de *Problemática-62* y la
media docena que a partir de 1963 publicaron bajo el título
de *Problemática-63*. En *Problemática,* los conceptos de van-
guardia y experimentación no significan ruptura con la tra-
dición literaria, sino la comprensión de éstos como parte
integral de aquélla; tampoco implican la renuncia a una con-
cepción social del arte, sino su integración solidaria, de
modo que la actividad artística supone «encuentro y desplie-
gue de lo humano en la razón creadora» (Domínguez Rey
1987: 106). El valor de *Problemática-63* radica en haber
conseguido agrupar a unos cuantos poetas con una verda-
dera voluntad experimental y con la aspiración de renovar
profundamente el panorama poético español, arrancándolo
de las tendencias sociales y realistas dominantes, para abrir
una veta experimental que se desarrollaría en otros proyec-
tos, como *Artesa* o *Fablas,* en los años setenta.

La revista burgalesa *Artesa. Cuadernos de poesía* es uno
de los experimentos poéticos más notables que inician esa
segunda etapa que he indicado en las publicaciones periódi-
cas jóvenes. Su larga vida hasta 1979 de la mano de Antonio
L. Bouza permite ver una de las evoluciones más interes-
santes de los intereses poéticos a través de cuatro etapas dis-
tintas, que marcan un progresivo distanciamiento del tono
poético de posguerra en sus primeros números hacia el ex-

perimentalismo más extremo a medida que avanzan los
años setenta. Cargada de un profundo humanismo, el eje
central que rigió el desarrollo de *Artesa* fue la búsqueda de
una poesía fundada en una expresión auténtica de la reali-
dad del Hombre. La libertad formal, como modo de mani-
festar la autenticidad y el humanismo que buscaba la re-
vista, permitió un desarrollo poético que, con una voluntad
de comunicación universal, se aproximó a los modos de
manifestación más experimentales y a su materialización en
la poesía visual y concreta. En este sentido, es destacable la
teorización sobre la poesía que llevó a cabo Bouza en sus
textos de «Poemática» y en el proyecto más ambicioso de la
revista, la antología *Odología 2000* (1975), donde tendrían
cabida los poetas más representativos de esa nueva línea
experimental.

También puede verse una cierta atención a la poesía expe-
rimental en la revista canaria *Fablas* que, nacida en 1969
con la intención de promocionar a los jóvenes poetas isle-
ños, se extendería durante cerca de diez años. Pero no sólo
la poesía experimental, como una corriente pujante en los
primeros años setenta, es objeto de atención en *Fablas,* sino
que desde el primer momento rige el desarrollo de la revista
la preocupación por la poesía extranjera y por aquella escrita
en las diferentes lenguas españolas, señalando una doble
tendencia en el gusto de sus colaboradores más habituales:
por un lado, una preocupación por la poesía narrativa; por
otro, una preocupación por los maestros *modernos* y espe-
cialmente por aquellos que hacen del lenguaje el objeto cen-
tral de su interés poético. *Fablas* intentó dar cuenta de la
diversidad y riqueza de tendencias poéticas a lo largo de los
años setenta, desde el experimentalismo a la poesía medita-
tiva, desde el compromiso al esteticismo. En cuanto a la
poesía canaria más joven que se publica en *Fablas,* puede
decirse que investiga, en general, a través de sus poemas, en

la búsqueda de una voz insular característica: unos poetas encontrarán esta voz en la coincidencia de su historia personal con la Historia de su pueblo; otros verán en el especial tratamiento del lenguaje que llevan a cabo en sus creaciones lo determinante de esa voz insular común, y se volcarán en sus poemas en el análisis de los resortes de ese tratamiento característico del lenguaje.

Fablas había mostrado en sus páginas una preocupación por recuperar la fracción canaria del *Postismo,* encabezada por Félix Casanova de Ayala. Una semejante preocupación por este movimiento de vanguardia puede verse en *Trece de Nieve* (1971-1977), dirigida por Mario Hernández y Gonzalo Armero, que dedicará un número monográfico a la figura de Eduardo Chicharro. *Trece de Nieve* surge con un ánimo «rectificador» en la idea de recuperar a aquellos autores de generaciones precedentes que, olvidados o marginados del panorama literario, conecten y expliquen la evolución última de la poesía española. En este sentido, será manifiesta la preocupación de la revista por las tendencias vanguardistas más olvidadas, y junto al *Postismo* y Eduardo Chicharro, *Trece de Nieve* inicia la recuperación, coincidiendo en esto con *Artesa,* de un poeta olvidado como Francisco Pino. *Trece de Nieve* es una revista atenta a la sensibilidad de las tendencias más avanzadas de la poesía joven a comienzos de los años setenta y, en este sentido, su orientación difiere de la de otras revistas del momento, en cuanto que en sus páginas se prefiere dar cabida a las corrientes poéticas de espíritu vanguardista, de clara ruptura con las principales líneas precedentes. A pesar de ello, *Trece de Nieve* fue una revista abierta a diversas tendencias manifestadas en aquellos años, como muestra la lista de los jóvenes colaboradores. En general, puede decirse que la concepción de la poesía como un insustituible modo de conocimiento de la realidad a través del lenguaje parece ser un hecho aceptado por los jóvenes poetas que publican en *Trece de Nieve.*

La *ilustración poética española e iberoamericana* (1974-1976) nace de la mano de Antonio Martín Sarrión, «con quien concuerdan» José Esteban y Jesús Munárriz, con el ánimo de dar cuenta de la situación de la poesía española a mediados de los años setenta publicando poemas «rigurosamente inéditos» de autores vivos. En cuanto a la poesía más joven, que es la que ocupa el núcleo central de *La ilustración...*, la revista da cabida, desde una postura vanguardista, a aquellos poetas que se plantean en los primeros años setenta una cierta ruptura con las estéticas realistas precedentes, propugnando unas posiciones que se quieren modernas y postulando «una poética contra lo vacío de muchos de nuestros "padres" contemporáneos» (Marfil 1976: 52). De esta manera, *La ilustración...* sirve de vínculo de unión y órgano de expresión y extensión a la estética novísima, con sus diversas prolongaciones y la evolución experimentada en estos años, y como mantenedora del presupuesto rupturista propugnado en las antologías de 1970-1971. Así, junto a los nueve poetas antologados por Castellet, publican en *La ilustración...* otros autores que continúan y amplían la nómina novísima, enriqueciéndola con sus diversas aportaciones y ampliando el panorama expuesto por el crítico catalán y por las antologías de 1970-1971. En fin, en *La ilustración...* se llevan hasta sus últimas consecuencias las bases estéticas sobre las que se habían fundado las primeras antologías de poesía joven publicadas al comienzo de la década y se avanza la ampliación de tendencias así como los elementos que van a sustentar el cambio estético que acaecerá en torno a 1976-1977.

Durante los años sesenta y primeros setenta, la poesía andaluza quedó, en cierto modo, al margen de los centros de producción y difusión poéticas en una España que culturalmente se establecía con una clara bifrontalidad, manifiesta en la pugna entre sus dos capitales principales: Madrid y Barcelona (Rico 1980: 93-103). Sin embargo, a partir de la renovación estética que tiene lugar en el segundo lustro de los años setenta, la poesía andaluza cobra un relieve especial, constituyendo uno de los núcleos principales para el desarrollo de la más joven producción a lo largo de los años ochenta. Indudablemente las raíces de este renacimiento poético andaluz han de buscarse en un movimiento que se empieza a gestar a fines de los años sesenta y primeros setenta y que encuentra, entre otros, tres núcleos importantes de expresión a través de sendas revistas: *Poesía 70, Marejada* y *Antorcha de Paja* (Lanz 1994c: 4-11).

De la mano de Juan de Loxa, *Poesía 70* (1968-1970) (Rubio 1976: 384) nace en Granada con el ánimo de dar cabida a una serie de expresiones líricas que abran los caminos a la nueva estética entonces surgente y con la intención de difundir la obra de los autores andaluces más jóvenes. En su corta vida, pueden distinguirse dos tendencias diferentes, aunque complementarias, entre los colaboradores de *Poesía 70:* por un lado, una tendencia a la ironía poética, máscara en muchos casos de un mal disimulado sentimentalismo, que en algunos deriva hacia el canto elegíaco al modo cernudiano, enlazando con una parte de la poesía de la generación del 50; por otro lado, una tendencia poética que se sitúa dentro de las corrientes más renovadoras y experimentales a fines de los años sesenta, con una voluntad fragmentadora y la inspiración de los *mass-media*.

Breve también fue la vida de *Marejada* (1973), aunque más extensa como grupo literario (Lanz y Téllez 1996), en el que colaborarán autores destacados como Jesús Fernández Palacios, José Ramón Ripoll, Rafael de Cózar o Alfonso Sánchez Ferrajón, entre otros, con el ánimo de renovar el panorama poético y cultural gaditano y andaluz. Desde su inicio en 1971, la intención del grupo fue situarse como poetas en una tradición moderna bien consolidada. Como grupo literario, *Marejada* pronto plantea una tensión entre dos tendencias, que a medida que avancen los años se irán radicalizando: por un lado, una tendencia de tipo comprometido, solidario, fundada en planteamientos filo-marxistas, que pretende establecer desde el ámbito literario una denuncia de la realidad circundante y de la moderna sociedad de consumo; por otro lado, una tendencia formalista y experimental, que afirma la autonomía del lenguaje en la creación poética, prescindiendo para la valoración estética del texto de cualquier referente externo y circunstancial.

Por último, la cordobesa *Antorcha de Paja* (1973-1983), de la mano de Francisco Gálvez, José Luis Amaro y Rafael Álvarez Merlo, es uno de los proyectos juveniles andaluces más consolidados a lo largo de los años setenta, que nace con la voluntad de devolver a la poesía andaluza el puesto del que había sido desplazada por las antologías de 1970-1971 dentro del panorama poético español, lo que, en cierto modo, quedará plasmado en la antología *Degeneración del 70* (1978), ante el claro sentido heterodoxo que, con respecto al desarrollo de la poesía nacional en sus corrientes centrales, caracterizaba a la joven poesía andaluza allí antologada. Desde sus primeros números, *Antorcha de Paja* intenta ensanchar los estrechos caminos de la estética novísima tal como había sido definida por Castellet. En este sentido, ve en el grupo *Cántico* el ejemplo de la superación del provincianismo poético y cultural, así como de la ruptura con la estética realista. Este enfrentamiento radical y marginal con aquellas estéticas dominantes irá planteando la ampliación de las miras poéticas en el segundo lustro de los años setenta y la reintegración de la poesía andaluza al panorama poético nacional en un puesto relevante.

Pautas para una evolución estética

Poesía como comunicación vs. poesía como conocimiento: el fin de una polémica

La década de los sesenta y el cambio estético que acontece en ella van a ser herederos del estado de opinión al que llevó la polémica entre las concepciones de poesía como comunicación y poesía como conocimiento en la década anterior. La última etapa de esta polémica, desarrollada en los primeros años sesenta, en la que se cimenta la concepción de la poesía como un modo de conocimiento, llevará a la teoría poética a las puertas del cambio estético que se dará en esos años. Dicha polémica no suponía sino un enfrentamiento al modelo de escritura social practicado por los poetas de la primera generación de posguerra.

En noviembre de 1961, José Ángel Valente se situará claramente frente a la *tendencia* que suponía ya por entonces la poesía social, para afirmar el *estilo* personal (Valente 1994: 26-29). Pero, pese a las declaraciones de Valente, no será hasta un año más tarde cuando se empiecen a generalizar las manifestaciones de agotamiento de la poesía social. Para 1962, la poesía social, tal como se había venido desarrollando hasta ese momento, se había convertido en una «pesadilla estética» (Castellet 1970: 17; García de la Concha 1986: 13) y Gerardo Diego coincidía en señalar para esa fecha el decrecimiento de la tendencia poética (1962). Lo cierto es que para 1963 la poesía española muestra ya un agotamiento progresivo de la corriente social y política (Jiménez 1972: 17), como venía siendo entendida por las generaciones de posguerra, coincidiendo con la «autocrítica del realismo» que se lleva a cabo en el mes de octubre en el «Seminario Internacional sobre Realismo y Realidad en la Literatura Contemporánea» (Rubio 1980: 212-213).

En una encuesta realizada ese año por *Ínsula,* Valente cuestionaba las tres bases fundamentales de la poesía social: su «obsesión por el tema», el concepto de comunicación en el que se sustentaba y su supuesto mayoritarismo (Respuestas a una encuesta 1963).

La publicación en 1963 de la antología *Poesía última,* de Francisco Ribes, pretendía señalar la distancia entre los poetas de la *Antología consultada* (1952) y los seleccionados ahora (1963: 8). Si bien los poetas recogidos en *Poesía última* enlazan con la tendencia más avanzada que aparecía en la *Antología consultada,* en cuanto a su concepción temporalista del hecho poético, su voluntad humanista y el sentido moral de su poesía, una parte importante de ellos empieza a marcar una distancia considerable con la tendencia inmediatamente anterior en dos cuestiones fundamentales: la concepción de la poesía como modo de conocimiento y el enfrentamiento contra la tendencia social tal como había sido practicada hasta entonces. Por otro lado, el cuestionamiento del realismo como técnica literaria y de la capacidad comunicativa de la palabra poética no hacían sino abrir caminos hacia la recuperación de modos no lógicos de aprehensión de la realidad en el poema y acentuar la capacidad estética del lenguaje en poesía. La poesía se resolverá así como una manera específica de tratar el lenguaje, que se ensimismará en un progresivo avance estético y barroquización, proclamando la autonomía absoluta del hecho poético.

Que el momento de crisis poética y los primeros movimientos hacia el cambio afectaban a poetas de todas las generaciones resulta evidente si se tienen en cuenta libros como *En un vasto dominio,* de Vicente Aleixandre; *Invasión de la realidad,* de Carlos Bousoño, o *Libro de las alucinaciones,* de José Hierro, publicados entre 1962 y 1964.

Con la renovación iniciada por estos poetas y por una parte destacada de la llamada generación del 50, habrían de enlazar, en los primeros años sesenta, una serie de autores que publican sus primeros libros en el primer lustro de la nueva década y que, partícipes de esa renovación, plantean el problema poético desde presupuestos semejantes a los que habían llegado los poetas más avanzados de *Poesía última*. Son poetas como Antonio Gamoneda, Jesús Hilario Tundidor, Félix Grande, Rafael Soto Vergés, Manuel Padorno, Luis Feria, César Simón, Antonio Hernández o Diego Jesús Jiménez, para la mayoría de los cuales la poesía se define como un especial modo de tratamiento lingüístico, y, al poner el acento en el lenguaje, dan cabida en sus textos a modos no lógicos de expresión poética propiciando un progresivo neobarroquismo lingüístico fundado en la amplificación como modo de elaboración poética, en las largas enumeraciones, en la complicación sintáctica y métrica y en un progresivo enriquecimiento del léxico incorporado al texto (Domínguez Rey 1987: 7-16; Carrión 1990; García Jambrina 1992: 7-9). A caballo de la generación del medio siglo y de la renovación novísima que llevó a cabo una parte de la generación del 68, los autores mayores de entre estos *poetas del 60* se vinculan a aquella generación, mientras que los más jóvenes pertenecen decididamente a la del 68.

La atención a los modos de expresión no lógica se iba a ir incrementando progresivamente a lo largo de la década, como una derivación más de la concepción de la poesía como conocimiento, lo mismo que la tendencia neobarroca, pero, no obstante, iba a tener una temprana representación en el grupo de poesía experimental formado en torno a la revista *Problemática-63* y Julio Campal (Domínguez Rey 1987: 105-115), coincidiendo con el papel desarrollado por Ángel Crespo desde la *Revista de cultura brasileña*. Otras dos revistas poéticas importantes para comprender la evolución estética de los primeros años sesenta son *La trinchera (Frente de poesía libre)* y la leonesa *Claraboya* (1963-1968).

Los fundamentos de la renovación estética

El año 1965 es importante en la evolución de la poesía española contemporánea por cuanto a partir de él se hacen efectivos los cambios estéticos anunciados durante el primer lustro de la década. Ese año se publica la antología de *Poesía social,* elaborada por Leopoldo de Luis (1982). El hecho es que, dentro de una antología con miras a agrupar exclusivamente a poetas sociales, casi un tercio de los autores antologados rechazan radicalmente en sus poéticas la tendencia social, sin contar a aquellos que, de una u otra manera, señalan el agotamiento de la poesía social en sus actuales formas de manifestación y a los que niegan desde sus posiciones personales muchos de los postulados en los que se fundamentaba tal línea según el antólogo. En definitiva, la estética social había entrado en una crisis profunda que a partir de 1965 se iba a manifestar en un progresivo decrecimiento en la publicación de poemarios sociales hasta desaparecer prácticamente en 1973 (Lechner 1968-1973: II 66-67). Tan radical resultó el cambio estético realizado por los poetas sociales en torno a esas fechas que muchos autores vieron en tal cambio una «traición» a los postulados éticos y morales que había sustentado aquella estética (Uceda 1967: 1 y 12).

Una parte importante de los poetas antologados por De Luis, del mismo modo que algunos de los autores más jóvenes, cuestionaban un estilo que, fundado en la lógica y el racionalismo como modos de expresión de una técnica fundamentalmente realista, se había mostrado incapaz de captar en su propio ser la realidad circundante. Ante esa circunstancia cabrían, al menos, dos posibilidades: bien llevar a cabo una renovación radical de los modos de captación de la realidad, bien asumir la incapacidad del texto poético para acceder a la realidad. En ambos casos, se hacía necesaria una renovación de los medios expresivos que admitiera modos no lógicos e irracionales de expresión a fin de lograr una captación *más real de la realidad,* medios que permitieran una expresión fragmentaria, fiel reflejo de la fragmentación de la realidad. En esta línea se sitúan los poetas de *Claraboya* a partir de 1965, *Amor peninsular,* de José-Miguel Ullán, y los primeros libros de Diego Jesús Jiménez. Si las técnicas expresivas (elipsis, *collages,* técnicas de sincopación, fragmentación, etc.) que adoptarían los miembros de *Claraboya* bajo la denominación de *poesía dialéctica* (Delgado y otros 1971: 24-33) estaban muy próximas a las de los *novísimos* de Castellet, en la realización de unos poemas que no presentan «resultados acabados, sino procesos» (1970: 33-34), lo cierto es que las referencias, mediante un léxico castizo y tradicional, a la realidad cotidiana, a la realidad castellana circundante, suponen un enlace con la generación anterior. Si, tal como ha señalado Antonio Domínguez Rey (1987: 167-183), la poesía primera de Diego Jesús Jiménez gravita entre dos polos, el polo narrativo y el simbólico, lo mismo puede decirse de la obra de Ullán y de los poetas de *Claraboya,* entre otros; aquello de narrativo que esta poesía tiene, la vincula a la generación anterior, mientras que lo que posee de simbólico se encuentra más cercano a la renovación novísima.

La fragmentación de la narración va a ser uno de los rasgos renovadores que incorpora la poesía española en los años sesenta. Pero, por otra parte, la renovación del léxico y, en consecuencia, de los referentes poéticos, resultará de suma importancia en ese proceso renovador. En este sentido, la aparición de *Arde el mar,* de Pere Gimferrer, en 1966, supuso un hito en el desarrollo poético de la década. En aquel libro, la renovación léxica se llevaba a cabo desde presupuestos esteticistas semejantes a los que habían guiado a los poetas del Modernismo, poniendo su acento en la búsqueda de la palabra bella. Las referencias a la realidad circundante y al mundo cotidiano desaparecían en una búsqueda, a través de poemas que gravitaban entre lo histórico y lo personal, de mundos referenciales estéticamente bellos y de épocas históricas caracterizadas por su esteticismo. De esta manera, el poema sufría un proceso de *extrañamiento,* de *extranjerización,* frente a la realidad circundante, que quedaba completamente ignorada, y en su ignorancia, criticada.

Por otra parte, el arte de la memoria, que había caracterizado una parte importante de la poesía de los «niños de la guerra», era retomado ahora como un modo de introspección en el mundo personal, en una manifestación muy próxima a un intimismo neorromántico. Una serie de poetas jóvenes continuaban esta línea intimista elegíaca. La obra poética de Juan Luis Panero —junto a la de Antonio Hernández—, quizá sea el máximo ejemplo de esta tendencia y su libro *A través del tiempo* (1968), una de las primeras muestras consolidadas de este tipo de poesía en la joven generación. Pero la acción de la memoria cobra un papel más activo y de consecuencias rotundas para el desarrollo poético de los años sesenta (García de la Concha 1986: 15). El papel de la memoria en la escritura poética ofrecía, por una parte, la posibilidad de huir de la realidad circundante, de la expresión de la realidad en el poema y, por otra, la posibilidad de crear un *alter ego,* un *artificio,* un personaje que viviera una *ficción autobiográfica* en sus poemas (Cabanilles 1989: 120-153), o bien que se identificara con otros personajes históricos, en una recreación de la *memoria cultural.* Así, la *realidad común* queda desplazada como referente del poema por el dato erudito, que se convierte a menudo en un elemento ineludible a la hora de la posible comprensión lógica del texto.

Sobre el culturalismo

La proyección de estados de ánimo personales en figuras históricas que protagonizan o narran el texto poético como un correlato objetivo del poema es una técnica que los poetas españoles toman principalmente de la obra de Luis Cernuda (Amorós 1984: 19). Por otro lado, la narración fragmentaria a través de un yo que se proyecta en diversos personajes históricos, técnica fundamental, entre otros, en una parte de los poemas de *Arde el mar,* es tomada seguramente de los *Cantos* de Ezra Pound (Gracia 1994: 64-86). Nacía de esta manera una de las características que definirían a buena parte de la generación del 68 en este primer momento de formación: el culturalismo. Carlos Bousoño definirá esta característica generacional en la poesía de Guillermo Carnero, cuyo *Dibujo de la muerte* (1967) manifestaba a la perfección esta tendencia culturalista (Bousoño 1988: 35). En el reconocimiento de su incapacidad para la expresión de la realidad en el poema, la formulación culturalista supone una crítica del realismo precedente y acentúa el carácter de ficción de la obra artística. El culturalismo supone un intento de proclamar la autonomía absoluta de la creación artística y viene a proclamar que la única realidad que puede ocupar el poema es la que el propio poema crea. La creación artística, y el poema como tal, se convierte en su propia realidad y referencia, se *ensimisma* y niega cualquier existencia fuera de sí.

Por otra parte, como consecuencia de la pérdida de identidad y la autoficción del yo (Barella 1983: 72), el culturalismo se manifiesta en una voluntad de poblar el vacío de la existencia, la fugacidad del tiempo, etc., con máscaras que otorguen, mediante la redundancia, mediante la *amplificatio,* una apariencia de existencia, de realidad, a todo cuanto, en su fugacidad, es vano y vacío (Jiménez 1972: 375-385). En este sentido, toda la creación poética de buena parte de la generación adquiere un carácter de mera *representación* (Jarauta 1992: 32-33; Lanz 1994b: 159-171), de teatralidad absoluta, a la que, no en vano, sus títulos aluden de forma continua. Víctor García de la Concha (1986: 18-19) ha apuntado una *visión barroca* dentro de la generación del 68 en esos años y creo que es en este sentido que cobra el culturalismo donde se manifiesta de una forma más eficiente. La utilización de la redundancia y la *amplificatio* como modos de construcción poética, la obsesiva preocupación por el vacío y la muerte, la atención al detalle y al miniaturismo poético en extensas descripciones que conforman una perfecta arquitectura lingüística, etc., son rasgos que aúnan en una misma corriente neobarroca a los autores que comienzan a publicar a fines de los sesenta con aquellos que lo hicieron en la primera mitad de la década.

Una parte importante de la poesía de estos años adquiere, así, un carácter de ficción, irónico, de falsificación (Prat 1982a y b). La máscara culturalista no sólo se convierte en un modo de expresar indirectamente los sentimientos propios, reflejo de una voluntad testimonial (Talens 1972: 15), sino que acaba distorsionando la propia voz poética, la forma de decir. La poesía se convierte así en un modo de escritura al final de todas las culturas (Rodríguez de la Flor 1983: 61-65; Lanz 1995: 191-197), en el que suenan voces de otros autores, y en esto el *collage* y la intertextualidad son elementos fundamentales, aunque no exclusivos, de la nueva generación. La voz poética de estos autores se caracteriza por la polifonía de voces que en su escritura se oyen; la selección de éstas determinará la personalidad de aquélla. En definitiva, la escritura remite a sí misma, el lenguaje del poema remite a otros lenguajes poéticos, la voz del autor, a otras voces que convergen en el espacio de la escritura. La máscara se constituye así como el modo más característico de decir (Siles 1984: 35-36; García de la Concha 1989: 17).

El irracionalismo poético

La corriente de irracionalismo que progresivamente había venido manifestándose, paralela a la corriente neobarroquizante, desde los primeros años sesenta, crece considerablemente en el segundo lustro de la década. La progresiva *fragmentación* del texto poético y su anécdota resultará lo más característico de esta corriente en la que pueden distinguirse al menos tres grandes líneas. Por un lado, habría que considerar una línea experimental —con grupos como *Problemática-63,* el *Grupo Zaj,* y poetas como Juan Hidalgo, Enrique Uribe o Fernando Millán—, que se sustenta en una fragmentación absoluta del texto, tratando de eliminar la discursividad del lenguaje y haciendo del poema referente de sí mismo, para, de esta manera, lograr una comunicación efectiva e inmediata con el receptor.

Pero si la línea poética experimental señalaba la manifestación más extrema del creciente irracionalismo, no había de ser la única. Castellet delimitaría perfectamente otras dos líneas poéticas de un manifiesto irracionalismo, como reacción al discurso realista precedente: por un lado, una serie de autores se inscriben dentro de una escritura caracterizada como «ilógica razonada»; por otro, lo que caracterizará a otros poetas será la inserción de su creación dentro del «campo alógico» (1970: 41). La «ilógica razonada» se vincularía directamente a una «voluntariedad de ruptura con una lógica socio-lingüística que traduce los esquemas organizativos de una sociedad irracional y represiva» (1970: 32), reflejando la puesta en cuestión del sistema lógico del poder mediante la ruptura de tal sistema por medios próximos al pensamiento *silogístico,* lo que revelaría su carácter narrativo en muchos casos —Vázquez Montalbán, Álvarez, Juan Luis Panero o los poetas de *Claraboya—,* y su proximidad a un tipo de escritura heredada de la tradición simbolista, en otros —Carnero o Azúa, pero también el primer Antonio Colinas (García de la Concha 1986: 18)—. La escritura llevada a cabo desde el «campo alógico» parte de la ignorancia absoluta de la lógica del poder, a través de «una conformación mental que proviene [...] de la formación *táctil* de la personalidad» (1970: 32) y se halla, por lo tanto, más próxima a un tipo de pensamiento *aforístico,* inconcluso, en el que las configuraciones indefinidas y comunicadas en simultaneidad adquieren un papel protagonista. En consecuencia, este tipo de escritura poética se vincula al «automatismo psíquico puro», heredado del surrealismo (1970: 32). Cercana a la escritura de carácter surreal de Gimferrer, al primer Leopoldo María Panero o a Martínez Sarrión se encuentra en aquellos años Ullán, que en la década de los setenta evolucionará hacia un experimentalismo extremo.

Parece evidente que el pronóstico lanzando por Castellet en *Veinte años de poesía española,* declarando la muerte de un tipo de poesía de tradición simbolista, resultaba fallido a la vista de la producción de los jóvenes poetas, que enlazaban directamente con dicha tradición y, en muchos casos, con su culminación en el surrealismo (Marco 1973). Pero el inicio de este auge del movimiento surrealista en los poetas más jóvenes habría que llevarlo hasta 1964 y enlazarlo con la renovación estética que por esos años iniciaban la mayor parte de los poetas españoles. No obstante, es en torno a 1967 y 1968, años de explosión generacional, cuando el influjo del movimiento surrealista se hace más patente entre los jóvenes poetas (Pereda 1974: 4; Encuesta surrealismo 1974: 9; Marfil 1978: 47; Lanz 1993: 39). El creciente auge del surrealismo coincide, en su irracionalismo de base, con la línea neobarroca que había desarrollado un grupo importante de poetas desde los primeros años sesenta, en su vinculación con una tendencia de clara raíz simbolista y modernista, configurando un modelo archiestético que reproduciría una buena parte de los jóvenes autores que publican en torno a 1967-1968. La mezcla caótica de mística y razón, en una voluntad de superar el terreno de la realidad aparente para prestar una mayor atención a lo sombrío, a lo onírico y fantástico, será una de las características relevantes de los poetas de la nueva generación en torno a estos años (Carandell 1969: 32). A la par que se recuperan las vanguardias históricas, el modo de expresión neosurrealista se apunta como uno de los rasgos característicos de la archiestética de la nueva poesía más llamativa; pero pronto se empiezan a marcar las distancias, que para 1971 resultan ya patentes, con los modos expresivos surreales, para ir atendiendo a unas formas de escritura más reflexivas, que toman su modelo en la obra de Mallarmé (Campbell 1971: 19), en algunos casos, o en la de otros poetas simbolistas y modernistas, en otros. Para 1974, la deserción del surrealismo de aquellos poetas que habían contribuido más positivamente a configurar la archipoética dominante entre 1967 y 1968, es absoluta (Encuesta surrealismo 1974: 8-9): la escritura surrealista se consideraba como un paso necesario, pero ya superado, en la formación del lenguaje de la nueva poesía, fundado principalmente en el uso literario, en la utilización consciente de la imagen subconsciente (Talens 1978: 38). Otras formas de escritura llevadas a cabo de un modo más consciente permitían una liberación del lenguaje mucho mayor que la que podía realizarse desde los presupuestos surrealistas.

El auge de la escritura neosurrealista, que caracteriza buena parte de la archiestética generacional entre 1965 y 1968, empezaba a declinar para 1969, coincidiendo con el desencanto que había de caracterizar el fin de las revueltas estudiantiles. *Nueve novísimos,* que comienza a elaborarse en estos años, se hace eco de esta estética, ya difunta cuando la antología se publica, como subrayó Ignacio Prat (1982a:

9-10; 1982b: 119). Del mismo modo, las tres antologías publicadas en el bienio 1967-1968 se hacen eco también del auge estético del neosurrealismo en los jóvenes poetas. Pero, tras éste, subyacía un elemento fundamental para la archiestética generacional, cuya manifestación surrealista resultaba puramente coyuntural: la concepción del poema desde parámetros puramente lingüísticos. En este sentido, Enrique Martín Pardo opinaba en 1967 que lo definitorio de la «joven poesía» era principalmente la concepción de que «el poema es un ejercicio del lenguaje, un modo concreto de operar con las palabras» (14), superando de esta manera la poesía-mensaje característica de la tendencia social en un camino cuyos guías, como también opinaban los poetas de *Claraboya,* eran los autores de la generación del 50: Jaime Gil de Biedma, José Ángel Valente y Claudio Rodríguez (16). Semejante voluntad de enlazar a los jóvenes poetas con las estéticas más avanzadas de la generación del medio siglo sustentaba José Batlló en *Antología de la nueva poesía española,* donde el antólogo trataba de establecer la «ruptura» de la «nueva poesía», aquella que producían la generación del 50 y los poetas más jóvenes, con la poesía anterior, aquella que había quedado representada en la *Antología consultada,* de Francisco Ribes.

La sensibilidad camp, *un breve episodio*

Sin lugar a dudas, la presencia de la sensibilidad *camp* constituye una de las características más llamativas de la ruptura poética iniciada en la segunda mitad de los años sesenta (García Martín 1980: 53). Lo *camp* y su influjo, patente no sólo en *Nueve novísimos* sino en muchos de los jóvenes poetas, se define por diversos rasgos. Por un lado, lo *camp* supone, del mismo modo que el *culturalismo,* un campo simbólico de referencias estéticas, de signos y emblemas con significación mítica, que evita la referencia a la realidad circundante y, en consecuencia, facilita la expresión indirecta del yo poético. Lo *camp* supone, por otro lado, un estado de suspensión de toda creencia, que evita una posición crítica de afirmación o negación frente a la sociedad del momento, superando así «la actitud maniquea de la generación anterior» (Castellet 1970: 28). Ahora bien, en su negativa a realizar una referencia directa a la realidad circundante, a tomar una posición moral ante la realidad (Sontag 1969: 325), lo *camp* supone la negación absoluta de un determinado estado de cosas y se establece como una «veta crítica» de la civilización de la opulencia (Martínez Ruiz 1971: 14). Lo *camp* por otro lado, «es la potencialización más ambiciosa de la sensibilidad, de la metáfora de la vida en cuanto teatro» (Sontag 1969: 328), y en su teatralidad, en el carácter de representación que toma el arte bajo su configuración, la influencia de la sensibilidad *camp* se aúna en el segundo lustro de los años sesenta con el creciente neobarroquismo en la realización de una poesía que se fundamenta en la recreación, en la invención, en el carácter sustitutorio, emblemático y simbólico de los referentes poéticos y, por otra parte, en una poesía que muestra una clara inclinación por la palabra musical y sensitiva (García de la Concha 1986: 18), por la palabra que comunica antes de ser entendida, como quería T. S. Eliot.

Si la sensibilidad *camp* es índice y consecuencia directa de lo artificioso y extravagante (Sontag 1969: 327 y 332), de la consideración emblemática del objeto, lejos de su significación primera, es evidente que su expresión había de encontrar un canal apropiado en la estética rupturista que predominó en torno a 1968. Como estandarte de la exageración, de lo artificioso y extravagante, lo *camp* señalaba el índice propio de la ruptura en su manifestación más emblemática y marcaba, en cierto modo, el sentido mismo de dicha ruptura. La suerte de lo *camp* en la generación del 68 iría unida a la estética de la ruptura, y la pronta desaparición de ésta a comienzos de los años setenta, en la búsqueda de una tradición que propiciara una voz más personal, conllevaría la disolución de la sensibilidad *camp* en el campo inagotable de las referencias culturales.

El declive de las primeras estéticas generacionales

La euforia que había culminado en el espíritu de 1968 inicia inmediatamente su decadencia, que teñirá la evolución de la joven poesía española a lo largo de los primeros años de la década de los setenta. Las revueltas estudiantiles entre 1965-1968 venían a coincidir con un espíritu más amplio. El intento de revolución en la esfera del sistema social y político tenía su correlato estético en la voluntad de ruptura con el sistema literario, y artístico en general, que los jóvenes creadores heredaban de sus mayores en la segunda mitad de los años sesenta. Una «tendencia a una ruptura, esta vez ya consciente [...], con la poesía dominante en España» (Gimferrer 1988: 53) preside la escritura de los poemas de *Extraña fruta,* de Pere Gimferrer, entre enero y junio de 1968. Sin embargo, tan sólo un año más tarde, el propio autor manifestaba su renuncia parcial al ambiente en que habían sido escritos aquellos poemas: «Su experimentalismo era quizá demasiado arriesgado» (1988: 53). El caso de Gimferrer, autor emblemático dentro de una de las tendencias más renovadoras de la joven generación, es extrapolable a buena parte de ésta. En torno a 1968, en el momento en que se produce la eclosión generacional, coinciden bajo un mismo espíritu que determina el signo de la época, por un lado, las revueltas estudiantiles, por otro, la voluntad de una ruptura expresa con el sistema estético precedente, y, por último, la fuerte influencia del surrealismo, del experimentalismo y de las corrientes irracionalistas (incluido el neobarroquismo) que habían venido manifestándose desde algunos años atrás, pero que alcanzan su momento culminante en ese período. Estos elementos constituyen el entramado fundamental del clima de *euforia* que vive la joven generación en torno a 1968. Pero el fracaso de las revueltas estudiantiles, con la reafirmación del sistema socio-político precedente, conlleva paralelamente la frustración de los proyectos generacionales, la relativa deserción del experimentalismo y de las propuestas del surrealismo, que pronto no parecerá ya un movimiento «tan negativo como entonces» (Encuesta surrealismo 1974: 9), y el progresivo abandono de la idea de ruptura con el sistema estético precedente. Los años que transcurren entre 1968 y 1973 se caracterizan por el progresivo alejamiento de estos tres presupuestos.

Desencanto empieza a ser la palabra que define el ambiente social y artístico de la generación del 68 en los momentos posteriores a su año fundacional. El espíritu eufórico que había triunfado en torno a 1968 deja paso a un sentimiento de abatimiento y frustración que expresa el «cese muy precoz de la esperanza definitoria de todo grupo generacional» (Prat 1982b: 116). Desencanto que queda patente en el cuestionamiento de la *euforia negadora* que había definido la esperanza generacional, en palabras de Leopoldo M.ª Panero: «Diciendo no, o tratando de protestar, no se destruye nada sino que se integra uno en el sistema» (Campbell 1971: 19). Pero pese a esa sensación de desencanto a partir de 1968, los ecos del espíritu eufórico negador que había triunfado ese año aún se pueden oír en algunos textos que adquieren el carácter de manifiestos literarios incluso hasta 1970 y 1971. No me refiero sólo a antologías como las de Castellet o Martín Pardo, que habían comenzado a elaborarse con bastantes meses de antelación con respecto a su publicación, sino a textos como «Notas para una poética de nuestro tiempo», de Antonio Colinas (1971: 1 y 12), o «Notas parciales sobre poesía española de posguerra», de Pere Gimferrer, donde se afirmaba que «toda poesía *nueva* debe fundarse en la refutación, en la negación de su precedente» (Gimferrer 1971: 93). Incluso aún son perceptibles en los primeros años setenta en diversos autores las huellas de la estética que había triunfado en torno a 1968.

La reflexión sobre los presupuestos estéticos precedentes y la búsqueda de la esencialidad

Describir el espíritu de *desencanto* que caracteriza el ambiente generacional posterior al momento definitorio de 1968, y que se hace ya patente a partir de 1970, no tendría ningún sentido si este espíritu no configurara una formulación lingüística de características específicas, un modo de escritura diferente al anterior. Si el espíritu de *desencanto* que caracteriza a la generación a partir de 1968-1969 es resultado de un espíritu eufórico previo, que se ve defraudado por el discurrir de los acontecimientos (no sólo sociales, sino también textuales), las manifestaciones estéticas de ese nuevo período establecerán como referencia la formulación estética precedente, y no resulta desatinado apuntar, como lo hace Prat, que la infelicidad de ese nuevo momento estético generacional «proceda de alguna clase de autoinspección de sus características lingüísticas y específicas» (Prat 1982b: 116), de una reflexión detenida sobre el propio desarrollo poético anterior y también sobre el actual, que seguramente va más allá del «pessimism about the possibility of seizing meaning through art that underlies the work of many of these poets», que señala Debicki (1994: 140). En este sen-

tido, Leopoldo María Panero, siguiendo los pasos de Félix
de Azúa, veía dos rutas posibles para los *novísimos:* «una
que parte del surrealismo y otra que nació de Mallarmé. [...]
La diferencia entre las dos es la misma que existe entre algo
que *no* quiere decir nada, y algo que quiere decir *nada*»
(Campbell 1971: 17). La primera línea, la practicada por una
parte de los novísimos en su escritura precedente, es incons-
ciente e irreflexiva, mientras que la segunda, más novedosa,
había de fundarse en la reflexión sobre el vacío, sobre el *decir
nada,* en la reflexión sobre el *silencio* de la obra poética, so-
bre la incapacidad del lenguaje para expresar la realidad, en
una concepción que, presente desde la primera etapa de de-
sarrollo generacional, se expone a partir de este momento de
modo radicalizado (Amorós 1982: 21-23; 1991: 472 y sigs.).

Paralelamente a esta reflexión sobre el *decir nada,* se ini-
cia en otro grupo de jóvenes poetas un nuevo proceso refle-
xivo-crítico que toma por objeto la escritura misma y que
deriva en la metapoesía (Sánchez Torre 1993: 247-259). En-
tre 1970 y 1971 se publican tres libros que emblematizan la
nueva tendencia reflexiva metapoética dentro de la genera-
ción más joven: *Els miralls,* de Pere Gimferrer; *El sueño de
Escipión,* de Guillermo Carnero, y *Ritual para un artificio,*
de Jenaro Talens. Por metapoesía se entiende «el discurso
poético cuyo asunto, o uno de cuyos asuntos, es el hecho
mismo de escribir poesía y la relación entre autor, texto y
público» (Carnero 1983: 57) y, por lo tanto, serán metapoé-
ticos «todos aquellos textos poéticos en los que la reflexión
sobre la poesía resulta ser el principio estructurador, esto es,
aquellos poemas en los que se tematiza la reflexión sobre la
poesía» (Sánchez Torre 1993: 85). La metapoesía, del
mismo modo que la poética del silencio, surge de la concep-
ción de la poesía como un modo de enfrentamiento entre
realidad y lenguaje, y nace ante la constatación del fracaso
del lenguaje para comunicar una experiencia vivida (López

1985: 49-50). Si la poética del silencio se enfrenta al abismo de la página en blanco, la metapoesía expresa el olvido del habla (López 1989: 17-18).

El proceso de reflexión y autocrítica afectaba en torno a 1970 a las tendencias más dispares dentro de la joven generación, sin contar a aquellos autores a los que les llevó a abandonar momentánea o definitivamente la poesía. Así, los poetas que habían dirigido durante los años sesenta la revista *Claraboya,* publican en 1971 *Equipo «Claraboya».* *Teoría y poemas,* una antología en la que se enuncia la *poesía dialéctica,* fundada en la reflexión sobre la adecuación del lenguaje poético a la realidad circundante. Al mismo tiempo, Agustín Delgado, el poeta más significativo de este grupo, inicia en su obra un proceso de reflexión y depuración del lenguaje en *Aurora boreal* (1971), que culminará en *Espíritu áspero,* donde abandona lo narrativo por la expresión fragmentaria y «el poema vuelve sobre sí mismo, potenciando todos los recursos de intensidad» (Molinero 1983: 17). Los grupos poéticos que, a partir de *Problemática-63,* habían continuado las corrientes más experimentales, aproximándose a la poesía visual, inician un proceso de *absolutización del lenguaje,* de «ascensión a las fuentes del lenguaje» en que se reproduce el «proceso de gestación del lenguaje» (Boso 1972: 8-11). Un proceso semejante de absolutización del lenguaje, aunque con unos resultados diversos, puede observarse en una parte importante de la generación del 68 durante estos años. En este sentido, la búsqueda del «sustrato primigenio» que subyace en la palabra esencial es la base de la experiencia poética, según Jaime Siles, quien entiende la poesía como «un acto de Realidad y Lenguaje» (Batlló 1974: 325). Una concepción semejante —próxima al pensamiento de María Zambrano y a la poesía del Valente de *Presentación y memorial para un monumento* y *Treinta y siete fragmentos*— es la que rige en estos años el proceso poético de José-Miguel Ullán, quien publica dos libros fundamentales, *Mortaja* (1970) y *Maniluvios* (1972), en los que se plantea principalmente «reflexionar sobre las carencias del lenguaje a la hora de construir el mundo» (Rozas 1986: 143). *Maniluvios,* en concreto, plantea una profunda reflexión poética; tal como ha señalado Miguel Casado, en el libro no «se habla *acerca de* una poética: los poemas *son* esa poética» (Casado 1994: 41).

Fragmentarismo, esencialidad, sospecha de la incapacidad del lenguaje para conocer el mundo, aproximación al silencio como elemento de expresión poética, etc., son rasgos que definen las poéticas de estos autores en los primeros años setenta. La progresiva decantación y depuración de elementos extraños en una escritura que se plantea la relación del lenguaje con la realidad en el poema conlleva una expresión mínima y fragmentaria, desnuda de elementos innecesarios, en la que cada palabra crea un mundo completo de relaciones y sugerencias, en la que la creación radica en el principio barroco de la alusión / elisión (Amorós 1982: 21) y la anécdota se minimiza hasta desaparecer. Los escritores de la generación del 68 comenzaban a sentir, como sus precedentes *modernos* (Peterkiewicz 1970; Sheppard 1991: 323-336), una *crisis del lenguaje* en su sentido más profundo, no sólo ante un lenguaje poético establecido que veían como incapaz de adecuarse a la expresión de la verdadera realidad, sino también ante un lenguaje incapaz de desarrollar nuevas posibilidades significativas.

Hacia el neorromanticismo

La voluntad casi mística de trascender la esencia del Ser a través del lenguaje vincula en este período el proceso de depuración y esencialización lingüística general con un fuerte influjo neorromántico (Nicolás 1989: 13), que se percibe en un gran número de jóvenes creadores. Colinas, por ejemplo, enlazando a Hölderlin y Novalis con San Juan de la Cruz, ve en la poesía el intento de «recuperar ese mundo en donde se armoniza la realidad y el sueño; ese mundo en que lo divino da dimensión, medida, a todo». Para ello, el poeta «revelará», a través del lenguaje, «zonas de la realidad o del trasmundo» (Martín Pardo 1990: 51-52). La poesía es concebida, así, como un modo especial de conocimiento, rayano con la revelación mística (Delgado 1976: 22), que pone al poeta en contacto con un mundo de eternizada perfección (Pujals Gesalí y Rodríguez de la Flor 1981: 3). Por otro lado, si Joaquín Marco (1969: 43) señalaba ya el neorromanticismo de los libros en castellano de Gimferrer, es evidente que este rasgo se ha transmutado en sus primeros libros en catalán en una nueva forma de expresión, que enlaza con los orígenes románticos de la lírica moderna, tratando de conjugar «el abandono sensitivo» con «la reflexión imaginativa» (Capecchi 1983: 1).

No es difícil vislumbrar en la generación del 68 una profunda huella romántica, incluso en el tono de crónica sentimental que tienen muchos de sus primeros libros, que lleva a enlazar con los orígenes de la expresión lírica moderna. Pero lo cierto es que, aunque los autores románticos dejan una profunda huella en la concepción del objeto lírico en varios autores incluso desde sus primeros libros (Colinas, Antonio Hernández, Miguel d'Ors o Juan Luis Panero, por ejemplo), esta influencia se acentúa en los primeros años setenta, cuando el influjo del surrealismo y de las corrientes poéticas más fuertemente irracionales empieza a decrecer. Es entonces cuando los poetas jóvenes comienzan a ascender a través de la corriente de la lírica moderna para beber en sus mismas fuentes románticas y prerrománticas (Friedrich 1974: 31-45). Azúa confiesa en 1971: «Creo que mi mundo, ahora, es romántico» (Campbell 1971: 80), y hace extensiva su declaración a gran parte de sus compañeros. Antonio Martínez Sarrión ve en Hölderlin y en Nerval un antecedente claro de la estética irracionalista que desembocaría en el surrealismo (Campbell 1971: 181-182). Las referencias podrían multiplicarse hasta el infinito. El neorromanticismo que empaña las producciones poéticas de los jóvenes autores en los albores del cambio de década se manifiesta, en primer lugar, en la concepción del poema como un modo de conocimiento que se *revela* al poeta a través del lenguaje en el espacio lírico. En este sentido, los autores del Romanticismo europeo se sitúan como el origen de una tradición visionaria (Bloom 1971), en la que el dominio de la imaginación, considerada como un enlace con la divinidad (Bowra 1972: 13 y sigs.), adelanta los rasgos de la estética moderna que derivará, en última instancia, en el surrealismo y en las vanguardias. Pero el influjo de la cosmovisión romántica se manifiesta en la generación del 68 en otro sentido bien distinto y levemente posterior, a través de su interpretación de la tradición y el mundo clásico de un modo diferente al del Neoclasicismo.

La archiestética novísima y sus consecuencias

El período 1970-1973 aparece dominado para la joven poesía por aquellas tendencias de carácter más esteticista que toman cuerpo y se manifiestan en las antologías de Castellet, Martín Pardo y Prieto. El dominio estético que la tendencia —manifiesta en su forma proteica en esas tres antologías— ejerce sobre la poesía joven es tal que pronto comienzan a surgir movimientos epigonales que hallan su referencia en los autores allí recogidos. La rápida formulación de una archiestética que agrupe las diversas corrientes allí representadas, facilita, por un lado, la rauda difusión de la *nueva* poesía, pero, al mismo tiempo, lleva el germen de su desgaste y de su carácter efímero.

El éxito fulgurante de la nueva estética lleva a iniciar un período de largo silencio a muchos de los autores que, dentro de la joven generación, habían señalado tendencias diferentes a lo largo de los años sesenta: Juan Luis Panero, Diego Jesús Jiménez, Antonio Hernández, Antonio López Luna, Eugenio Padorno y José Batlló son algunos de ellos. Considerados, en muchos casos, como continuadores de posiciones estéticas precedentes y menos rupturistas que las triunfantes a partir de 1970, estos poetas, que habían contribuido y determinado el desarrollo lógico de la joven poesía durante la década anterior, quedan arrumbados al no participar de la nueva estética que se impulsa con un ánimo totalizador, para reaparecer en torno a 1977, cuando dicha estética entra en una crisis definitiva.

Pero el silencio de estos autores sólo precede en unos pocos años al silencio reflexivo que iniciarán en torno a 1973 la mayor parte de los autores que habían contribuido a la formalización de la nueva estética triunfante en las antologías de 1970-1971. El éxito de una estética en la que los mismos autores que la representaban ya no creían en el momento de su lanzamiento, y el rápido movimiento epigonal provocado por su triunfo, produjo el abandono de los poetas que habían sustentado dicha estética hacia otros territorios (Prat 1982b: 117): hacia la reflexión sobre la escritura poética, el lenguaje y el silencio como su cualidad última, y hacia la búsqueda de una voz más personal, que liberara a cada autor de la archiestética enunciada en las tres antologías. Como consecuencia de esto, se planteará la necesidad de evitar un lenguaje poético propio ya elaborado y la búsqueda de una expresión más personal, no sólo formalmente, sino también temáticamente. Éstas son las pautas que van a regir los nuevos libros que en estos años publican, entre otros, Azúa, Leopoldo María Panero, Siles, Gimferrer, Carnero, Talens, Carvajal, Colinas o Martínez Sarrión. En todos ellos podía intuirse un movimiento general hacia lo personal, hacia la integración en el campo de lo real, que sería perceptible algunos años más tarde.

Ya he señalado anteriormente que la pronta desaparición de la moda *camp* privó a la estética triunfante en el segundo lustro de los años sesenta de uno de sus rasgos más característicos y aparentes. La limitación de los mundos de referencia creados por los *mass-media* y por la moda *camp* y su rápida perecibilidad, debido precisamente a su carácter limitado de moda, hizo que los jóvenes poetas buscaran un marco más amplio de referencias en la Historia de la Cultura (Martín Pardo 1990: 63), que sirviera como vehículo de expresión directa. Los textos escritos desde esta perspectiva describen, por lo general, un paisaje, escena o elemento fuertemente culturizado por la Historia, que se caracteriza aparentemente por lo permanente de su belleza y de su refinamiento, para, en un segundo momento, mostrar la verdadera realidad de la muerte. El elemento cultural se constituye así en un referente apariencial, en una máscara que oculta una única verdad, un solo tema: el desengaño de la muerte. El culturalismo sería el eje que regiría la selección de *Nueva poesía española* y también sobre el que se fundaban los poetas más destacados de *Espejo del amor y de la muerte:* Luis Alberto de Cuenca y Luis Antonio de Villena. Para estos poetas toda la tradición cultural se convierte en marco de referencia para la expresión de una vida a la que es imposible acceder. La realidad dual belleza-muerte es el eje central de construcción del poema, que trata de ocultar bajo la máscara cultural el desengaño del vacío más absoluto. *Sublime solarium* (1971), de Luis Antonio de Villena, y *Elsinore* (1972), de Luis Alberto de Cuenca, marcaban los límites de la expresión culturalista generacional, el fin de un camino emprendido años atrás, y anunciaban una transformación en la utilización de los referentes culturales, un cambio hacia un tipo de poema de carácter histórico que comenzaría a extenderse algunos años más tarde.

Hacia el silencio

La consolidación de la *nueva poesía,* iniciada en torno a 1969, parece haber llegado a su culminación en 1973 (Villena 1986: 35): la mayor parte de las líneas estéticas que se habían agrupado bajo la tendencia dominante en esta etapa llegan a sus expresiones más extremas. La reflexión lingüística encuentra en *Canon* (1973), de Jaime Siles, una de sus más altas expresiones, pero también de las más radicales, pues si bien la tendencia a la esencialidad del lenguaje deriva en la «potenciación intensiva de la reflexión» (Amorós 1986: 83), también es cierto que en ella se percibe «su destino final de silencio» (Amorós 1986: 96), adelantando incluso la concepción liminar que Gimferrer desarrollaría en *L'espai desert* (1977) (Amorós 1991: 514). La reflexión planteada en *Canon* se profundizará en su siguiente poemario, *Alegoría* (1977). Pero este mismo proceso reflexivo de depuración lingüística abocaba en otros autores al silencio significativo como culminación de la elaboración lingüística, al *decir nada.* Así, por ejemplo, *Teoría* (1973), de Leopoldo María Panero, supone el análisis metódico del vacío, de la destrucción (Cabanilles 1985: 194-206), iniciada en «Ann Done: *undone*», al mismo tiempo que la elaboración teórica de la locura (Molina Foix 1982: 96) y un profundo avance en su «caligrafía del silencio» (Blesa 1995: 34-44), en el borrado de la escritura o la escritura como borrado, que va a caracterizar su poesía *ultimista* desde *Narciso en el acorde último de las flautas* (1979), *Last river together* (1980) y *El último hombre* (1984) hasta *Orfebre* (1994) y

Tensó (1997). La investigación sobre el vacío le llevaría a Félix de Azúa hasta el silencio y su cualidad como medio de expresión, defendido en la última parte de *Lengua de cal* (1972), que tiene significativamente el título de *Mudo*. Por su parte, la reflexión metapoética, iniciada en su nueva formulación en 1970-1971, materializaba en sus creaciones la incapacidad del lenguaje para incorporar la experiencia de la realidad al poema; pero, cuestionando la confianza en el lenguaje desde la misma utilización de éste en el texto artístico, la metapoesía se encontraba ante una paradoja «cuyo desenlace lógico parece ser el silencio» (Jover 1979: 150). Un proceso semejante de depuración lingüística, de negación y fragmentación, de eliminación y reducción, «sabiendo que al reducir a la poesía a sus propios límites [...] ayudo a la destrucción», como señalaba Ángel Sánchez (Batlló 1974: 146), es el que llevan a cabo algunos poetas, como el propio Sánchez, Ullán, Aníbal Núñez, Eugenio Padorno o, en cierto modo, Agustín Delgado. Para ellos la poesía se establece como un medio de conocimiento que surge, siguiendo de alguna manera los pasos de Valente, de llevar al lenguaje hasta el punto de máxima tensión donde limita con lo supra-verbal y con el silencio, de liberar a la palabra de toda referencialidad. A una concepción semejante llegará Gimferrer en *L'espai desert* (1977) y en *Apariciones y otros poemas* (1982); más allá de ella irá Ullán en sus experiencias visuales de los años setenta.

Los extremos a que habían llevado algunos jóvenes autores en su escritura poética el culturalismo en los primeros años setenta deparaban semejantes conclusiones. La integración de la experiencia en un discurso lleno de referentes culturales no lograba en ningún momento salvar dicha experiencia de su progresiva degradación. Si el lenguaje y la cultura habían aparecido en un primer momento como una realidad autónoma capaz de salvar la experiencia de la vida de su progresiva destrucción, finalmente se perfilaban en su

incapacidad absoluta ante el triunfo de la muerte. El cultura-
lismo generacional fracasaba así en uno de sus planteamientos
teóricos fundamentales y debía buscar una nueva formula-
ción para su pervivencia. El poema como un referente histó-
rico y el «monólogo dramático», al modo en que lo habían
desarrollado Kavafis, Cernuda o Borges y que habían reto-
mado ya algunos jóvenes autores como Juan Luis Panero o
Lázaro Santana, comienza a resurgir entonces con una vita-
lidad creciente hasta convertirse en una de las formas más
características en que se manifiesta el discurso poético ge-
neracional que se inicia en la segunda mitad de los años
setenta, no sólo como un modo de distanciar y objetivar las
distintas obsesiones personales, sino también como un modo
de intensificarlas y embellecerlas (García Martín 1980: 66).

El incremento del nuevo culturalismo trajo consigo dos
consecuencias fundamentales para el desarrollo poético a lo
largo de los años setenta. Por un lado, el culturalismo se
enunció primero como uno de los rasgos característicos de
la ruptura estética de la nueva poesía, para posteriormente
desplazar a aquélla por un entronque con la tradición, por
una escritura concebida como reescritura. Por otro lado, el
culturalismo que había facilitado en un primer momento el
distanciamiento del *yo* en la expresión lírica propicia en un
movimiento inverso, al transformarse la tradición en una vía
de conocimiento personal (Villena 1986: 35), la recupera-
ción progresiva del *yo* lírico y la expresión de su experiencia
en el poema. Prueba de este cambio fundamental en la con-
cepción culturalista son, entre otros, libros como *Los trucos
de la muerte* (1975), de Juan Luis Panero; *Sepulcro en Tar-
quinia* (1975), de Antonio Colinas; *El viaje a Bizancio*
(1976) e *Hymnica* (1979), de Luis Antonio de Villena; *Scho-
lia* (1978), de Luis Alberto de Cuenca, que anuncia ya el
cambio radical de su obra a partir de *La caja de plata* (1985).

En otros autores, para los que la expresión irónica había

propiciado un modo de referencia indirecta a la realidad circundante con una voluntad crítica, como en el caso de Manuel Vázquez Montalbán o Aníbal Núñez en *Fábulas domésticas* (1972), parece ser que este mismo proceso de escritura y la incapacidad de salir de un movimiento que se cerraba cada vez más sobre sí mismo (Sánchez Santiago 1987: 85), les lleva en unos casos a abrir un período de largo silencio (como en Vázquez Montalbán, que no publicará hasta 1982 *Praga),* o de reflexión crítica y cierto cambio de rumbo (caso de Aníbal Núñez en sus libros *Naturaleza no recuperable* y *Definición de savia,* en un proceso que prosigue en *Taller del hechicero* y *Cuarzo).* Incluso en otros autores que no habían participado en la consolidación de la nueva estética dominante en los primeros años setenta se abre un proceso de silencio reflexivo, una sensación de agotamiento semejante, para imprimir en sus obras posteriores un cambio de rumbo. Es el caso, por ejemplo, de Antonio Carvajal, que entre *Serenata y navaja* (1973) y *Siesta en el mirador* (1979) no publica sino *Casi una fantasía,* escrito en 1963; pero es en el libro de 1979 donde percibe Ignacio Prat «un leve cambio de rumbo» en su poesía, que se manifiesta en el descubrimiento de las referencias contemporáneas y una mayor atención al personaje que compone sus poemas (Prat 1983: 299). Ya he citado los casos de Aníbal Núñez, Eugenio Padorno, José-Miguel Ullán, Agustín Delgado y otros autores. También es el caso de Miguel D'Ors, quien tras *Del amor, del olvido* (1972) inicia un período que le lleva «en última instancia a reflexionar sobre mí (y la) poesía» (García Martín 1980: 133), de cuyo tránsito es testigo *Ciego en Granada* (1975), que quedará definitivamente plasmado en el cambio de rumbo que se manifiesta en su poesía de los años ochenta.

Así pues, en torno a 1973-1974 la más joven poesía sufre un momento de crisis que lleva a un replanteamiento profundo del desarrollo poético de la generación tal como se había llevado a cabo hasta ese momento y de las tendencias dominantes hasta entonces. Reflejo de esta crisis estética y del desarrollo poético previo es la antología de Batlló, *Poetas españoles contemporáneos* (1974). A partir de 1974 se comienzan a fijar los fundamentos para una renovación estética de la generación, que propiciará un cambio definitivo a partir de 1977.

De la travesía en el desierto al planteamiento de la renovación estética

La experimentación del poema desde los límites de su propio silencio era un proceso cuyos planteamientos teóricos se habían venido intensificando desde el período 1969-1973. Durante el período que se inicia a partir de 1974, aquellos poetas que en sus líneas de reflexión sobre la relación entre el lenguaje y la realidad no habían llevado sus obras hasta los extremos del silencio, continúan este proceso de síntesis, concisión y depuración del material lingüístico en el poema, en una expresión poética que en muchos casos limita, cuando no incide completamente, con un tipo de escritura que pudiera ser calificada de *neopurista* y cuyos márgenes son el silencio, el vacío y la página en blanco. Es el caso de la profunda reflexión sobre la esencialidad del ser a través de la palabra que lleva a cabo Jaime Siles en *Alegoría* (1977) y que se continuará en sus siguientes poemarios hasta el cambio de rumbo en su obra que supone *Semáforos, semáforos* (1990). Pere Gimferrer establecía su obra desde *L'espai desert* (1977), enlazando con cierta área de la poesía de José Ángel Valente, en una semejante «área de máxima tensión del lenguaje, que es en cierto modo la zona pre-verbal o supra-verbal, el área de lo no dicho y quizá no decible» (Moral y Pereda 1985: 180), es decir, en aquel punto en que el lenguaje alcanzaba su máxima tensión lindando con lo no formulable lingüísticamente, con el silencio.

Pero ese punto de máxima tensión entre lo formulable lingüísticamente y lo no formulable desde el lenguaje abocaba al silencio real, a la no-escritura. Ante ese punto sólo cabían dos posibilidades: o bien cantar la contemplación del abismo desde ese punto de máxima tensión; o bien retroceder hacia experiencias formulables lingüísticamente. Félix de Azúa tomará en este período el segundo camino apuntado y, con *Pasar y siete canciones* (1977) y sobre todo con *Farra* (1983), retornará, a través de un tono irónico radical, a la expresión de experiencias más personales, rehuyendo el lenguaje hermético que había caracterizado una parte importante de su poesía anterior. Un proceso semejante de retorno a lo *decible,* de «vuelta a la descripción de lo objetivo, el desplazamiento del centro de gravedad hacia lo decible, lo que está fuera» (Talens 1981: 35), caracterizará la poesía que Martínez Sarrión comienza a escribir a partir de 1975, siendo perceptible el cambio de rumbo que definirá sus libros posteriores *(Horizonte desde la rada, De acedía, Ejercicio sobre Rilke* y *Cantil),* en los últimos poemas de *El centro inaccesible.*

En cuanto a la escritura metapoética, *Variaciones y figuras sobre un tema de La Bruyère* (1974), de Guillermo Carnero, abre un nuevo camino en esta línea, fundado en las consecuencias extraídas de la etapa previa. Si *El sueño de Escipión* investiga sobre la imposibilidad de la relación entre poema y experiencia de la realidad, los poemas de *Variaciones...* se centrarán en la nueva realidad que viene dada por el poema, en la experiencia literaria que el poema tiene de la consideración de la realidad, estableciendo un deslizamiento metonímico en las referencias hacia la materialización de las experiencias literarias concretas en otros autores (López 1986: 257 y ss.). *El azar*

objetivo (1975) pretendía llevar hasta su extremo la refle-
xión metapoética, poniendo en evidencia incluso sus ries-
gos, trascendiéndola a un nuevo plano de significación: el
cuestionamiento profundo de la razón, y de su instrumento,
el lenguaje, para conocer la realidad. La conciencia del va-
cío, y su correlato lingüístico, el silencio, abría el campo de
escritura poética en los últimos poemas que Carnero escribi-
ría entre 1975-1977, un silencio que se rompería con *Divisi-
bilidad indefinida* (1990), donde, con moldes neoclásicos de
indudable calidad, se incidía en semejantes obsesiones,
desde una perspectiva relativamente diferente, a las que ha-
bían guiado la reflexión metapoética presente en su obra
desde sus primeros poemas. La obra de Jenaro Talens pro-
fundiza en esa reflexión obsesiva sobre el acto mismo de la
escritura en sus libros de estos años *(El cuerpo fragmenta-
rio, Otra escena, Profanación(es), Proximidad del silencio
y Purgatori),* hasta que en *Tabula rasa* (1985), asumida la
imposibilidad del silencio, se impone, como el mismo título
anuncia, la ruptura con su anterior planteamiento estético y
la incorporación del *yo* y la vivencia personal a sus poemas
representada en el espacio del texto, que caracterizarán su
última producción.

En su cuestionamiento de la capacidad significativa del
lenguaje, José-Miguel Ullán inicia tras *Maniluvios* (1972)
una etapa de escritura experimental que le lleva a investigar
las posibilidades significativas de diversos lenguajes que
avanzan en progresiva negación de lo verbal, con una aproxi-
mación cada vez mayor a lo visual. La nueva etapa de su
poesía iniciará un proceso de construcción de una nueva ma-
nera de expresarse, de un nuevo lenguaje de fundamento vi-
sual. No es extraño así que el primer libro escrito en este
nuevo lenguaje lleve por título *Frases* (1975), haciendo
mención a la más simple construcción sintáctica posible
dentro de una lengua. A *Frases* le siguieron dos nuevos li-

bros que experimentaban también con el lenguaje visual: *Alarma* (1976) y *De un caminante enfermo que se enamoró donde fue hospedado* (1976). Tras la experiencia visual, sus últimas obras, *Manchas nombradas* (1984), *Visto y no visto* (1993) y *Razón de nadie* (1994), retornan a «un enfoque fragmentario, en que el lenguaje se desarrolla sin trabas para en seguida interrumpirse» (Casado 1994: 110). En su etapa de poesía visual, Ullán venía a enlazar con los movimientos experimentales que se habían desarrollado durante los años sesenta y con aquellos autores que desde los primeros setenta experimentaban con estructuras poéticas visuales en revistas como *Artesa* o *Fablas,* que mediada la década quedarían representados en dos antologías importantes: *La escritura en libertad* (1975) y *Odología 2000* (1975), volumen dedicado por la revista *Artesa* a la producción experimental española de aquellos años.

La progresiva recuperación del *yo* será uno de los rasgos más característicos de una parte importante de la joven poesía española a partir de 1974 aproximadamente, recuperación que en cierto modo se llevaba a cabo desde un replanteamiento profundo de la estética culturalista. Al mismo tiempo, el poema con referente histórico recupera progresivamente el narrativismo expreso a través de un personaje interpuesto, que subraya la ficcionalidad del texto, a la vez que facilita la asunción de una determinada tradición, la aproximación de la vida y cultura, en la que el personaje poético se inserta, para recrearla en el poema y convertirse en memoria de ella (Brines 1979: 1 y 12). La recuperación de la memoria como eje central de la escritura poética, la desviación del centro de gravedad del texto del lenguaje y su relación con la realidad a la experiencia misma y su representación, la recuperación de la anécdota poética vinculada a la experiencia personal, la búsqueda de un tono medio, etc., eran rasgos que aproximaban buena parte de las experiencias culturalistas de la segunda mitad de los años setenta a la poesía del exilio de Luis Cernuda y a la obra de algunos poetas de la generación del medio siglo, como Francisco Brines o Jaime Gil de Biedma. Esta línea poética, impregnada de elementos elegíacos y de cierto neorromanticismo, discurría muy próxima a la que algunos escritores, sin plantearse una voluntad de ruptura con la generación anterior, habían establecido diez años atrás y que continuaban algunos poetas que comenzaban a publicar en los últimos años setenta. El tono neorromántico que había caracterizado la poesía de Antonio Colinas desde sus primeros libros se une en los poemas de *Sepulcro en Tarquinia* (1975) a la recuperación del mundo clásico greco-latino, en una interpretación de la tradición clásica desde la perspectiva del Romanticismo centroeuropeo. Al mismo tiempo, la progresiva recuperación del *yo* poético empieza a hacer posible la expresión de «vivencias intransferibles» en una «mantenida vibración vivencial y trascendente a la vez» (Jiménez 1984: 23). Las experiencias vividas se unen a la expresión cultural y a una profunda introspección lírica en una poesía en la que primará cada vez más el tono meditativo. Los poemas de *Astrolabio* (1979) avanzan en esta línea intimista abierta por *Sepulcro en Tarquinia* «hacia un lirismo que por la vía de la experiencia, y, sobre todo, de la meditación penetradora de esa experiencia, va desbrozando un escalamiento de cotas más altas, esenciales y compartibles» (Jiménez 1984: 28-29), que se ahondará en *Noche más allá de la noche* (1982), *El jardín de Orfeo* (1988), *Los silencios de fuego* (1992) y *Libro de la mansedumbre* (1997). La recuperación / recreación de la experiencia vivida y la esencialización y trascendentalización de dicha experiencia, a través de una meditación profunda, aproxima la poesía que Colinas escribe a partir de la segunda mitad de los setenta a la de otros compañeros cuyas obras comenzaban a discurrir por semejantes cauces.

La progresiva recuperación del *yo,* o de su representación textual, en la expresión poética en el segundo lustro de los años setenta no se lleva a cabo exclusivamente desde los presupuestos estéticos apuntados, sino que caracteriza un movimiento más o menos general dentro de la generación del 68. Así, como señala Guillermo Carnero, pronto a «la pérdida del miedo a la expresión directa al menos en cierta medida y con ciertos requisitos irrenunciables» le sucede la definitiva desaparición de la censura del autobiografismo lírico (1983: 54-56), como rasgo característico del movimiento generacional que se desarrolla en la segunda mitad de los años setenta. En este sentido, no es vano el proceso de incorporación de experiencias de carácter más personal que en sus poemarios anteriores, que lleva a cabo Gimferrer en *Hora foscant* (1972) y *Foc cec* (1973), que se transformará en *L'espai desert* (1977) en un mayor ahondamiento meditativo (Carnero 1978b: 5), precedente del desarrollo que llevará a cabo en sus últimos libros, *El vendaval* (1988), *La llum* (1991) y *Mascarada* (1996), sin perder de vista que su «trabajo se centra de modo [...] específico sobre la materia verbal» (Gimferrer 1989: 13). En el caso de Guillermo Carnero, si *El azar objetivo* (1975) se había situado como el límite extremo de la expresión lingüística distanciada del *yo* (López 1986: 257 y sigs.), con un discurso aparentemente impersonal y neutro, los últimos poemas de *Ensayo de una teoría de la visión* retoman, en una síntesis dialéctica, el discurso iniciado en *Dibujo de la muerte* (1967), pero sin perder de vista los resultados alcanzados en los libros intermedios. La emoción, en un discurso en el que retornan elementos poéticos tradicionales y el *yo* se reincorpora como parte fundamental del poema, resurge en un sentido inverso a como aparecía en *Dibujo de la muerte,* puesto que el proceso creador ha quedado completamente invertido, como señalan los versos de «Le grand jeu»: «Resumiendo, invertir / el proceso creador; no de la emoción al poema / sino al contrario».

El cambio estético de 1977

Los cambios acaecidos a partir del bienio 1973-1974 anunciaban una transformación estética profunda que ya se entrevé en 1976 y que se manifiesta de modo definitivo a partir de 1977 aproximadamente, abriendo un nuevo período en el desarrollo de la generación del 68 que vendrá condicionado por la evolución iniciada en la segunda mitad de los años setenta. La decadencia y posterior muerte de Franco a fines de 1975 venía a coincidir aproximadamente, y, en cierto modo, provocaba una crisis artística y cultural en la búsqueda de nuevos rumbos, paralela a la incertidumbre política que caracterizará el período comprendido entre la muerte del dictador y las primeras elecciones democráticas en 1977. Esta búsqueda de nuevas perspectivas condicionará el desarrollo poético de la generación a partir de dicha fecha aproximadamente (Nicolás 1989: 12). El año 1975 marca un punto de inflexión en la crisis estética que, no sólo en poesía, sino en general en el ámbito cultural (Sanz Villanueva 1984: 46-49; Rico 1992: 3-4), sufre la generación del 68; una crisis que, como se vio, se había abierto al menos dos años atrás y que durante 1976 y 1977 establece los fundamentos del cambio estético que se manifestará a partir de esa última fecha. Mil novecientos setenta y siete aparece como un año crítico desde diversas perspectivas que afectan al desarrollo de la joven poesía española y que permiten señalar un límite cronológico a partir del cual aquélla discurre por derroteros distintos a los que había transitado anteriormente.

En primer lugar, en 1977 se publican una serie de poemarios de autores que habían participado de un modo activo en la estética rupturista antologada en 1970-1971 por Castellet, Martín Pardo y Prieto, que señalan en cierto modo un final de camino en el desarrollo de sus poéticas tal como habían venido discurriendo hasta ese momento. Me refiero, por

ejemplo, a *L'espai desert,* de Gimferrer; *Ensayo de una teo-
ría de la visión,* de Carnero; *Pasar y siete canciones,* de
Azúa, y *Alegoría,* de Siles. A estos casos citados deben
unirse los de aquellos poetas que habían iniciado un silencio
poético reflexivo años atrás y que aún en 1977 no lo habían
roto con la publicación de un nuevo poemario (Leopoldo
María Panero, Vázquez Montalbán, Ana María Moix, Luis
Alberto de Cuenca, etc.). Por otro lado, que en torno a 1977,
aproximadamente, los poetas que habían participado más
activamente en la estética pretendidamente rupturista de co-
mienzos de los setenta percibían en sus obras el fin de un
período bien determinado en su creación, lo demuestra el
hecho de que es alrededor de esa fecha cuando estos autores
comienzan a preparar las ediciones de sus primeras *poesías
completas,* fruto de una fecunda producción anterior de la
que, sin embargo, al ir incorporando paulatinamente la ex-
periencia personal al poema, se irán distanciando cada vez
más (Jiménez 1985: 46). Pero estas ediciones de *poesías
reunidas* tuvieron, en cambio, en el panorama poético de los
últimos años setenta y primeros ochenta, un efecto contrario
al espíritu que había movido a sus autores al reunir sus obras
y prolongaron una estética ya agotada, ocultando al mismo
tiempo el cambio de que ellas mismas eran síntoma.

Por otra parte, habría que señalar que, ya a partir de 1975,
pero sobre todo a partir de 1977, empiezan a ser publicados
poemarios de autores de la generación del 68 cuyos prime-
ros libros habían aparecido a lo largo de los años sesenta y
que habían permanecido en silencio durante los años de la
explosión rupturista, ante el éxito fulgurante de la nueva es-
tética entonces dominante, que había desplazado las diver-
sas tendencias que estos poetas representaban. Apartados de
las tendencias más publicitadas, estos autores habían ido ela-
borando su obra bajo criterios estrictamente personales, ig-
norando la influencia de las modas del momento, para rea-

parecer con una obra madura y bien asentada cuando dichas tendencias entran en crisis definitiva en torno a 1975-1977. Es entonces cuando se publican nuevos títulos de Juan Luis Panero, Diego Jesús Jiménez, Antonio Hernández, Antonio López Luna, Eugenio Padorno, etc., autores que, en su mayoría, asentarían una poética diferente a lo largo de la siguiente década.

A partir de 1976-1977 comienzan a publicar sus primeros libros una serie de poetas de la generación del 68, coetáneos de aquellos que habían propiciado la ruptura estética y que habían dominado el panorama poético español desde 1969, que, en cambio, no participan de la estética que había caracterizado las tendencias dominantes en las etapas precedentes. Estos autores vienen a enlazar con los indicios renovadores que ya apuntaban las obras de aquéllos en torno a estas fechas y fundamentan estéticamente el nuevo período que se inicia en los últimos años de la década y que se desarrollará plenamente en los años ochenta. Entre 1976 y 1979 se publican los primeros libros de, entre otros, Francisco Bejarano, José Luis Jover, Andrés Sánchez Robayna, Fernando Ortiz, Javier Salvago, Abelardo Linares, Miguel Sánchez Ostiz o Eloy Sánchez Rosillo.

Aún podría señalarse un grupo de poetas dentro de la generación del 68 cuyas obras comienzan a cobrar un cierto relieve a partir de 1977. Poetas como Antonio Carvajal, Agustín Delgado, Miguel d'Ors, Aníbal Núñez o incluso José-Miguel Ullán, entre otros muchos, habían continuado publicando sus libros, a intervalos mayores o menores, durante los años de dominio de la estética rupturista, fieles a sus preferencias estéticas y a una cierta distancia de la poética triunfante. Al contrario de otros poetas, éstos no habían interrumpido su producción entre 1968-1969 y 1975-1976, sino que habían continuado por su particular camino poético, contribuyendo a ampliar y ensanchar progresivamente los márgenes de la estética dominante desde diversas perspectivas, dotándola de un carácter proteico y enriqueciéndola enormemente.

Por fin, si algunos poetas de la generación siguiente a la del 68 se adelantan a publicar su primer poemario a 1975, caso de Julia Castillo o José Lupiáñez, coincidiendo con las primeras manifestaciones de la crisis de las primeras estéticas de la generación anterior, es a partir de 1976 y, sobre todo, de 1977, cuando comienzan a aparecer los primeros poemarios de la más joven generación, firmados por autores como José Gutiérrez, Miguel Mas, Fernando Beltrán, Felipe Benítez Reyes, Salvador López Becerra o Julio Llamazares.

Así pues, en torno a 1977 coinciden una serie de acontecimientos en el mundo poético español que señalan el inicio de un nuevo período en el desarrollo de la generación del 68 junto con el de la poesía más joven. Hacia 1977, la mayor parte de las tendencias poéticas vivas *confluyen y se unen* para arrumbar la estética dominante inmediatamente anterior y establecer un nuevo marco de preferencias, pero sin llevar a cabo una ruptura radical aparente con la que había sido protagonizada años atrás. En consecuencia, no puede afirmarse que la superación de la estética dominante en los años anteriores y el cambio profundo que empieza a manifestarse en 1977 los realizaran exclusivamente, como opina Siles, «los novísimos *otros,* que representan lo que he llamado *tercera mutación*» (1991: 154), es decir, «la representada por aquellos poetas que, siendo novísimos de edad [...], no habían publicado libros antes» (1991: 151), ni tan siquiera si a este grupo se le añaden aquellos poetas «cuya obra se apartaba ostensiblemente de los presupuestos estéticos [...] en que se había objetivado el discurso de su generación» (1991: 151), es decir, aquellos considerados por la crítica como *novísimos heterodoxos.* El cambio estético que acontece en torno a 1977 no podría ser definido en su verdadera dimensión si no se tuviera en cuenta la evolución llevada a cabo por los poetas que habían contribuido activamente a la fundamentación de la estética dominante durante el período anterior. Junto con los grupos de autores anteriormente citados, es con éstos, con el desarrollo estético que llevan a cabo a partir de 1973-1974 y sobre todo a partir de 1975, que les lleva a confluir y a asimilar tendencias que en sus desarrollos previos habían marginado como detentadoras de una estética fenecida, con quienes los poetas nuevos que empiezan a publicar en torno a 1977 entroncan directamente, como lo habían hecho los poetas que habían comenzado a publicar más de diez años atrás, fundándose en los presupuestos estéticos que éstos habían venido acuñando en los últimos años de su producción.

JUAN JOSÉ LANZ

BIBLIOGRAFÍA

ANTOLOGÍAS ESPECÍFICAS

BARELLA, Julia: *Después de la modernidad. Poesía española en sus distintas lenguas literarias,* Anthropos, Barcelona, 1987.

BATLLÓ, José: *Antología de la nueva poesía española,* Lumen, Barcelona, 1977 (primera edición de 1968).

—: *Poetas españoles poscontemporáneos,* El Bardo, Barcelona, 1974.

CARRILLO, Francisco J. y otros: *Doce jóvenes poetas españoles,* El Bardo, Barcelona, 1967.

CARRIÓN, Héctor: *Poesía del 60. Cinco poetas preferentes,* Endymión, Madrid, 1990.

CASTELLET, José María: *Nueve novísimos poetas españoles,* Barral editores, Barcelona, 1970.

DELGADO, Agustín y otros: *Equipo «Claraboya». Teoría y poemas,* El Bardo, Barcelona, 1971.

GARCÍA MARTÍN, José Luis: *Las voces y los ecos,* Júcar, Gijón-Madrid, 1980.

—: *Treinta años de poesía española (1965-1995),* Renacimiento-La veleta, Sevilla-Granada, 1996.

JONGH ROSSEL, Elena de: *Florilegium. Poesía última española,* Espasa-Calpe, Madrid, 1982.

MARTÍN PARDO, Enrique: *Antología de la joven poesía española,* Pájaro Cascabel, Madrid, 1967.

—: *Nueva poesía española,* Scorpio, Madrid, 1970. (Existe reedición reciente: *Nueva poesía española (1970). Antología consolidada (1990),* Hiperión, Madrid, 1990.)

MARTÍNEZ RUIZ, Florencio: *La nueva poesía española. Antología crítica. (Segunda generación de postguerra 1955-1970),* Biblioteca Nueva, Madrid, 1971.

MORAL, Concepción G., y PEREDA, Rosa María: *Joven poesía española,* Cátedra, Madrid, 1985 (primera edición de 1979).

PALOMERO, Mari Pepa: *Poetas de los 70. Antología de la poesía española contemporánea,* Hiperión, Madrid, 1987.

POZANCO, Víctor: *Nueve poetas del resurgimiento,* Ámbito, Barcelona, 1976.

—: *Segunda antología del resurgimiento,* Ámbito, Barcelona, 1980.

PRIETO, Antonio: *Espejo del amor y de la muerte,* Azur, Madrid, 1971.

VV. AA.: *Degeneración del 70. (Antología de poetas heterodoxos andaluces),* Antorcha de Paja, Córdoba, 1978.

BIBLIOGRAFÍA CRÍTICA

ABELLÁN, Manuel L.: «Análisis cuantitativo de la censura bajo el franquismo (1955-1976)», *Sistema,* 28 (enero de 1979).

—: *Censura y creación literaria en España (1939-1976),* Península, Barcelona, 1980.

AMORÓS, Amparo: «La retórica del silencio», en *Los Cuadernos del Norte,* 16 (noviembre de 1982).

—: «Luis Cernuda y la poesía española posterior a 1939», en *Entre la cruz y la espada. En torno a la España de postguerra. Homenaje a Eugenio G. de Nora,* Gredos, Madrid, 1984.

— (ed.): *Palabra, mundo, ser: la poesía de Jaime Siles,* Litoral, Málaga, 1986.

—: *La palabra del silencio (La función del silencio en la poesía española a partir de 1969),* (Tesis doctoral), Universidad Complutense de Madrid, Madrid, 1991.

BARELLA, Julia: «Poesía en la década de los 70: en torno a los Novísimos», *Ínsula,* 410 (1981).

—: «La reacción veneciana: poesía en la década de los setenta», *Estudios humanísticos* (Universidad de León), 5 (1983), págs. 69-76.

—: «Sobre la poesía de los 70», *Ínsula,* 498 (mayo de 1988).

BARNATÁN, Marcos Ricardo: «La polémica de Venecia», *Ínsula,* 508 (abril de 1989).

BATLLÓ, José: *El Bardo (1964-1974). Memoria y antología,* Los Libros de la Frontera, Barcelona, 1995.

BAYO, Emilio: *La poesía española en sus colecciones (1939-1975),* Scriptura, Lleida, 1991.

—: *La poesía española en las antologías (1939-1980),* Pagès, Lleida, 1994.

BLANCO AGUINAGA, Carlos y otros: *Historia social de la literatura española,* vol. III, Castalia, Madrid, 1984.

BLESA, Túa: *Leopoldo María Panero, el último poeta,* Valdemar, Madrid, 1995.

BLOOM, Harold: *The Visionary Company. A Reading of English Romantic Poetry,* Cornell University Press, Ithaca & London, 1971.

BOSO, Felipe: «El proceso de absolutización del lenguaje en España», *Poesía Hispánica,* 240 (1972), págs. 8-11.

BOUSOÑO, Carlos: «La poesía de Guillermo Carnero», en CARNERO, Guillermo: *Ensayo de una teoría de la visión. (Poesía 1966-1977),* Hiperión, Madrid, 1983.

BOWRA, C. M.: *La imaginación romántica,* Taurus, Madrid, 1972.

BRINES, Francisco: «La heterodoxia generacional de Luis Antonio de Villena», *Ínsula,* 394 (septiembre de 1979).

CABANILLES, Antonia (ed.): «Dossier: La generación poética española de 1970», en *Ideologies & Literature,* vol. I, 1-2 (invierno-primavera de 1985), págs. 189-280.

—: *La ficción autobiográfica. (La poesía de Jaime Gil de Biedma),* Col.legi Universitari de Castelló-Excma. Diputación de Castelló, Castellón, 1989.

CAMPBELL, Federico: *Infame turba,* Lumen, Barcelona, 1971.

CAPECCHI, Luisa: «El romanticismo expresivo de Pere Gimferrer», *Ínsula,* 434 (enero de 1983).

CARANDELL, José María: «La filosofía de una nueva generación», *Destino,* 19-VII-1969, pág. 32.

CARNERO, Guillermo: «Poesía de posguerra en lengua castellana», *Poesía,* 2 (agosto-septiembre de 1978).

—: «La etapa catalana en la poesía de Pedro Gimferrer», *Ínsula,* 382 (septiembre de 1978).

—: «La corte de los poetas. Los últimos veinte años de poesía española en castellano», *Revista de Occidente,* 23 (abril de 1983).

CARR, Raymond: *España 1808-1975,* Ariel, Barcelona, 1984.

CASADO, Miguel: «Líneas de los "novísimos"», *Revista de Occidente,* 86-87 (julio-agosto de 1988), págs. 204-230.

—: «Introducción» a ULLÁN, José-Miguel: *Ardicia. (Antología poética, 1964-1994),* Cátedra, Madrid, 1994.

CASTELLET, José María: *Veinte años de poesía española (1939-1959),* Seix Barral, Barcelona, 1960.

COLINAS, Antonio: «Notas para una poética de nuestro tiempo», *Ínsula,* 293 (abril de 1971), págs. 1 y 12.

—: «La rosa de los vientos. (Notas para otra teoría de la poesía novísima)», en *El sentido primero de la palabra poética,* F. C. E., Madrid, 1989.

CUENCA, Luis Alberto de: «La generación del lenguaje», *Poesía,* 5-6 (invierno 1979-1980), págs. 245 y ss.

DEBICKI, Andrew P.: *Spanish Poetry of the Twentieth Century. Modernity and Beyond,* The University Press of Kentucky, Lexington, 1994. (Existe edición española: *Historia de la poesía española del siglo XX,* Gredos, Madrid, 1997.)

DELGADO, Fernando G.: «Antonio Colinas: "La poesía como revelación" (Entrevista)», *Ínsula,* 356-357 (julio-agosto de 1976).

DIEGO, Gerardo: «Poesía social», *ABC,* 13-VII-1962.

DOMÍNGUEZ REY, Antonio: *Novema versus povema. Pautas líricas del 60,* Torre Manrique Publicaciones, Madrid, 1987.

«Encuesta surrealismo», *Ínsula,* 337 (diciembre de 1974), págs. 8-10.

FRIEDRICH, Hugo: *La estructura de la lírica moderna. De Baudelaire hasta nuestros días,* Seix Barral, Barcelona, 1974.

GARCÍA DE LA CONCHA, Víctor: «La poesía española actual», *Boletín Informativo de la Fundación Juan March,* noviembre de 1983.

—: «La renovación estética de los años setenta», en *El estado de las poesías,* Monografías de *Los Cuadernos del Norte,* Caja de Ahorros de Asturias, Oviedo, 1986.

—: «Entrevista con Pere Gimferrer», *Ínsula,* 505 (enero de 1989).

GARCÍA JAMBRINA, Luis: «¿Poetas de los sesenta o poetas "descolgados"?», *Ínsula,* 543 (marzo de 1992), págs. 7-9.

GARCÍA MARTÍN, José Luis: «Nuevo viaje del Parnaso o la sucesión de los novísimos», *Camp de l'arpa,* 86 (abril de 1981).

—: *La poesía figurativa. Crónica parcial de quince años de poesía española,* Renacimiento, Sevilla, 1992.

GIMFERRER, Pere: «Notas parciales sobre poesía española de posguerra», en CLOTAS, Salvador, y GIMFERRER, Pere: *30 años de literatura en España,* Kairós, Barcelona, 1971.

—: «Algunas observaciones (1969)», *Poemas 1962-1969,* Visor, Madrid, 1988.

—: «Nota a esta edición», *El vendaval,* Ediciones Península / Edicions 62, Barcelona, 1989.

GONZÁLEZ, Ángel: «Poesía española contemporánea», *Los Cuadernos del Norte,* 3 (agosto-septiembre de 1980).

GRACIA, Jordi: «Introducción» a GIMFERRER, Pere: *Arde el mar,* Cátedra, Madrid, 1994.

JARAUTA, Francisco: «La experiencia barroca», *Arc Voltaic,* 19 (1992/I), págs. 32-33.

JIMÉNEZ, José Olivio: *Diez años de poesía española: 1960-1970,* Ínsula, Madrid, 1972.

—: «La poesía de Antonio Colinas», en COLINAS, Antonio: *Poesía (1967-1981),* Visor, Madrid, 1984.

—: «Reafirmación, proximidad, continuidad: Notas hacia la poesía española última (1975-1985)», *Las Nuevas Letras,* 3-4 (invierno de 1985).

JOVER, José Luis: «Nueve preguntas a Guillermo Carnero. En torno a *Ensayo de una teoría de la visión»,* *Nueva Estafeta,* 9-10 (agosto-septiembre de 1979).

LAÍN ENTRALGO, Pedro: *Descargo de conciencia (1930-1960),* Barral editores, Barcelona, 1976.

LANZ, Juan José: «Carlos Edmundo de Ory y la Generación del 68: el poder de la imaginación», suplemento de cultura del *Diario de Cádiz* (extraordinario Carlos Edmundo de Ory), 24-IV-1993, pág. 39.

—: «Primera etapa de una generación. Notas para la definición de un espacio poético: 1977-1982», *Ínsula,* 565 (enero de 1994).

—: *La llama en el laberinto. Poesía y poética en la generación del 68,* Editorial Regional de Extremadura, Mérida, 1994.

—: «Tres revistas precedentes del resurgimiento poético andaluz: *Poesía 70, Marejada* y *Antorcha de Paja», Zurgai,* monográfico *Poesía andaluza* (diciembre de 1994), págs. 4-11.

—: «La joven poesía española al fin del milenio. (Hacia una poética de la Posmodernidad)», *Letras de Deusto,* vol. 25, 66 (enero-marzo de 1995), págs. 173-206.

—: «¿Hacia la constitución de un nuevo canon estético? La última poesía española de la generación del 68 a la generación del 80», *Hora de Poesía,* 97-100 (enero de 1996), págs. 143-159.

—: *Introducción al estudio de la generación poética española de 1968 (Elementos para la elaboración de un marco histórico-crítico en el período 1962-1977),* (Tesis doctoral en seis volúmenes presentada en el curso 1992-1993), Universidad Complutense de Madrid, Madrid (en prensa).

— y TÉLLEZ, Juan José: *Marejada. Historia de un grupo literario,* Quorum Libros, Cádiz, 1996.

LECHNER, J.: *El compromiso en la poesía española del siglo XX,* Universitaire Pers., Leiden, 1968-1973.

LÓPEZ, Ignacio-Javier: «Metapoesía en Guillermo Carnero», *Zarza Rosa,* 5 (octubre-noviembre de 1985).

—: «Metonimia y negación: *Variaciones y figuras sobre un tema de La Bruyère,* de Guillermo Carnero», *Hispanic Review,* 54 (verano de 1986).

—: «El olvido del habla: Una reflexión sobre la escritura de la metapoesía», *Ínsula,* 505 (enero de 1989).

LUIS, Leopoldo de: *Poesía social española contemporánea. Antología (1939-1964),* Júcar, Gijón-Madrid, 1982. La primera edición está fechada en 1965.

LUNA BORGE, José: *La generación poética del 70,* Qüásyeditorial, Sevilla, 1991.

MARCO, Joaquín: *Ejercicios literarios,* Taber, Barcelona, 1969.

—: «Muerte o resurrección del surrealismo español», *Ínsula,* 316 y 317 (marzo y abril de 1973), págs. 1 y 1, 3 y 14, respectivamente.

MARFIL, Jorge Alberto: «Una revista de vanguardia», *Triunfo,* 708 (21 de agosto de 1976).

—: «Antonio Martínez Sarrión. Un novísimo al pie de la letra. (Entrevista)», *El Viejo Topo,* 16 (enero de 1978).

MARÍAS, Julián: *Literatura y generaciones,* Espasa Calpe, Madrid, 1975.

—: *Generaciones y constelaciones,* Alianza Editorial, Madrid, 1989.

MARTÍ, Doménec: «Poesía en lata para novísimos y posnovísimos: Caos, mezcolanza y patrioterismo de las antologías», *Leer,* 8 (abril-junio de 1987).

MILLÁN, Fernando: «Poesía experimental en España», *Camp de l'arpa,* 86 (1981), págs. 32-37.

MOLINA CAMPOS, Enrique: «Acotaciones a una antología», *Hora de poesía,* 7 (enero-febrero de 1980), págs. 33-36.

MOLINERO, Miguel Ángel: «Prólogo» a DELGADO, Agustín: *De la diversidad (Poesía 1965-1980),* Hiperión, Madrid, 1983.

MORÁN, Gregorio: *Miseria y grandeza del Partido Comunista de España 1939-1985,* Planeta, Barcelona, 1986.

MUNNE, Antoni: «El clasicismo como novedad (Entrevista con Luis Antonio de Villena)», *Quimera,* 13 (noviembre de 1981).

NICOLÁS, César: «Novísimos (1966-1988): Notas para una poética», *Ínsula,* 505 (enero de 1989).

PEREDA, Rosa María: «Carlos Edmundo de Ory: Postismo y surrealismo», *Informaciones de las artes y las letras,* suplemento cultural de *Informaciones,* 327 (17-X-1974), pág. 4.

PETERKIEWICZ, Jerzy: *The Other Side of Silence. The Poet and the Limits of Language,* Oxford University Press, London, 1970.

POLO LÓPEZ, Milagros: *Cuarteto y fuga para un espacio desierto,* Libertarias / Prodhufi, Madrid, 1995.

PRAT, Ignacio: *Contra ti (Notas de un contemporáneo de los novísimos),* Los Pliegos de Barataria, Editorial Don Quijote, Granada, 1982.

—: «La página negra. (Notas para el final de una década)», *Poesía,* 15 (verano de 1982).

—: «Epílogo» a CARVAJAL, Antonio: *Extravagante jerarquía. (Poesía 1968-1981),* Hiperión, Madrid, 1983.

PRIETO DE PAULA, Ángel L.: *Musa del 68. Claves para una generación poética,* Hiperión, Madrid, 1996.

PROVENCIO, Pedro: *Poéticas españolas contemporáneas. La generación del 70,* Hiperión, Madrid, 1988.

—: «La generación del setenta. Los antinovísimos y la cultura de consumo», *Cuadernos Hispanoamericanos,* 524 (febrero de 1994).

PUJALS GESALÍ, Esteban, y RODRÍGUEZ DE LA FLOR, Fernando: «Un aspecto de la poesía de Antonio Colinas: Lo mítico», *Ínsula,* 410 (enero de 1981).

«Respuestas, a una encuesta: Al terminar el año 1963, ¿cómo ve usted la situación de la poesía española de hoy referida no sólo a poetas —calidad y tendencias— sino a lectores y editores?», *Ínsula,* 205 (diciembre de 1963).

RIBES, Francisco (ed.): *Antología consultada de la joven poesía española,* Mares, Valencia, 1952.

RICO, Francisco (ed.): *Historia y crítica de la literatura española. Época contemporánea 1939-1980,* vol. VIII, Crítica, Barcelona, 1980.

— (ed.): *Historia y crítica de la literatura española. Los nuevos nombres (1975-1990),* vol. IX, Crítica, Barcelona, 1992.

RODRÍGUEZ DE LA FLOR, Fernando: «Neo-neo-clasicismos en la poesía española última», *Los Cuadernos del Norte,* 20 (julio-agosto de 1983), págs. 61-65.

ROZAS, Juan Manuel: «Los novísimos a la cátedra», *El País,* 25-XI-1979.

—: «Poesía de renovación y experimentación», *Literatura Contemporánea en Castilla y León,* Consejería de Cultura, Valladolid, 1986.

RUBIO, Fanny: *Las revistas poéticas españolas (1939-1975),* Turner, Madrid, 1976.

—: «Teoría y polémica de la poesía española de postguerra», *Cuadernos Hispanoamericanos,* 361-362 (julio-agosto de 1980).

— y FALCÓ, José Luis: *Poesía española contemporánea. Historia y antología (1939-1980),* Alhambra, Madrid, 1981.

SÁNCHEZ SANTIAGO, Tomás: «Poesía: Aníbal Núñez, la estética de la caída», *Pliegos de Poesía Hiperión,* 5-6 (verano de 1987).

SÁNCHEZ TORRE, Leopoldo: *La poesía en el espejo del poema. La práctica metapoética en la poesía española del siglo XX,* Departamento de Filología Española, Universidad de Oviedo, Oviedo, 1993.

SANZ VILLANUEVA, Santos: «Los inciertos caminos de la poesía de postguerra», POZANCO, Víctor: *Nueve poetas del resurgimiento,* Ámbito, Barcelona, 1976, págs. 261-277.

—: *Historia de la literatura española. Literatura actual,* vol. 6/2, Ariel, Barcelona, 1984.

SARMIENTO, José Antonio: *La otra escritura,* Ediciones de la Universidad de Castilla-La Mancha, Cuenca, 1990.

SHEPPARD, Richard: «The Crisis of Language», BRADBURY, Malcolm and MCFARLANE, James (ed.), *Modernism. A Guide to European Literature 1890-1930,* Penguin, London, 1991, págs. 323-336.

SILES, Jaime: «Los novísimos: la tradición como ruptura, la ruptura como tradición», *Ínsula,* 505 (enero de 1989), págs. 10-11.

—: «Dinámica poética de la última década», *Revista de Occidente,* 122-123 (julio-agosto de 1991), págs. 149-169.

SONTAG, Susan: *Contra la interpretación,* Seix Barral, Barcelona, 1969.

SOTELO, Ignacio: «La cultura española actual: apunte para un diagnóstico», *Revista de Occidente,* 122-123 (julio-agosto de 1991), págs. 5-14.

TALENS, Jenaro: «Reflexiones en torno a la poesía última de Pedro Gimferrer», *Ínsula,* 304 (marzo de 1972).

—: «Superrealismo y literatura», *El Viejo Topo,* 18 (marzo de 1978).

—: «(Desde) la poesía de Antonio Martínez Sarrión», en MARTÍNEZ SARRIÓN, Antonio: *El centro inaccesible (Poesía 1967-1980),* Hiperión, Madrid, 1981.

—: «Poesía y su(b)versión. Reflexiones desde la escritura denotada «Leopoldo María Panero», en PANERO, Leopoldo María: *Agujero llamado Nevermore. (Selección poética, 1968-1992),* Cátedra, Madrid, 1992, págs. 7-51.

TUÑÓN DE LARA, Manuel (ed.): *Historia de España. España bajo la dictadura franquista,* vol. X, Labor, Barcelona, 1980.

UCEDA, Julia: «La traición de los poetas sociales», *Ínsula,* 242 (enero de 1967), págs. 1 y 12.

VALENTE, José Ángel: «Tendencia y estilo», *Ínsula,* 180 (noviembre de 1961), recogido en *Las palabras de la tribu,* Tusquets, Barcelona, 1994[2]; págs. 26-29.

VÉLEZ, Julio: *La poesía española según «El País» (1978-1983),* Orígenes, Madrid, 1984.

VIGNOLA, Beniamino: «La manía de Venecia y las letras españolas», *Camp de l'arpa,* 86 (abril de 1981).

VILLENA, Luis Antonio de: «Enlaces entre vanguardia y tradición», *El estado de las poesías,* Monografías de *Los Cuadernos del Norte,* 3, Caja de Ahorros de Asturias, Oviedo, 1986.

VORIC, Osvaldo: «Mirada panorámica sobre diez años de nueva poesía española», *La moneda de hierro. (Extremos a que ha llegado la poesía),* 3-4 (invierno-primavera-estío de 1980).

VV. AA.: «Poesía española actual», monográfico de *La Moneda de Hierro. (Extremos a que ha llegado la poesía),* 3-4 (invierno-primavera-estío de 1980).

—: *El estado de las poesías,* Monografías de *Los Cuadernos del Norte,* Caja de Ahorros de Asturias, Oviedo, 1986.

—: «De estética novísima y novísimos», *Ínsula,* 504 (diciembre de 1988) y 508 (abril de 1989).

—: *Poetas de los 70,* número monográfico de la revista *Zurgai* (diciembre de 1989).

—: *Spanish Poetry 1939-1989,* monográfico de *Antípodas* (Auckland), 2 (diciembre de 1989).

—: «Los excluidos de la Pléyade: poetas de los 60», *Ínsula,* 543 (marzo de 1992).

—: «Dossier poesía española», *Hora de Poesía,* 97-100 (enero de 1996).

—: «Ver la poesía: la imagen gráfica del verso», *Ínsula,* 603-604 (marzo-abril de 1997).

ESTA EDICIÓN

Para la selección poética de esta antología he aplicado dos criterios cronológicos estrictos. Por un lado, el criterio, impuesto por el editor, de centrar la antología en la poesía publicada entre 1960 y 1975. En este sentido se plantean varios problemas fundamentales. Si se tiene en cuenta exclusivamente el año de edición, habría que haber seleccionado en esta antología a todos aquellos autores que publican entre las dos fechas límite establecidas; es decir, debería haberse antologado en las páginas que siguen a autores que irían, por ejemplo, desde Vicente Aleixandre o Rafael Alberti hasta Luis Alberto de Cuenca o Jaime Siles. Si bien es cierto que una selección en este sentido hubiera otorgado al lector un panorama más verdadero de lo que realmente fueron esos años para la poesía española, también es cierto que, o bien se habría necesitado un espacio mucho mayor, o bien la escasa muestra antológica de cada autor habría hecho de esta antología un instrumento de estudio completamente inútil. En consecuencia, he decidido, por criterios de economía literaria y para dotar de una mayor utilidad a la presente antología, seleccionar exclusivamente a aquellos autores que comienzan a publicar entre las dos fechas límite establecidas por el editor.

Aun así se planteaban ciertos problemas que era necesario resolver de manera expeditiva. Si se atiende a aquellos autores que comienzan a publicar su poesía entre 1960 y 1975, hubiera sido necesario incluir en esta antología a José Bergamín, Francisco Brines, Antonio Gamoneda o Félix Grande, entre otros, poetas todos ellos que se dan a conocer en libro a partir de 1960. Sin embargo, la inclusión de estos autores desvirtuaría el panorama poético entre 1960 y 1975 en varios sentidos: por un lado, la mayor parte de ellos adelantan una serie de poemas notables en revistas y lecturas poéticas a fines de los años cincuenta; por otro, su mayor edad, con respecto a los aquí antologados, les dota de un cierto halo de magisterio hacia los más jóvenes; por último, la historiografía literaria contemporánea los ha adscrito tradicionalmente a generaciones y promociones anteriores a las que se dan a conocer en los años sesenta y allí se les estudia. Es aquí donde he aplicado un segundo criterio cronológico de fecha de nacimiento, también habitual en la historiografía literaria contemporánea, seleccionando a aquellos autores que nacen tras el fin de la guerra civil, y que, por lo tanto, no pueden identificarse de ninguna manera con la generación de los «niños de la guerra». En consecuencia, cruzando ambos criterios, he seleccionado exclusivamente aquellos autores que, nacidos a partir de 1939, comienzan a publicar en libro entre 1960 y 1975. Creo que es a ellos a los que les corresponde fundamentalmente el protagonismo poético de los tres lustros a los que se ciñe la presente antología.

Evidentemente, a fin de dar una visión lo más completa posible de su producción, no me he ceñido exclusivamente a la parte de la obra de estos autores que se publica en esos tres lustros, sino que he seguido su desarrollo, como parecía lógico, hasta nuestros días. No he hecho lo mismo en la introducción, en cambio, a la hora de establecer el panorama general de la evolución poética de esos años, lo que la hubiera alargado más de lo necesario, y me he centrado princi-

palmente en los quince años propuestos en el título. Por otra
parte, tampoco he incluido en la selección a aquellos poetas
que, nacidos en la primera posguerra, lo que he denominado
como *generación del 68,* publican su primer libro más allá
de 1975. Entiendo que de ellos se han de ocupar otras anto-
logías y estudios que tienen su límite cronológico inicial en
ese año, lo que, en cierto modo, justifica su ausencia de esta
edición.

He respetado los límites cronológicos impuestos por el
editor, aunque a lo largo de la introducción los discuto am-
pliamente, pues opino que no son sino fechas simbólicas que
no reflejan realmente un cambio estético significativo; creo
intuir que es precisamente por ese motivo por el que las se-
leccionó el editor. A mi parecer, si se trata de abarcar una
amplia unidad estética en esta antología, deberían haberse
establecido los límites cronológicos entre 1962 y 1977, por
indicar la primera fecha el inicio de la crisis de la estética
social-realista y señalar la segunda un cambio estético (y
también político) con la publicación de una serie de libros
de nuevos autores que comienzan a renovar el panorama
poético español.

En cuanto a la selección de poetas, he intentado que ésta
sea lo suficientemente amplia como para dar una idea gene-
ral de las diversas corrientes poéticas que conforman el pa-
norama entre 1960 y 1975, pero tratando de evitar al mismo
tiempo ofrecer al lector un centón poético en el que se pierda
sin una idea precisa de lo que supuso la poesía de esos años.
He entendido que en la presente antología no se trataba de
dar noticia de todos los poetas, sino de seleccionar a aque-
llos más representativos no sólo con un criterio de actuali-
dad, sino también con un criterio histórico; es decir, no sólo
a aquellos poetas cuya obra ha venido cobrando relieve en
los últimos años, sino también a aquellos cuya obra fue sig-
nificativa en su momento, aunque quizá hoy haya caído re-

lativamente en el olvido. En cuanto a la selección de poemas de cada autor, he intentado escoger aquellos textos que resultan más significativos en su evolución poética y que iluminan más precisamente el panorama que se pretende describir.

Espero que el lector descubra en esta antología a algunos autores que muevan su curiosidad y se reencuentre con otros. En cualquier caso, espero que, más allá de las posibles ausencias, sienta a todos los incluidos como verdaderos poetas. En caso contrario, sólo pido, como uno de los poetas aquí recogidos, *Pitié pour nos erreurs.*

J. J. L.

ANTONIO MARTÍNEZ SARRIÓN

(Albacete, 1939)

BIBLIOGRAFÍA POÉTICA

Teatro de operaciones, El Toro de Barro, Cuenca, 1967.

Pautas para conjurados, El Bardo, Barcelona, 1970.

Ocho elegías con pie en versos antiguos, Papeles de Son Armadans, Palma de Mallorca, 1972.

Una tromba mortal para los balleneros, Lumen, Barcelona, 1975.

Canción triste para una parva de heterodoxos, Papeles de Son Armadans, Palma de Mallorca, 1976.

El centro inaccesible. (Poesía 1967-1980), Hiperión, Madrid, 1981.

Horizonte desde la rada, Trieste, Madrid, 1983.

De acedía, Hiperión, Madrid, 1986.

Ejercicio sobre Rilke, Pamiela, Pamplona, 1989.

Antología poética, Edic. de la Diputación de Albacete, Albacete, 1994.

Cantil, Edit. Comares, Granada, 1995.

BIBLIOGRAFÍA CRÍTICA SOBRE SU OBRA POÉTICA (SELECCIÓN)

ASENSI PÉREZ, Manuel: *Para una teoría de la lectura. Propuestas crítico-metodológicas a partir de la generación «novísima»: el caso de Antonio Martínez Sarrión* (tesis doctoral), Universidad de Valencia, Valencia, 1985-1986.

CANET, José Luis: «Una nueva aproximación a la poesía de Antonio Martínez Sarrión», *Ideologies & Literature,* vol. I, 1-2 (invierno-primavera 1985), págs. 218-229.

GEA, Juan Carlos: «Antonio Martínez Sarrión: guardador, sacerdote, blasfemo», en MARTÍNEZ SARRIÓN, Antonio: *Antología poética,* Edic. de la Diputación de Albacete, Albacete, 1994, págs. 13-61.

POLO LÓPEZ, Milagros: «Antonio Martínez Sarrión: la imposibilidad del centro», en *Cuarteto y fuga para un espacio desierto,* Libertarias / Prodhufi, Madrid, 1995, págs. 105-147.

TALENS, Jenaro: «(Desde) la poesía de Antonio Martínez Sarrión», en MARTÍNEZ SARRIÓN, Antonio: *El centro inaccesible. (Poesía 1967-1980),* Hiperión, Madrid, 1981, págs. 7-37.

VV.AA.: *Antonio Martínez Sarrión,* en *Poesía en el Campus,* 27 (curso 1993-1994).

LA NIÑA DE SIETE AÑOS

mira que si estuviera destrozada
si ya fue leña algún oscuro invierno
la mesa de billar ya desechada
donde aquella sirvienta contaba obscenidades
y todos nos reíamos
enamorado tú?
qué tiempo en la cocina!
el cielo raso lóbrego
corrían los ratones dios qué risa
mi madre: mira mira los ratones
cómo se están volviendo a su agujero
la cortina de trapos amarillos
las cadenas
que oímos una noche de tormenta
tú patinando por aquel casino
con tu cara oriental
y nada que creí morirme
                              de amor
lo cierto es que te llevo muy adentro

*

VALS DEL VIUDO

lo más bello del mundo es una fila de platos vacíos
ah lo más bello del mundo
un rayo de sol silencioso en la alcoba cargada
de su perfume
                              cuánta tierra tapiándole los ojos
qué camino más lóbrego el del tinte
el color de sus guantes qué indeciso
qué olor a pulimento en su ataúd de dorados apliques
y todavía hay lentos goterones de cera en la consola
y sillas
que aquel día trajeron las vecinas
ah qué velo tan negro qué violetas
cuánto tarda mi sueño
cómo se remansa el sol cosquilleante
el sol abiertamente irrespetuoso
en el aire estancado de la casa

*

PAISAJE IDEAL PARA PAUL ÉLUARD

chalanea paul éluard en la vendimia
por ver de ser único comprador
de los sarmientos que arrojaran al fuego
si no hay licitador
puja la maravillosa entre dos copas de vino
apoyada en el hombro del poeta
le instruye —es débil— le indica
con el avisador de la bolsa en la mano
cómo ha bajado el dólar es culpa
ya es sabido
de los malditos guerrilleros negros

que hoy conquistaron denver
y la maravillosa
cuando los torvos comerciantes y sus rameras se han marchado
sobándose y sobando los dineros
busca los labios del poeta
con movimientos lentos y acariciadores de la cabeza
de esta manera agravios indecencias
o de esta otra
confundo ya
los meses de dedo par dedo impar *manque* y *passe*

así
sacrificios incaicos
así llanuras con el bizco muy lejos no hay peligro
las manos son lo único se le atan a la esclusa
así
con gruesa soga
con cariados dientes
con cortafríos de esa forma científica
con cadenas
                                    un lobo
no un cordero   es un lobo
raja supura hiede pero así nos curamos
así robert jeantal la pícara justina

así

almacenadita bien prieta como estopa
como algodón cardado así con esos lacres
de esta loca manera le doy al pedernal
acercas tú la tea así de ese tenor
con semejante insuperable gracia
de cualquier forma ves?
se está quemando toda la cultura

[UN DÍA]

un día
pintaremos ya calmados
quién sabe qué paisaje
qué corza
qué pez en una pieza de cerámica
trazos
que volverán a ser humanos tiempo
de la alegría
pero dejadme ahora
dejadme hablar a tiros
de estos paseos de estas tardes de estas
cuatro paredes tan inhabitables
de la vieja maldita fruta amarga
que se nos ha podrido muy adentro
hasta contaminar el corazón

(Teatro de operaciones, 1967)

*

FUEGOS ARTIFICIALES

poesía iniciática
desde la catacumba más hediente:

de este modo es posible conjurar
con resultado válido
nombrar como si no viniere al caso:

nervaduras así alas de mariposa
rencillas solventadas paso libre

a la paz   así
comprar el más mojado diario de la tarde
                                            así
acertijos
o así
correo sur
cruz del sur

acertijos también

de esta manera opto por ser caníbal
porque de esta ruidos inmundos sifón
con averías desagües infinitos lejas
quemadas
jazz mahometano progresivo

                        *

DE LA INUTILIDAD DE CONSPIRAR
EN LIBRERÍAS DE VIEJO

Afrontar el desastre con los sueños
Halcones remachados a los guantes volatería
de los cuadros de género alas en las vitrinas
emplomadas
        (Campo interior Alondras recordadas en el alba
        bajando de luchar del Guadarrama)
Patetismo
de las momias rezando en los estantes
la sorda letanía de la guerra
del impudor de unos y las ganas
de morir o matar de las milicias

Aún están rodeando al viejo pulcro
al librero de viejo
ante los anaqueles abrasados de polvo
acariciando con manos temblorosas los libros de botánica
las mostrencas teorías de Koprotkin
bajo la sucia luz de una bombilla
                              Historia
ya tapiada viejo tiempo maldito
con interrogatorios a las sombras
Dado caído inexorablemente
pese al Gobierno de Negrín los tanques recienhechos en
                                        [Jarkov
los consulados del alcohol en el Hotel Florida
el imbatido amor a la verdad
                        Y de este modo
el invisible mago de los libros
el hombre de las trenzas conservadas en talco
recibe cada tarde las visitas sonámbulas de los viejos
                              [repúblicos
de las muchachas de las sindicales
mansamente vestidas ahora de marrón Y se intenta
remover la vergüenza Se convocan en sueños
las cohortes brutales de los senegaleses
en las pocilgas de Argèles
el culo al viento los torrentes
de lágrimas inútiles
mientras la historia de los hombres sigue
ante sus ojos congelados

                    (Pautas para conjurados, 1970)

                              *

I

> Setembrio trae varas, sacude las nogueras,
> apretava las cubas, podava las vimbreras,
> vendimiaba las viñas con fuertes podaderas:
> no dexava los pássaros llegar a las figueras.
>
> LIBRO DE ALEIXANDRE

A estas alturas, vida mía,
sólo se trata ya de correcciones:
Tálamo oscuro: Mudas ventanas: Violines enfundados.
[Sólo ya
de correcciones: Minucias: Dos centímetros más y el
[dobladillo
puede servir de cuerda estrangulante. *Autumn*
Wind. Anochece. Brutalmente
anochece (el alcohol de septiembre viene muy rebajado).
Nunca tendré la fruta apetecida. No prendió
el vástago. El injerto
fue devorado por las hienas y el sucio podador estalló en
[carcajadas.
Ajustan / Desajustan (Minucias: Correcciones). Cortan
[despacio
el bosque. Talan ya en el vacío. Así, sin un sonido,
acabaran con los días incendiados
con las radiantes mañanas de nuestra juventud sin lugar para
[el tigre.
Allí quedó el retrato arqueado por las llamas. Estas son
unas ramas de abeto ya dispuestas
para «*the late late show*» *.

(Ocho elegías con pie en versos antiguos, 1972)

*

---

*   Sin duda es muy obvia para los conjurados la aclaración de que *The
late late show* es el más madrugador programa de variedad que la televisión
USA emite antes de la odiosa gimnasia matinal.

DUCHESSE DE NORMANDIE

Con lunares postizos como las Silenciosas
paseas por la vulgar barriada de los ricos
vibrando en los incendios del color amarillo
fichando marquesinas y criados
para la fiesta tentacular del fuego.
A pie firme resistes el verano. Mientes
en danés. Acabas la noche ¡oh loca de ojos húmedos!
en imposibles barras de bares periféricos
pidiendo con voz ronca una copa no más la última copa
de espesa menta y una mirada amable
que borre tanta llaga, tanta
bajada a los infiernos, deseados, lo sabes,
desde los días dorados de Palm Beach.

*

LUZ DE LÁMPARA

sur le vide papier que la blancheur défend.
S. M.

Esta necesidad de trazar coordenadas
en primera persona del singular presente:
no distancia, no tecla
lista para la *fuga per canonem:* grilletes

Y la ilusión-dejadme
de desaparecer

labrando un tenue rastro en la tierra baldía
—camino de babosa para ser más exactos—

que por lo mismo pierde desolación. Oído
finísimo: *Un batir de alas*
y he ahí ya el milagro: los sentidos
si incompletos, bastantes. Ya construir es fácil
o mentir:
la adusta proporción de la cuartilla en blanco,
su centro por completo inaccesible: puñados de papel
en la cinta sin fin del deterioro. Túmulo
del lenguaje, pajaritas
de tinta piadoras en los tubos del órgano,
sindetikón que mutila la página. Porque ya está resuelto
el gran enigma: no hay cuerpo de memoria
que acompañe al monarca a la arruinada tumba
y conectar la música no empañó en absoluto
el odioso esplendor de los bustos reales
agrupados sin orden en las logias sin tiempo.

(Una tromba mortal para los balleneros, 1975)

*

ARRIBADA

¿Quién habla de una fácil travesía?
Las noches se poblaban de sirenas,
de cuartos donde ardía la revuelta,
de exilios que a tu cuerpo devastaron.
Mi amor fuerte, mi amor loco y profético
con vestidos que el puro azar cosía
y que eran desflecados por la bruma
entre las carcajadas reprimidas
de una Europa siniestra y satisfecha.
Son muchos los agravios, risueña. Pero algo

desatado y veloz, a mí te trajo a flote,
indemne, victoriosa, con el floral tesoro
de tu ternura oceánica, de tus ojos de miel.
Y en la tranquila tarde de este día de mayo
cruzas serenamente por tu sueño y yo velo,
mientras pasan los lentos veleros de la música,
tu tos de fumadora y tu jersey grandón.

*

SALDO

Duró poco, como era de prever.
Aún menos, diría el clásico,
que la verdura de las eras. Quedan,
en la herida memoria
—esa puta borrosa conforme caen los años—
la noche en aquel faro
viendo entrar las falúas en el puerto,
algún afortunado *calembour,*
la fría y lluviosa vez
en que con gran ternura la cobijé en mi abrigo,
el circo de la nieve en El Paular
mantenido a distancia por la flor del almendro
que purísima ardía aquel marzo precoz.
Pienso que poco más. Si preferís
otro balance bien podría ser éste:
la estrella de la tarde hecha pedazos
y el vendaval de vidrios en mi cara,
dos docenas de orgasmos no siempre compartidos
y una plausible tregua para el hígado.

(El centro inaccesible, 1981)

*

DIRECCIÓN OBLIGATORIA

Ahora que voy creciendo
y el cauterio
disminuyó su paroxismo y un dorado silencio
preñado de destino aventó el griterío.
Ahora, ya borrada la sangre que el tornado
dejó por los cegados corredores,
goteante y en vilo
porque aún escoltado por el miedo,
abro los ojos a la cercanía
de tu sonrisa cómplice, y campanas
de nuevo rescatadas y vencejos
ebrios de tarde, arden
con una sola flecha indicadora
que reiteran los cruces innúmeros del mundo
y a tu cuerpo conduce,
ese pequeño y abrigado puerto
donde arribo sediento, pero en paz.

*

CONDICIÓN BÁSICA

Si el poema no surge
con el casco y la lanza de Minerva—
es decir guerreando
y con clara cabeza—
¿no tendrá por destino
el del hielo del vaso,
el de las toneladas de siniestras colillas
que hay que bajar de noche y en sigilo

resistiendo al impulso de arrojarse con ellas
al honrado camión de la inmundicia?

(Horizonte desde la rada, 1983)

*

MIL NOVECIENTOS CUARENTA Y CUATRO

Homenaje a Patrick Modiano

En la sucia paleta del verano
se desleía el azul raspado de septiembre
y un régimen de lluvias imprevistas
al cabo circundó de sombras a las sombras,
hizo volar flexibles, sorprendió en un recodo
a los arteramente rezagados
con sus conminaciones imperiosas.
Ni una hoja gastada por los parques,
ni un mínimo balance de los años
de delaciones y mercado negro
les fue dado salvar en las guardas de un libro
ya atacado con saña por las aguas fecales.
Alguien tarareó,
arrojando después con rabia la colilla,
tres compases de Django
antes de padecer sevicias resistentes
que adelantaban la depuración.
La lejanía perlada de la avenida Kléber
desembocaba chaquetones caqui.
Inéditos arreglos de *be-bop*
ascendían como globos de los carros de guerra

y el destino, cual gárgola soldada a los pináculos,
reclutaba testigos, prometía venganzas sumarísimas,
con toda la fanfarria de un final de milenio.

*

OTRA POÉTICA IMPROBABLE

Ni arma cargada de futuro,
ni con tal lastre de pasado
que suponga sacarse de la manga
una estólida tienda de abalorios
con la oculta intención de levantar efebos.
La poesía es fábrica de castigados muros
con alto tragaluz que sólo al azar filtra
la más perecedera luz del sueño.

(De acedía, 1986)

*

EL LAPIDADO

¡Por el amor de Dios, Montrésor!

POE

Una a una
clausuraba el criado las ventanas,
enfundaba los muebles y los mástiles
de preciosa madera, cuidando que las cuerdas
sonasen afinadas en el postrer arpegio
que de ellas rescataban las tijeras de plata
chirriantes como viejas *tricoteuses.*

Apagaron las luces, sacaron la ceniza
cegando el tiro de las chimeneas.
Alguien en el vestíbulo acumulaba bultos,
atraillaba a los perros, abría los candados
tras luchar largo tiempo con el óxido,
protegíase del viento que en el umbral urdía
una lenta pavana de hojarasca.
Al débil resplandor que ahora suministraba
el farol del carruaje
y antes de que la casa en humo se trocase
se movió algo viscoso entre los cobres últimos,
al fondo, en la otomana guarnecida de reps
y justo en la rendija, con un furor satánico,
se estrelló la caliente vejiga artificial.

*

CODA: AÑAGAZAS

Desenergetizado, deshuesado,
cambio de asiento como de camisa,
movilizo en mi ayuda al abrecartas
y soslayó su rufa puñalada.
Quisiera tener aura y a la vez mano dura
como un Ministro de Gobernación
y que exultase de mis intestinos
esa añorada alianza de pensamiento y brío
que, unidos al fluvial crédito en la tarea
den lugar a la obra —si hética— indispensable
para embaucar al cándido editor.
Pero ya veis qué miserable intento:
un penoso ejercicio de dudosa retórica

y este tanto en mi haber:
las diecinueve horas que logré rescatar
al repulsivo monstruo de uñas negras.

(Ejercicio sobre Rilke, 1989)

*

MAIS OÙ SONT LES NEIGES D'ANTAN?

Jamás le diste cima a un poema solar
y aquí viene el porqué
con su morro perdido de cacao:
más allá de seguir lanzando el dado,
de cambiarle al anzuelo la lombriz,
tiempo es de apuntalar, de echar abajo acaso,
de sembrar el baldío de sal y huir sin dejar señas.
No basta ya el revoco,
aun menos corregir el ángulo de tiro
o lubricar la rosca de arandela que abre la boca del silenciador.

Pues, que si así se mira
—si mirarme pudieseis ahora mismo—
os toparíais con fondos de espejo que reiteran,
como flauta de sapo
desventrado a la vez por la luna y los tósigos,
el jamás detenido, ni frenado siquiera
sino violento y lúgubre estrépito del mundo,
el tam-tam de la vieja antropofagia.

Si observarte pudieras
—y ahora te toca el turno— sin torsión de pescuezo,
sin que el pedrisco arrecie,
poner cara de gárgola en los altos pináculos

mientras el horizonte es una raya cárdena
y de las calles suben músicas desacordes,
poner cara de póker, de inocente, de rata
cegada en el hedor cloacal y sulfhídrico,
poner cara de actor segundón de la Warner
(Peter Lorre, digamos)
al que dieran boleta por disperso
o de nazi juzgado y condenado a la horca
en el otoño del cuarenta y seis.
Si pudieras olerte sin apretar los dientes
y salvaras a nado estanques de pirañas
y quedaras indemne
del brutal, racheado bombardeo de esputos,
alguien
(siempre pensando que alguien aguantara en la sala
sin electrocutarse)
en vez de «¡Rayos!» ¿podría formar, tal vez, «¡Eureka!»
con el mismo candor que un niño exhala globos con sus
                                        [chicles en la boca?
Y ese alguien es cualquiera: el cobrador del frac,
no un docto o iniciado; un pocero, un ludópata.
No por fuerza un varón, tampoco una mujer
provista de una larga cerbatana,
civil ni militar, vaina ni sable.
Por muy madre Teresa que fuese el instructor, no lo dudes,
                                        [tendría
a punto las correas, listas las disciplinas,
afilado el cilicio, los cepos engrasados,
y el gesto, más cercano al que padece
un fuerte constipado intestinal
que al que prorrumpe en rugidos de dicha
porque pudo llegar al control de estos versos,
no menos que a activar el bolo alimenticio
para quemar rastrojos, para abrir el diafragma,

para emplear los fórceps
y así extraer la tenia, fortaleciendo el hígado de paso,
sin olvidar traerle calcio a los dos caninos,
a fin de sortear la temible endodoncia,
la entrada del forense reventando de pulgas,
la pura condición de vegetal a dieta.

Y adobar el conjunto con su toque de saña
no desprovista de una mirada de reojo
con la que comprobar el efecto del cuadro,
el montante de tanta destrucción.
Usar de la jauría resulta de momento prematuro
como cruzar sin casco esa línea de fuego,
ese denso amasijo de alambradas y cables coaxiales:

tus ojos de la infancia, contraídos ahora,
si no desenclavados, cual tapiz oriental
roído por la polilla tras la huida del dueño,
y ésta definitiva,
sin dejar dirección, una vez más.
Como deshecha está o reducida a hilachas,
y sólo en la memoria permanece,
aquella gran bufanda olorosa a tabaco
y a guisado de olla con aceite tasado,
con la que intentarías, con la que intentas aún,
—ya vemos con qué éxito—
preservarte de aquellos soviéticos nevazos,
pura brisa estival, con este empalamiento comparados.

(Antología poética, 1994)

MANUEL VÁZQUEZ MONTALBÁN

(Barcelona, 1939)

BIBLIOGRAFÍA POÉTICA

Una educación sentimental, El Bardo, Barcelona, 1967.
Movimientos sin éxito, El Bardo, Barcelona, 1970.
A la sombra de las muchachas sin flor, El Bardo, Barcelona, 1973.
Coplas a la muerte de mi tía Daniela, El Bardo, Barcelona, 1973.
Praga, Ocnos, Barcelona, 1982.
Memoria y deseo. Obra poética (1963-1983), Seix Barral, Barcelona, 1986.
Pero el viajero que huye, Visor, Madrid, 1991.
Memoria y deseo, Grijalbo-Mondadori, Barcelona, 1996.
Ciudad, Visor, Madrid, 1997.

BIBLIOGRAFÍA CRÍTICA SOBRE SU OBRA POÉTICA (SELECCIÓN)

CASTELLET, José María: «Introducción» a VÁZQUEZ MONTALBÁN, Manuel: *Memoria y deseo. Obra poética (1963-1983),* Seix Barral, Barcelona, 1986, págs. 7-28.

GONZÁLEZ MUELA, Joaquín: «Manuel Vázquez Montalbán», *La nueva poesía española,* Alcalá, Madrid, 1973, págs. 105-118.

MARTÍNEZ, Santiago: «La poesía de los *seniors:* las voces que no se apagan. Manuel Vázquez Montalbán, Antonio Martínez Sarrión y José María Álvarez», *Anthropos,* 112 (1990), págs. V-XII.

CONCHITA PIQUER

Algo ofendidas, humilladas
sobre todo, dejaban en el marco
de sus ventanas las nuevas canciones
de Conchita Piquer: él llegó en un barco
de nombre extranjero, le encontré en el puerto
al anochecer
                y al anochecer volvían
ellos, algo ofendidos, humillados
sobre todo, nada propensos a caricias
por otra parte ni insinuadas

                        en el balcón
se consumían los días de aquel verano,
cercano al trajín del barrio colector
del tráfico de camiones desvencijados,
topolinos grises como de fieltro, el carro
verde del basurero, su corneta
                   un sobresalto
en alguien, demasiado próximas las dianas
en los campamentos, en las trincheras
                      en las cárceles

pero hacia las nueve las emisoras
transmitían un «buenas noches» a la ciudad

filtradizo por los balcones mellados
                                        y luego
Glenn Miller, recientemente fallecido en la guerra
mundial, llenaba de olor a mil novecientos cuarenta
y cinco con brisas de fox trot o el lánguido: canta
el petirrojo en Diciembre
                              escépticos —en la calle
no crecían violetas en Diciembre— algo
velaba sus voces habituales: cerró Ingraf
la Sopena precisa obreros para editar
cartillas de abastos, o recaderos Roura
necesita mozos a horas libres
                                    escasos los letrados
en el barrio el oficio de recadero era un sí
                                                es no
mítico, caballeros en su triciclo, los pulmones
padecen, decían ellas —no muy solícitas, es cierto—
como recordando cortesías remotas de aquel libro
Manual de Urbanidad, nostalgia de costumbres
mejores, pero reconocidas inservibles tácitamente

acababa Glenn Miller y Bonet de San Pedro
les cantaba los paisajes mallorquines, la voz
insinuante de la locutora un hotel:
langostas vivas, consomés insuperables, el mar
un alimento de yodo desde la mirada
                                        acondicionada
de un hotel a la altura de los entonces derruidos
en Europa

        quizá Conchita Piquer otra vez:

del por qué de este por qué la gente quiere enterarse
o la triste canción de la muchacha asomada

a la ventana, mirando el río, ahogada en el río,
como una rosa, una rosa *mu* blanca

                                   y de pronto
un gong llenaba la calle de futuro, silencio,
los rostros ponían el ceño predispuesto

                                   porque eran
las diez de la noche en el reloj de la Puerta
del Sol —Radio Nacional de España— Madrid

Eleonora Roosevelt hacía de las suyas: colectas
con el fementido político, algunas noches pederasta,
fulano de tal, profeta de una próxima vuelta
de la normalidad
                    a España naturalmente

                                   y en el frente
del Rhin, los panzers retrocedían, oh barras
y estrellas, una bandera en el cielo de una noche
tal vez de verano
                    finalmente el himno, por Dios
por la patria y
                    murieron nuestros padres ellas
algo humilladas, ofendidas sobre todo,
maldecían las gachas quemadas, breves sopapos
en la coronilla del niño poco entregado
a las Lecciones de Cosas o las Lecturas Graduadas
entre el Padre Coloma, el Padre Balmes y
el Padre Claret
                    después la cena, harina
de maíz y tocino espumoso de rosa gelatina,
ellos, algo humillados, ofensibles sobre todo
hablaban de un singular compañero de trabajo

míticos seres sin una pierna o llenos de vieja
metralla soportable

                    habían muerto o pronto
ascenderían de escalafón en la Campaña
Pro Cama del Tuberculoso Pobre

                              ellas
llenaban entonces hasta los bordes el plato
del hijo que soñaba imposibles enemigos desconchados
en la pared pintada por la madre
                                        en primavera
con un cubo de cal y polvos mágicos
                                              azules.

                              *

LAS MASAS CORALES

Amaban demasiado y los domingos
como nosotros y tuvieron sonrisa
desde niños, manos cálidas después
palpando vida incierta, libros
pocos; muchos martillo o cuerda
de cáñamo amarilla o blanca, tosca
para izar casas y ahorcar pequeña
vida, interiores de hogares, antes
de la guerra es posible iluminables
por carburo o candiles de aceite

pertenecieron a selectos Ateneos, otros
a marrones ateneos de barrio, quizá
de gremio —sus ediciones económicas
de Marx, Lombroso, Paracelso, San

Agustín o Bakunín todavía se encuentran
en montones malolientes de encantes
domingueros— y cantaron por Pascua
«Rosó, llum de la meva vida...»
en las esquinas del barrio, las masas
corales no inquietaban a Ortega, filósofo
sólo preocupado por las masas taciturnas
de los amaneceres de días laborables

amaron como nosotros bastante mal
pero con más esfuerzo, hicieron el amor
algunos, otros ya no tuvieron tiempo
podrida la hombría fláccida de su muerte.

porque murieron

muchos no lejos de las vías de los trenes
junto a fuentes que constan en las guías
de España, para turistas de domingo

donde las flores seguramente enrojecen
de sangre antigua oculta como ríos
subterráneos que ya nadie distingue.

(Una educación sentimental, 1967)

*

MOVIMIENTOS SIN ÉXITO

più nessuno mi porterà nel sud.

QUASIMODO

Trabajador de sueños, sin embargo
escogió la realidad de un mercante griego
clavado en el océano como un islote

viejo de imposible primavera
                            y en el invierno
se bañó en las playas de Tasmania
hizo el amor en burdeles de Macao
—Kit la blanca le regaló un collar
de cebollas azules que no hacían llorar.

En el verano sintió la nostalgia
de las largas playas al lado de las vías
de trenes abúlicos, traviesas nudosas
y duras piedras rojas de corazón quemado

compró un garaje inmenso a orillas del mar
y escribió poemas sobre vírgenes rubias
de ojeras violetas
                       pasaban y se iban, no volvían
jamás
        por eso decidió conquistar un país
sin historia con diez voluntarios reclutados
entre la gente más inútil de este mundo

pero en Wall Street les cambiaron las pistolas
por perros calientes y Ginger Ale amargo
hasta que en California les hicieron pruebas
para filmlets publicitarios de pasta de sopa

llegarían para conquistar América y América
les conquistaría con la sopa Swent
                           la sopa
que no engorda a los gordos ni adelgaza
a los delgados
                  pero que tampoco resucita a los muertos

y ya en Vancouver sintió la nostalgia
de los mares del Sur
                 en Macao Kit la Blanca

había muerto de alergia en brazos de un suizo
y las muchachas fornicaban por correspondencia
con granjeros australianos, plantadores de acacias
al por mayor

                    por eso fue lama en el Tíbet
y sufrió el poder de Mao Tsé Tung
descendió a los infiernos y al tercer día
resucitó de entre los muertos
con una estrella roja por corazón
                              Chin Pon

mas le prohibieron que la estrella girara
por órbitas remotas más allá de la frente
y le canjearon por rojos asesinos
                        de viudas
reaccionarias, elegantes criminales de patillas blancas
asesinos de Miami, detenidos en Miami, cuando
se inclinaban sobre el escote de una dama
                                    y musitaban
my dear, i read much of the night, and go south
in the winter

              algo irritado, releyó
viejas lecturas, recuperó lugares no olvidados,
sombra de instantes perdidos para siempre
                              descubrió
que finalmente morimos de uno en uno
                          y se echó a llorar
a orillas del mar
                la, lá, la, lá,
                        la, lá, la, lá.

                        (Movimientos sin éxito, 1970)

                    *

1

Ya estaban aquí
el sereno cieno
amante de la bota
y del loto orinado
la fosa común el muro
las descargas
                    los tanques varados

~

Sobre las cárdenas carnes
amalvadas por el poniente
                            Praga
avanzan las hordas caquis
la lepra parda y ciega pudre
la piel del aire

                el mar estanque

paraliza el horizonte
                        barcos sin estela
cadáveres a la deriva sobre su propia sangre

~

Oh, ciudad del terror
entre las avenidas lívidos
árboles del otoño
                    los invasores
fusilaban archivos
borrachos de memoria bárbaros

hartos de carne humillada
                              y ofendida
el miedo era una presencia
el silencio su mortaja
las palabras escondidas en las cosas
las ideas en los ojos
                          contemplaban
la división entre el que muere y el que mata

                        ~

El odio fue heredado
el miedo entre los dientes
en las oscuridades silenciadas
de la propia memoria
                          el tanque
repartía huidas desde la esquina
para pequeñas gentes bajo exactos olvidos
con los ojos cerrados
                          hasta en las madrigueras

entre visillos jamás corridos
sombras de amenazas gritos himnos
la obscenidad del tanque enhebrando ventanas

humilladas mujeres ofendidos hombres
de una clase social anexionada
fox fox trot bolero bugui mambo
la evolución del olvido o su promesa

                                        y así

así se templó mi acero
mi talón el de Aquiles la espalda
                              de Sigfrido
                        ~

Surgidos
de la noche oscura
entre parsimonias de tanques lentos
                              mellados
balcones al acantilado de la muerte
verdugos con peineta ojos de cristal
entre espadas y tapias cementerios
bajo los pies profundos los gritos
                              tenaces
a pesar del óxido en los rostros
lágrimas de cieno ahogada turba
en urgidas ramblas del terror
                              ausentes
y presentes como el sol de amanecidas
ateridas flores de sótanos tercas
flores de tejados de vidrio
                              fieles
más acá de ejércitos cautivos
oculta tropa de madrugadas y gestos
aprendisteis a avanzar de espaldas
para oír cara a cara el tiro de gracia
                              mis feroces camaradas

                    ~

Os reconozco
en vuestro retrato predilecto
músculos tensos
la historia es horizonte
armas o herramientas
                    ultimátums
de decisivas huelgas fracasadas
o asaltos al Palacio de Invierno
                    cada verano

he respetado vuestros cuentos
para dormir de noche amanecer
                                    de día
les di camino fueron mi sombra

mas no os fiéis de mi entusiasmo
demasiado distante para creer
todos los días a todas horas
                                    todos juntos
demasiado necio para huir
de toda tierra todo abrazo
                                    todo tiempo
condenado a vivir lejos morir cerca
nocturno de día diurno de noche
animal o flor equivocados
                                    quiero
cuando debiera odiar
                          vivo
cuando hasta los jaramagos tiemblan de presentimiento

                          *

                          5

Morirá esta historia en la Historia
de explosión en los ojos
cuartearán las esquirlas
de la ciudad vencida
los cuerpos son mi cuerpo
vida historia rosa tanque herida

                          ~

Jamás saldré de ningún laberinto
estaba escrito en mi cerebro
                              y en vuestra mirada
incluso cuando el director reclame
la atención de la orquesta no esperéis
silencio de su varita mágica

                              inmotivado
no creo en vuestro sentido ni en el mío
cada época construye sus ruinas
cada hombre nace fugazmente
                              y muere largamente

la música alberga las huidas
pero finalmente nos entrega a las patrullas

~

Cuando pague mis deudas
y entierre a mis muertos
                              ya seré viejo
me lo dirá el frío cierne
del mar hasta mi cuello
el último poniente de un verano
la piel que pide abrigo de toalla

en cada deuda perdí tiempo
en cada muerte memoria de mí

sin nadie que me cuente
el porqué de mis sombras
quedaré a vuestra merced
                              mis bien pagados acreedores

~

Cuando ya nadie sepa
el porqué de mi nombre
                          o de este mueble
ni por qué fue tan triste aquel doce de agosto
olvidadas crueldades sin origen
pequeñas cicatrices sin alcohol

                          ¿recuerdas?
fue en abril y te caíste en la fuente más hermosa de Praga

fotografías llenas de desconocidos
sin nadie que les avale

                          ¿recuerdas?
es el primo Anselmo antes de morirse de arrepentimiento
había tenido el tifus en Larache
pero te llevó un día al Laberinto
fue en abril y te caíste en la fuente más hermosa de Praga

qué dije en mi primer entierro
quizás en aquel triste doce de agosto
                                    ¿recuerdas?
no, fue en abril y te caíste en la fuente más hermosa de Praga

te pusieron una chaqueta de hombre
el primo Anselmo envejeció mucho antes de morir de
                                    [arrepentimiento
por haberte dejado caer en la fuente más hermosa de Praga

tenía un gato de piedra
del que manaba el agua

~

Y un día vuestros pasos
no volvieron a casa
me dejasteis las fotografías llenas de desconocidos
rotos los espejos de los miedos antiguos
en cada esquina un laberinto
en cada portal un muchacho que vuelve

para qué ser yo si era vuestro
el aroma del tiempo si era vuestro
                              el tiempo

aquel país de otoño y buenas noches mamá

aquella ciudad de horarios y reencuentros

                                        (Praga, 1982)

                        *

[DEFINITIVAMENTE NADA QUEDÓ DE ABRIL]

Definitivamente nada quedó de abril
pobre Rosa de Abril el mes más cruel
dibujada de muerte —hipótesis de la muerte—
entre mis manos tu rostro frío confirmaba
el silencio al que llevas mi memoria
memoria de mi infancia y tu postguerra
tu juventud agredida por los perros de la Historia
mi juventud agresora de tu instinto de vida
                                        roja Rosa
de Abril el mes más cruel engendra
deseos sobre la tierra muerta mezcla
memoria y deseo mientras destruye abriles

que fueran promesa de eternidad

                                        pero el viajero
que huye tarde o temprano detiene su andar
cuando la hipótesis del rostro de la muerte
se concreta en los límites de la primera
                                        patria
el país pequeño de tu cuerpo reticulado
como fotografía sumergida en el recuerdo
de una mañana de abril —¿o fue una tarde?—
de la que nunca hubieras merecido regresar

huir en pos de una teoría de la huida
volver a tiempo de cuestionar el dibujo
                                        de la muerte

si sólo fuera papel amarillo
carcoma dulce de consola
óxido blanco de saxofón
                        de plomo
o aventura imaginaria más allá
de los puntos cardinales gentes
disfrazadas de carnaval moarés
malvas comidos por mariposas
                                        nocturnas

si fuera espantapeces garabato
en la página en blanco de mares
sin fondo donde anclar miedo y olvido

si fuera una payasa o un payaso
cuatro payasos disfrazados de fugitivos
podrida frontera de la piel insuficiente

si fuera espuma de rostros hundidos

EL DIBUJANTE HABRÍA ACERTADO EL ROSTRO DE LA MUERTE

pero eres tú rota Rosa de Abril
la que contesta la soledad moral de las estrellas
la que confirma el desenlace infeliz de las huidas
la que se lleva mi memoria me deja los deseos
a la deriva sobre los mares opacos del invierno
islas de quimera desde las que ya nunca
recibirás mis excusas escritas

                            entre dos cansancios

definitivamente nada quedó de abril
su sombra era tu sombra
mi viaje terminaba en tu muerte
pobre rosa de abril el mes más cruel
miente Historia miente la Vida

                        para otros ya
la memoria y el deseo inútiles tus manos
para reconocer mis rostros sumergidos

                            nunca

más te dejaré en tu rincón de madera
viajarás conmigo hasta mi muerte
rota rosa de abril ensimismada
como un abecedario de recuerdos deshojados
por la implacable lógica de los calendarios

entre las páginas de todo cuanto he escrito
los vencidos futuros encontrarán tu sombra
desdibujada en la usura mezquina

                            las palabras
incapaces de ser silencio grito dibujo

aproximado del rostro de la muerte
                                        nada
nada quedó de abril siquiera el derecho
                                        a su añoranza

(Pero el viajero que huye, 1991)

*

[BAJO LA PIEL DEL PÁRPADO]

Bajo la piel del párpado
el decorado se sumerge
porque la noche
complica la soledad hunde
las fachadas
se regresa al primer instante
sordas las bocas
                        si acaso el llanto
a solas nunca tan solo el día
los ojos mudos
a ciegas nunca tan ciegos
se vivía el salvaje absoluto del inicio
                                        urgente
cualquier camino salía del laberinto
                                        presentida
ciudad sin más allá ni tiempo
                                o en su defecto
un logro te anunciaba perfecto
y las sombras alzaban paisajes
calles blandas y árboles sonoros
nubes cargadas de lluvias dulces
soles de invierno mentira del verano

oh ciudad de la plenitud
que cimentabas esperanzas
en los dioses y en los signos

Canta el petirrojo en diciembre
como en tiempo primaveral
florecen las violetas
aunque esté nevando
¿sabes tú por qué mi amor?

cuatro azoteas
cuatro puntos cardinales
para qué más límites
si el cielo te prolonga
absoluto pozo de confianza lleno

y era de piel la luz
de luz los cuerpos
transparentes los árboles
                              olían
las estaciones a hierbas esenciales
lavanda espliego menta beleño
ratas de agua
                    y lombrices de cielo
edad de oro en la ciudad heredada
inocencia en el placer del tacto
todas las pieles conducían a la sonrisa
bajo la vigilancia del luto almenas
infame turba de nocturnas aves
de crespones rojinegras sibilas sobrevuelan
el quehacer de las palabras
                              cantan
                                    naufragios en el tiempo.

Océanos azules abismos
se despeñan los días
hacia el voraz gigante
y ni siquiera el pasmo
protege la caída
                    aguardan
los muertos que no te olvidan

la nieve finge su blancura
será océano tenebroso
mar sin orillas nunca
                    volverás a casa
la nieve finge su hermosura
pero es de acero
su corazón helado nunca
                    volverás a casa
la nieve tiene tu mirada
como una mortaja
de paisajes muertos nunca
                    volverás a casa

dime qué destino escapa
al peor camino
                oh ciudad
de la que no se quiera regresar
nieva piedras siempre nieva
                    sobre tus deseos

la nieve finge ser palabra
de la memoria oscura
del peor camino nunca
                    volverás a casa

y si volvieras
fugitivo de la memoria
sólo encontrarás restos
del banquete caníbal

se te habrían borrado para siempre
las sombras y las sendas
de la huida y el regreso

(Ciudad, 1997)

AGUSTÍN DELGADO

(León, 1941)

BIBLIOGRAFÍA POÉTICA

El silencio, Col. Pájaro Cascabel, México-Madrid, 1967.
Nueve rayas de tiza, Edición del autor, Málaga, 1968.
Cancionero civil, Edición del autor, León, 1970.
Aurora boreal, Provincia, León, 1971.
Espíritu áspero, Edición del autor, Burgos, 1974.
Antología, Taranto, Madrid, 1979.
De la diversidad. (Poesía 1965-1980), Hiperión, Madrid, 1983.
Sansirolès, Endymion, Madrid, 1989 (2.ª ed., 1991).

DELGADO, Agustín y otros: *Parnasillo provincial de poetas apócrifos,* Endymion, Madrid, 1988.

BIBLIOGRAFÍA CRÍTICA SOBRE SU OBRA POÉTICA (SELECCIÓN)

ALONSO, Santos: «Agustín Delgado, poeta», *Ideologies & Literature,* vol. I, 1-2 (invierno-primavera, 1985), págs. 267-279.
DELGADO, Agustín y otros: *Equipo «Claraboya». Teoría y poemas,* El Bardo, Barcelona, 1971.
MOLINERO, Miguel Ángel: «Prólogo» a DELGADO, Agustín: *De la diversidad. (Poesía 1965-1980),* Hiperión, Madrid, 1983, págs. 7-21.

OH, EL PASADO

La sala enorme, el alba, el profesor flamea
grandes palabras.
—Clermont, la vieja catedral, los hilos
desaparecidos de Tours, qué tiempos aquellos—.

La sala llena, el alba, los alumnos
toman a gran velocidad, desesperadamente
palabra por palabra.
—... como podrían ser los arcos de herradura
que denotan la estirpe hispana de lo moro—.

El profesor, la montura de oro
analizando al viento aquellos fabulosos
siglos oscuros; la corbata verde,
la historia del triforio.
Se levanta y flamea.
Que se descorran las cortinas, que se inunden las calles
en este julio sudoroso
de las grandes palabras.
Que se vuelva a la vieja singladura
de aquel Dios mitad espada y mitad madero
para que en este siglo veinte, tan achacoso el pobre,
etcétera y etcétera.

Pero oh casualidad,
un alumno no escribe, un alumno está leyendo
la prensa y no atiende, y se queda temblando
cuando en Vietnam, y lee que en Angola y no lee
en los siglos oscuros.
Oh dolor,
el alumno, que no ha escuchado nada, de repente
comienza sonriendo y después se revuelca
a carcajada limpia y por último
se marcha a la calle sin decir ni pío.
Que cierren esa puerta. Que se salgan
los que no aman a Dios, a aquel Dios
que se hizo señor de la justicia.

El profesor, inalterable, frío, sin moverse,
arregla la corbata, bebe un vaso de agua,
recuerda a Julia, en misa a estas horas,
y continúa hablando como lo que es,
como un gran sabio. Y termina citando
los santos Evangelios, en aquello
de que no quedará piedra sobre piedra.

(Nueve rayas de tiza, 1968)

*

AQUELLOS PAPÁS SÍ QUE TENÍAN GUASA

Hay que ver las señoritas
las de San Sebastián sin ir más lejos
con sus cuellecitos de piqué recién
con su poquito de mala leche cuando se levantaban
con pastillas para crecer las tetas

y aquellos anuncios del Blanco y Negro
que mira que tenían gracia
y estas niñas
venga a hacerse a ponerse los rulos
venga a quitarse los rulos
venga a dar la lata a la doncella
y venga a mirarse en la Raquel Meller como gansas
hay que ver.

Claro que no vamos a ponernos ahora
a lamentarnos no señor no hay motivo
para echarse las manos a la cabeza
porque se han vuelto viejas y tiernas
y con su poquito de mala leche
y sus hebillados Luis XVI
que entonces
sí que se nos notaba
sí que lucíamos el tipo como dios manda
y no ahora que lo enseñan todo
tontas
qué podremos nosotras enseñar
pánfilas
qué vamos a enseñar
que ellos no hayan visto desde el año catapún
desde el catapún chinchín
fatas
que no saben una palabra
de volver los ojos el coqueteo
que teníamos nada más que moviendo el paraguas
o cualquier cosa un guante

¿Os acordáis
cómo nos quedaban los rizos sobre las orejitas
tan dandys

tapando las orejitas todo lo posible
como Leonor
que tenía unas orejas como un camello?
pero qué maña se daba

qué sabrán éstas
de miradas tristes desde la ventana
y luego alejarse a los interiores
y vuelta
y jódete manolo mío
cuando lo de
la vi no la vi la veo no la veo
perfume y soledad perfume que se perdió en el fondo
tan suave tan suavemente
y con qué culo maría santísima
la vi y no la vi verte y no verte

qué sabrán éstas
de lo que es engatusar
si van ahí con todo al aire
sin echarle a la cosa
toda la poquita mala leche
que teníamos nosotras cuando papá
daba órdenes taxativas
desde el puro de la cabecera de la mesa
y se cogía del chaleco
y soltaba el botón de abajo con aquella barriga
y decía estas niñas
dónde van a ir esta tarde? Ya es hora
de que su madre las lleve al Casino
que para eso se paga
y que conozcan

Y la mamá
aquella santa la mamá

toda corseteada de la pechera a los pies
escuchando al padre tal y al padre cual
que daban tandas de ejercicios
y confesándose con el padre tal y con el padre cual
de lo bien que marchaba la metalurgia
porque no tenía pecados
y algo había que decir
y el padre tal
dejándose caer por los cerros de Úbeda
hablando de los estadios
de la perfección cristiana
citando continuamente
a nuestro padre San Ignacio
y a nuestra madre
la primera la más insigne de nuestras Teresas

mamá
imposible
no sacaría de casa a sus niñas
a aquel Casino horrible con aquellos pollos
de los Irorozqui y los Zarústegui
aquellos cachondos
que se ponían muy serios
cuando bailaban un fox y a la mínima
pellizcaban a las mujeres la pechuga
y se quedaban tan serios preguntando
qué es eso que tienes ahí?
y las chicas se ponían muy coloradas
pero no era cosa de soltarse en medio de un baile
y además lo que ellos decían:
¿te gusta eh? a todas las gusta
y el padre tal o el padre cual
que no los agarraba en un confesonario
ni por el amor de Dios

Y la mamá indignada gritando
qué se ha creído vuestro padre
hijas
qué es eso
de que los padres están delante
cuando se baila
a mí
me van a engañar a mí
si son todos unos
los padres y los hijos

Y entonces
como pasaba en los cuentos de la Cenicienta
o en los de la princesita que murió en el lago
las niñas
se ponían muy tristes
y se marchaban a llorar a los interiores
y dibujaban con el dedo
corazones de vaho en los cristales
que daban al paseo o a la plaza o a los hombres

Era cuando papá
se calaba la chistera
se ponía el abrigo de terciopelo
y se iba a comentar la política
al café El Laurel de Oro con los liberales
con los que atacaba siempre
la caricatura del Blanco y Negro
con aquellos
que siempre tenía en la boca
el padre tal o el padre cual
para arrojarlos a las tinieblas exteriores
los liberalotes
con los carrillos rojos de indignación

preparando los discursos
preparando elecciones municipales y de las otras
preparando el poder
para el pueblo por el pueblo sin el pueblo

Mira que tenía gracia
los tiempos aquellos
dándole a la lengua toda la santa tarde
y muchísimo café
y éste
vino de Madrid
o vaya discurso
Don Telesforo
arrollador

y sus niñas
jugándosela a mamá con los golfos
y mamá
con los almidones por aquellos pasillos
tintineando a las doncellas

mamá
mis niñas que no se me pierdan
Dios mío dalas un novio
aristócrata conservador y practicante
sobre todo practicante
qué sería de sus hijos
y de los hijos de sus hijos
que sea un novio
de misa misa misa
de rosario en familia
de comunión diaria
mis niñas
y no esos golfos que me las deshacen
que me las meten mano hasta los hígados

mi Lolita
Mi Dorita la pobre tan guapa
que me las hacen unas desgraciadas
Señor

Eran aquellos tiempos
del cine en la plaza
y las manivelas
tenía mucha gracia
además había mucho movimiento
aunque parecía que no
y el papá dando órdenes siempre
de que menos curas y más progreso
y los obreros
a trabajar
y que sus niñas
menos misa y más Casino
a ver si se casaban
con uno de duros y se dejaban de historias

Aquellas niñas
jugándosela a mamá
desde la ventana
guiñando a los Yrorozqui y los Zarústegui
muy golfos
pero que eran la envidia de todas
tan machos
siempre con el Blanco y Negro colgado del water
lo que pasaba
que no se dejaban echar el guante
y no aquellos otros paliduchos y beatos
del brazo de la abuelita
por el paseo

que ya está bien mamá
Las niñas
enseñando
todo o casi todo desde la ventana
y después yéndose
y volviendo a aparecer
y yendo a la oscuridad
y volviendo a aparecer
y volviendo a desesperarse

y caían cómo no iban a caer

Por eso la mamá
no podía con los disgustos
y se moría muy joven

Por eso aquellos papás
en aquellos tiempos
sí que le echaban guasa a la vida.

(Cancionero civil, 1970)

*

EN PRIVADO

Hace ya tiempo
que no escribo poemas.

Antes me gustaba
tener la cuartilla delante de los ojos
y mirar el atardecer.

Ahora
se me llena por las noches la cabeza de ruido

un ruido raro
y veo palabras infinidad libélulas
desaparecen revoloteando hasta perderse

y me pierdo yo
y caigo sin respiración en el anfiteatro de la noche

y despierto
con los músculos agarrotados

Cuando voy a gritar
una mano blanquísima baja lentamente
y me tapa la boca.

(Aurora boreal, 1971)

*

I

Condenado a muerte crece el día.
Abre los anillos con temblor de vena.
De las alturas a la raíz de la tierra
se desprende el arroyo infinito del canto.

Sobre los insectos distiende los oboes.
Sobre el alba derrama mercurio.
Hilos de arpa expatriados estallan.
Tanzas de viola se enrollan al cuello.

Hacia el cielo desnudo se levanta vaho.
Lleva en el aliento vicio de gérmenes.
Del eterno estallido caen las esferas
a punto para chocar, para chascar.

Los anillos del día se esparcen en el espacio.
Esperan posadas las argollas de la muerte.
El arroyo infinito del canto
todo lo envuelve, lo deshace todo.

*

III

La muerte del padre se alza en la ventana,
sale al espacio vestida de blanco.
Por las escaleras interiores golpea su cuerpo
descendido a hombros bajo espesa madera

Los hijos del padre cruzan las calles,
el globo de la tierra gira sobre sus ojos.
Están para estallar pero no sollozan.
Sonríen pero están para partir.

La energía del padre yace en el vaso de agua,
en la mesa de noche de las salas de espera.
La chaqueta del padre vaga por los percheros,
no es símbolo, no es viento, no es amor.

La madre de los hijos inflama la pared
con una luz roja y con una luz roja.
La memoria deshace las miradas.
Mariposas clavadas con alfileres

La sombra del padre se disuelve en la atmósfera,
habita las galaxias, los macizos blancos.
La madre de los hijos y los hijos del padre
cavan una tumba en el corazón de la tierra.

*

IV

A través de la tela metálica se desploman las paredes
con dureza de picos y espanto de maderas.
A través del ojo que roza la tela metálica
pasa una bala de calibre siete sesenta y dos.

Tendidos eléctricos cuelgan como tripas,
como penacho de guitarras, como cuerdas de caballo,
como sauces de exfoliado otoño,
como hilo de agua desde los vientres rotos.

Débil hoja de hostia refulge en la acera
a través de la malla fláccida de lluvia.
Música de violín borra palidísima
las manchas grandes, los rostros grandes.

Escombros de sangre a través de la tela metálica,
mariposas verdes fuera, alrededor.
Metralla de ruinas devasta los sueños;
áspid, lejanía, cielo remoto: mundo.

(Espíritu áspero, 1974)

*

TRIDUO DEL TIPLE

Cuando un verso se escribe, cuando
nace la palabra,
húmida,
pálida,
rabiosa,
el silencio que la recubre
hecho pedazos debería saltar.

Cuando un hombre muere,
soplo,
selva,
salve,
la piedra que lo recubre
hecha pedazos debería saltar.

Cuando un hombre nace
para recordar el verso que muere,
los leprosos de Venus, los vasallos del día
desesperadamente regresad
al sepulcro de la lluvia.

*

[LA PALABRA ES UN JARRO DE FRESAS]

La palabra es un jarro de fresas,
muerdes y sale sangre.

La palabra es una cucharada de miel,
tiene los párpados en flor.

La palabra es una pavesa de vaho
con su vestido de lunares.

La palabra es de vino duro
de piedra de sol.

La palabra está en el cuarto
y se desnuda toda y me posee.

Cae rendida
y ya no se puede pronunciar.

*

[LA SANGRE TE RIEGA MENOS LA CABEZA]

La sangre te riega menos la cabeza.
La luz sigue penosamente germinando.

El día queda alto.
El mar calla celoso.

La sangre va ahora espesa.
Tu silencio bate más fuerte.

Este poema se escribe con tu sangre.
[*Discanto,* en *De la diversidad. (Poesía 1965-1980),* 1983]

*

XXIII

Poeta arrebalgado,
a cálamo batiente bordeas la tocata
que denodadamente tran tran tiene de tren
so halda posmoderna que se encoge y desata.

Ay, buído calado,
qué blancura me da tu pareado.

*

XV

Escribo hablando
a la inmensa minoría
de tu ebriedad de sendas,

rasa osa polar,
desmemoria que viene
por la nieve
abrazándose.

*

XVIII

Vencejo de tan alto
los ojos nadan en el agua verde.

Si este mar se llenara de huellas,
quién capitularía.

Acordeón ladino
mece el pomo del aire.

*

XXVII

Entré en ti, realidad, tan ciegamente
ti
que estalláronse tres, trías cuerdas vocales.

Carnero de Valencia
llama a esta vía mía
marx
istmo de secano.

*

XIII

Le llamaban Claraboya.

El suelo do nació
está partido en dos:
rioseco y tapia.

De veinte años
saliera de su Ser.

a los cuarenta
cocía de mañana los hexámetros ácidos
de la ferralla de lunas de la pastora Eiffel.

Hoy, noviembre,
ríe vaquero este sansirolè
sobre el puente del Alma.

(Sansirolès, 1989)

JOSÉ MARÍA ÁLVAREZ

(Cartagena, 1942)

BIBLIOGRAFÍA POÉTICA

Libro de las nuevas herramientas, El Bardo, Barcelona, 1964.
87 poemas, Helios, Madrid, 1971.
Museo de cera. (Manual de exploradores), La Gaya Ciencia, Barcelona, 1974.
Museo de cera. (Manual de exploradores), Hiperión, Madrid, 1978.
La Edad de Oro, Editora Regional, Murcia, 1980.
Museo de cera, Editora Regional, Murcia, 1984 (2.ª edición en 1988).
Tósigo ardento, Bégar, Málaga, 1985.
El escudo de Aquiles, La Biblioteca del Dragón, Madrid, 1987.
Signifying Nothing, Barcarola, Albacete, 1989.
Museo de cera, Visor, Madrid, 1993.
El botín del mundo, Renacimiento, Sevilla, 1994.
La serpiente de bronce, Pre-Textos, Valencia, 1996.

BIBLIOGRAFÍA CRÍTICA SOBRE SU OBRA POÉTICA (SELECCIÓN)

BISSCHOP, Marie-Héléne de: *Espace culturel et invention poétique dans «Museo de cera» de José María Álvarez,* Université de París-Sorbonne, París.
CSUDAY, Csaba: *Al otro lado del espejo. (Conversaciones con José María Álvarez),* Universidad de Murcia, Murcia, 1987.
HERNÁNDEZ, Tomás: *José María Álvarez; Quervo, cuaderno de cultura,* 6 (mayo de 1984).
MUNÁRRIZ, Jesús: «Entrevista a José María Álvarez», en ÁLVAREZ, José María: *87 poemas,* Helios, Madrid, 1971, págs. 9-33.
VV.AA.: *José María Álvarez; Poesía en el campus,* 28 (curso 1993-1994).

INVASIÓN DE LOS BÁRBAROS

¡Oh contemplación espléndida!

VICTOR HUGO

Pasaron los reinos que fundaron
hombres que venían del mar.
Y los templos son polvo.
Reyes y sacerdotes,
vencedores y esclavos, y sus dioses,
se confunden en el polvo.
Pasaron los grandes emperadores
que tuvieron en su mano el mundo,
pasaron sus triunfos y derrotas,
y su gloria. Como el viento sobre las aguas.
Y la ciudad olvidó.
Así pasarán éstos que ahora asolan
sus piedras, y pasarán sus hijos
y nosotros que contra ellos
nos levantamos. Los mismos pájaros roerán todos los huesos.
Y la ciudad olvidará.

*

THE SHADOW LINE

—No puedo ver las velas altas, capitán.

JOSEPH CONRAD

In memoriam
Joseph Conrad

Sobre la playa el viento de Septiembre
abre extraños caminos. Silenciosas aves
del mar escoltan unos restos
que las olas trajeron a la arena
y que las olas borrarán.
Algo que fue navío, soledad de delfín,
sueño de hombres.
Así el Arte.
Y las cenizas del amor.

*

ANALES

Al preguntar Nerón la causa por qué había
conspirado contra él, contestóle Sulpicio As-
pro: «Porque no era posible poner de otra
manera remedio a tus maldades».

TÁCITO

Si muere en el Poder, sin que lo hayamos
Juzgado, si su cuerpo
No se pudre colgando en las murallas
Como advertencia,
                              invicta
Esa espantosa Sombra habrá de perseguirnos.

Oscuras fuerzas que tras siglos
Para poder vivir el hombre sometiera.
El liberó con su gobierno, celebrando
Corrupción y crueldad, bellaquería,
Ignorancia. Y la vileza
De su mundo, es y será la nuestra.
Pues cuanto de más noble hubo en nosotros
Secó hasta la raíz, substituyendo
La fuerza bruta de sus partidarios,
Su abyección e incultura, a Ley y norma.

Y esos abismos
Del Mal, no mueren con su muerte.
Habrán de perseguirnos largos años
Como una dolorosa, una terrible
Expiación.

*

BUGLE CALL RAG

—¡Ah! —dijo ella—; tú no me entiendes y no me entiendes.
— Pues entonces realmente no te entiendo.

FRANZ KAFKA

A Raoul Walsh

La ciudad es una gran llanura
perdida a través de las ventanas de este sitio.

Mi vida va pasando sobre los cristales.

En este bar cumplí un día 17 años.
Y una mujer bebió conmigo aquella
tarde, en una mesa que hoy no está.

                    Oh silueta que vuelves
cuando mis ojos ya alcanzaron
una contemplación serena de las ruinas.

Bebimos como viejos compañeros.
A la salud de la salud. Y después coronamos
el día, en una cama, encima del local.

Qué importa que mediase en tal momento
dinero. Ni que yo pagara.

                              Como
cuando la lengua corre todos los caminos
del amor, entra, muerde,
arranca las raíces
de un sueño oculto,

                              así
hubo un instante
que cogimos la vida como un rayo.

Estés donde estés, oh engrandecida
por el tiempo, oh entrañable, deseo
que sientas sobre tu piel la misma
vibración, el mismo
calor, la intensidad que siento.

                    *

LO QUE EL VIENTO SE LLEVÓ

> Súbdito de oscuras auroras boreales.
>
> ANTONIO DE UNDURRAGA
>
> Yo soy un dios que, cercado de ruina,
> poco a poco perdió juicio y sentido.
>
> JOSEP CARNER
>
> Atalayas del ocaso.
>
> LUIS DE GÓNGORA

A Artur Rubinstein

Dichoso corre Falstaff al encuentro
del Rey. Quien fuera su conciencia
y su alegría, cuando Príncipe,
aguarda en una esquina
el paso del cortejo;
todo lo espera, y hace planes
para brillantes días.
Ya suenan las trompetas. Ya aparece a caballo.
«Dios te proteja, dulce niño», grita
Falstaff, saliendo de las filas
de la multitud.
«No te conozco, anciano»
responde sin mirarle
el Rey.
Como Falstaff, los viejos sueños
vienen de extraños días
al que ahora somos, recordándole
extrañas horas.
O como él, quien ahora somos
llama lejanos días.
Mas siempre recibimos

la misma seca
respuesta: No
te conozco, anciano.

*

PARA UN RETRATO SUYO, DE NIÑO

> Después de la muerte se regresa mal.
>
> ANTONIN ARTAUD

> Homero es mi ejemplo, su corazón sin bautismo.
>
> WILLIAM BUTLER YEATS

Con qué ojos me miras
Y quién eres

Tú que también te pudrirás
Solo
Sin haber alcanzado
Ninguno de tus sueños

Solo

*

THE LAST CAVALIER

> Los viejos Pintores: con cuánta claridad supieron
> Cuál era su sitio en este mundo.
>
> W. H. AUDEN

En la luz de un atardecer
invernal, Velázquez va ultimando una tela.
Pinta despacio. Atiende

a otros asuntos:
unas palabras de su Rey, los juegos de la Infanta,
los alardes del perro.
Sabe que el Arte es largo y que otros ojos
modificarán, acaso con justicia,
los suyos.
Cuando la luz se vaya
limpiará los pinceles.
Es feliz.

*

DESOLADA GRANDEZA
(G. T. de L.)

En polvo se convierten las imperiales
torres de Troya.
                    ALEXANDER POPE

Nos iremos al reino de Eli, porque ya en
éste no queda nada digno de mención.
                    MARCO POLO

En lo mejor confía, por senderos de
bendición camina.
                    FRIEDRICH HÖLDERLIN

He aquí el final del viaje.
Por la ventana del hotel
contemplo Roma extenderse
como polvo de oro suspendido
en una noche helada.
Esto era todo.
Esto. Y la limpia
memoria de una biblioteca
en Palermo, algunos días de Londres,

Mozart, Chopin, Stendhal, algún rostro muy amado,
el lujo de mi vida con honor defendido.
Y mi libro. Las páginas que hicieron
más bello, más noble el mundo.

*

SOMBRA DE ANTOLOGÍA

> En esta estancia, como en las demás que
> visité, vi jaulas de dorado alambre,
> de mil formas y tamaños, y en cada una
> de estas jaulas lucía un pájaro exótico.
>
> WILLIAM BECKFORD

> Un nombre que sobreviva a la muerte.
>
> VON PLATEN-HALLERMÜNDE

Sentiría las vastas soledades
de la creación,
más carecía de talento,
aunque algún verso, sin embargo,
casi alcance
la perfección. Sería un espíritu sutil,
culto, y hasta quizá consciente
de que los dioses no habrían de entregarle
lo que en otros veneraba.
Sombra de algún libro, lees su nombre
cuando pasas las páginas
buscando a esos otros.

*

NOMBRE ESCRITO EN EL AGUA

> Cuando tú me mirabas,
> tu gracia en mí tus ojos imprimían;
> por eso me adamabas,
> y en eso merecían
> los míos adorar lo que en ti vian.
>
> JUAN DE LA CRUZ

A mi maestro Montaigne

Como la hiedra a una pared vieja
el deseo se agarra a mi alma.
Si pudiera borrar su imagen.
Yo era feliz sin ella.
¿Por qué la suerte puso ante mí su cuerpo,
el brillo de su piel, su mirada de oro?
Yo era feliz sin ella.
Conversaba bajo el sol del ocaso
con un amigo. Hablábamos de Stendhal.
Yo era feliz.
Y de pronto cruzaste, jugando con un gato,
me miraste, reías, y al fondo el mar que separa
los mundos.
Es la luz de la adolescencia —me dijo
aquel amigo. Habrá muerto en seis meses apagada.
Yo era feliz sin ti. Y verdaderamente
seis meses antes o después
nada serías. Pero la tarde aquella hora
—como el poeta puede parar el tiempo en sus versos—
mostró la más hermosa que serías,
y la belleza condenó a mi alma
a un atroz exilio. Pues aunque ahora te tuviese
ya no tendría la que fuiste ese instante.

Nunca podré tenerla. Y mis ojos
errarán por siempre. Y moriré odiando mis manos
que serán polvo sin haber tocado el milagro.

(Museo de cera, 1978)

*

VIDA EJEMPLAR: MELEAGRO

> Entonces se llevó la mano a la cara y
> desenrolló las vendas. Lo que debía ser cara era
> una cavidad obscura.
>
> HERBERT GEORGE WELLS

> Celebremos la memoria de aquel día,
> Cantemos un himno digno de ella.
>
> TORCUATO TASSO

Para María del Carmen Marí

Como en un espejo, en su mirada
se reflejan esos alegres cuerpos que
bailan
alrededor del fuego.
Hace ya mucho
que este hombre sabe que la vida
carece de sentido, que
más allá de cierto
respeto por sí mismo
y por alguno de los otros,
poco importa.
Algunos ratos de lectura, sí, esas narraciones
de las hazañas de los grandes; y los versos
de unos cuantos poetas verdaderos.
Algunas horas de conversación con un amigo.

Pero esos cuerpos, ah,
esos cuerpos que bailan
alrededor del fuego.
Alegres, jóvenes, excitantes.

Alguno de ellos ya se ha estremecido
entre sus brazos. Y esa
que baila y ríe, allí, sí,
esa morenita...
no debe tener más que quince años.
Qué poema no daría por gozarla
esta noche en su cama.

Llama con un gesto al copero,
y mientras disfruta con el vino generoso
contempla el esplendor del firmamento,
le sonríe a la Luna. Es imposible
saber qué expresa ahora su mirada.
Muchas veces me ha dicho:
Ella también es un absurdo,
                                y también morirá.

La edad ha ido secando
su piel, ha ido dejándolo
solo.
        Pero ninguno hemos oído
de sus labios, sino
invitación a la alegría, palabras
llenas de dicha. Nunca
—como no los escuchara la desgracia
ni ha de humillar su fin—
ni un lamento.

*

EN UN HOTEL DE GINEBRA

El día muere; una lluvia fina
Apaga la lumbre del poniente.

THÉOPHILE GAUTIER

En el capítulo XXVI de sus Memorias
Casanova cuenta cómo un día feliz, en una habitación
de «Las Balanzas», después de haber gozado
los encantos del amor de Henriette, ésta había escrito
en el cristal de una ventana
con la punta de un diamante que él le había regalado
estas palabras melancólicas:
«Tú también olvidarás a Henriette».

No la he olvidado —dice Casanova—.
Y ya blanca mi cabeza, su recuerdo
aún es un bálsamo para mi corazón.

Muchos años después, en el capítulo
LXXIII, 20 de Agosto
de 1760, anciano ya, y harto,
da con sus huesos Casanova
de nuevo en ese hotel.
Cuando abstraído se acerca a la ventana
la tibia luz del día ilumina esas palabras
escritas trece años
antes: Tú también
olvidarás a Henriette.
Se me erizaron los cabellos —dice Casanova—.
Comparé el que ahora era, con el de aquellos días.
Y escribe entonces algo prodigioso:

Aunque aún es capaz de amar, «ya no tenía
los sentimientos que justificarían
el extravío de mis sentidos».
Los sentimientos... La emoción... Ah, mi muy querido,
mi muy venerado, mi muy entrañable
Giacomo Casanova. Con qué absoluta claridad
estás diciéndonos que nada
imperecedero hay en la carne, nada
memorable, sin ese
amor que vuelve el cuerpo brasas,
esa locura que se apodera de nuestra alma
ante determinados, y no otros,
seres; ese desenfreno
de nuestros sentidos, que nunca satisfacen
su anhelo; ese vivir tan sólo
por la mirada de unos ojos.
Y cómo la lija de la vida
lo que va arrasando no es la furia, el vigor
de nuestro cuerpo —en cuántos lechos
con cuántos cuerpos hermosísimos
conocerías todavía un arrebato
que el día siguiente olvidará —sino
esa ciega alegría, ese talento
para enamorarnos, para hechizarnos,
ese seísmo sagrado con que el amor nos funde,
nos aniquila y nos da vida, ese milagro
cuya visión ya nunca olvidaremos.

*

UN AMOR DEL CONDE

> Todo depende del Destino.
>
> PEDRO I DE SERVIA

> Si nuestras alas se incendian al tocarse
> ¿qué podemos temer en este mundo?
>
> ELIZABETH BARRETT BROWNING

Para Sol

Cae la noche sobre Transilvania.
La obscuridad es espesa en los caminos
que ya ciega la niebla.
Los bondadosos lugareños atrancan puertas
y ventanas, se ocultan
en sus cubiles, persignándose.
                       Todos temen
algo que viene de la noche.

Pero ella, no.
Ella lo ansía. Su corazón
le abrasa el pecho, su carne
son latidos.
            Despacio, recreándose en el deseo
desnuda sus hombros, suelta sus cabellos
y acariciando el fuego de sus muslos
se tiende sobre el lecho
ante el abierto ventanal.

Las entrañas inmóviles aguardan
al nocturno exquisito.
                Y es ahora
ese batir de alas

en el bárbaro hielo de la noche. Y ese aliento
que empaña el aire como la luna de un espejo.

Y es la joven
que lo siente venir,
su respiración que se acelera,
que eriza los hermosísimos pezones.

                              Sí, contempladlo. Negro en la
noche, el caballero.
Sus ojos, lumbres del abismo.
Lentamente se acerca hasta ese cuerpo
que lo ha esperado. Sus
labios besan, rozan
esa piel que caliente se estremece, sus dientes muerden
la blancura de ese cuello
sumido en el perfume que asciende de sus pechos
como una embriaguez densa de especias y prodigios.

La sangre del Amor pasa a otro cuerpo
que con ella se nutre.
                              Yace
tirado en un rincón un crucifijo.
Se escucha el viento como
un cristal
rajándose.

              Cuando
el Conde la clave contra el lecho
y con el último temblor de sus riñones
haga suya otra criatura,
                              qué son, qué importan
los que le temen u odian, o esa estaca
que ya se afila en algún sitio.

                              *

JAIME GIL DE BIEDMA

El oro de los tigres.
Jorge Luis Borges

Hoy, 11 de Mayo de
1990, borro
tu nombre, tu dirección y tu teléfono
de mi agenda; ya nunca
volveré a llamarte o a escribirte.
Ahora, durante el tiempo que nos quede
algunos amigos recordaremos ciertas noches compartidas
de alcohol y conversación, y en alta
voz diremos tus poemas.
Después también nuestros nombres
serán borrados por alguien en su cuaderno
de direcciones. Después, un día
en alguna antología, un joven
para quien serás sólo un nombre,
sentirá cómo con la lectura de tus versos
late su corazón y la emoción de la Poesía
toma su cuerpo.
Todos, y ese joven también, y otros después, seremos
un día borrados.
Pero no HIMNO A LA JUVENTUD,
pero no PANDEMICA Y CELESTE,
pero no AÑOS TRIUNFALES.

*

«FALSTAFF»

> ROSINA — Suspiros y penas se funden
> en este instante de felicidad.
>
> CESARE STERGINI-GIOACCHINO ROSSINI

> Tratemos de entrar en la muerte con
> los ojos abiertos.
>
> MARGUERITE YOURCENAR

Para Frederica von Stade por su sublime Cherubino
de Glyndebourne, en el 73

Qué buen final, maestro. Usted que había
incendiado su cabeza tantas veces
hasta darnos el rostro inolvidable
del odio y del amor, de la venganza,
del deseo, y la muerte, y el valor,
y el sufrimiento, y la piedad,
                              y despedirse
así, cantando
la juventud y la alegría,
con esa risa limpia y sana que envuelve
el mundo, dejando
cada cosa en su sitio.

Acababa la obra, uno sale
a la calle, gozoso, con su corazón
latiendo por ese entusiasmo que es la más honda
sabiduría, habiendo comprendido
nuestra vida mejor, cuánto de inútil
había en ciertos pesares, y
cuánto
de irrisorio

en ciertas convicciones. Arrobados por
la belleza
de esa música, todo lo que no era
en nosotros
embriaguez de vivir, celebración
de la vida, oculta avergonzado
sus ojos, y huye.

Qué buen final, maestro. Qué adiós.
Sobre su tumba, como
los antiguos de aquel a quien amaban,
nuestro júbilo hoy escribe: Detente,
caminante,
y escucha:
Esta felicidad
              es la tumba de Verdi.

(El botín del mundo, 1994)

JUAN LUIS PANERO

(Madrid, 1942)

BIBLIOGRAFÍA POÉTICA

A través del tiempo, Ediciones de Cultura Hispánica, Madrid, 1968.
Los trucos de la muerte, Provincia, León, 1975.
Desapariciones y fracasos, Bogotá, 1978.
Juegos para aplazar la muerte. (Poesía 1966-1983), Calle del Aire,
    Sevilla, 1984.
Antes que llegue la noche, Península, Barcelona, 1985.
Galería de fantasmas, Visor, Madrid, 1988.
Los viajes sin fin, Tusquets, Barcelona, 1993.
Poesía completa 1968-1996, Tusquets, Barcelona, 1997.

BIBLIOGRAFÍA CRÍTICA SOBRE SU OBRA POÉTICA (SELECCIÓN)

CANO, José Luis: «Un ácido autorretrato. Juan Luis Panero: *Juegos para aplazar la muerte»,* *Ínsula,* 455 (octubre de 1984), págs. 8-9.

GARCÍA MARTÍN, José Luis: «Los fantasmas de la memoria», *La poesía figurativa. Crónica parcial de quince años de poesía española,* Renacimiento, Sevilla, 1992, págs. 24-35.

JIMÉNEZ, José Olivio: «La poesía primera de Juan Luis Panero. Sobre *A través del tiempo* (1968)», *Diez años de poesía española (1960-1970),* Ínsula, Madrid, 1972, págs. 407-418.

LUNA BORGE, José: «Juan Luis Panero: *A través del tiempo,* 1968», *La generación poética del 70,* Qüásyeditorial, Sevilla, 1991, págs. 179-194.

VIGUERT ESPERT, Amparo: «Del recuerdo a la nada: sobre *Juegos para aplazar la muerte,* de Juan Luis Panero», *Zurgai,* Poetas de los 70, diciembre de 1989, págs. 104-107.

EXTRAÑO OFICIO

Poeta en tiempo de miseria, en tiempo
de mentira y de infidelidad.

JOSÉ ÁNGEL VALENTE

Poeta en tiempo de miseria, en tiempo de mentira
y de infidelidad y de ellas, no altivo juez,
espectador atónito, menos aún, habitante alegre de la
                                                    [ignorancia.
Poeta de esta hora, testigo absorto tantas veces
de injusticia o de lágrimas, silencioso participante en ellas.
Trabajador de las palabras, levantando muros,
cerradas cárceles donde sólo la memoria habita.
Letras y sílabas, torpemente aprendidas, elevándose
inútiles junto a la firme realidad de unas manos,
de unos ojos que piden simplemente vivir.
Extraño oficio, viejo como los árboles
y como las rocas firme, a través de los aciagos días,
hasta llegar a este momento, ante el blanco papel,
que antes fuera dorado pergamino,
canción de pueblo humildemente recordada.
Duro destino, ser voz sobre otros hombres,
pero también, vecino último de la propia infancia,
acobardada sombra entre la soledad y el sueño.
Apenas hoy, rincón oculto de ternura,
lugar bañado de risa y sol de estío,

se ofrecen al que de su vocación así dispuso.
Y el seco estampido de los disparos
o la apagada pupila frente al amanecer,
son historia ejemplar, iluminado aviso,
para aquel que, con sólo la verdad por cimiento,
construye terco su esperanza y la escribe
cuando camina hacia su fin.

*

POETA DE ALEJANDRÍA

Nadie acompaña, cuando cae la tarde,
su soledad.
Ninguna mano presta fugitivo calor
a quien tanto lo necesita
y que lento camina, perdida la mirada,
hacia el lugar donde la luz de agosto
aún le protege.

De las estrechas calles
llega un olor, elemental y penetrante,
de alimentos y cuerpos,
otro tiempo apreciados.
Leve, su paso
se pierde entre el inquieto murmullo
de músicas y voces.

Esta es la ciudad que tanto amó,
cuyas piedras y árboles,
minaretes y plazas,
bajo el pesado sol del mediodía
o a la claridad trémula de las estrellas,
conoció igual que hoy sus sueños.

Sigue avanzando,
desconocido,
ignorado por aquellos
que un día sus labios le entregaron,
su tristeza, su deseo, hicieron suyos.

El rojo resplandor, un momento,
sobre la espuma se detiene.
Ya gris después,
palidece en el cansancio de las rocas,
resbala por las ventanas abiertas al crepúsculo.

Un ligero temblor,
la transparente sombra de una lágrima,
ahora que por fin se ha detenido,
hacen más vencida,
más frágil su figura.

No importa
o quizás importa demasiado.
Constantino Cavafis
mira llegar la noche,
la oscuridad, frente al mar.

*

PARA JOHN O'CONNOR

Triste como unos zapatos viejos bajo la lluvia triste,
triste como un perro sarnoso abandonado
o, más aún, como un domingo inglés,
triste llega tu música y tus palabras aventan la ceniza
mientras toda la amargura se desata en su frágil sonido.

Sin embargo, te pido que no dejes de tocar,
¡oh, John, hijo de John!, aunque te duelan los dedos sobre
                                        [las cuerdas de metal,
aunque el viento por los cristales rotos corte tu voz,
te pido que continúes, que no se pare nunca tu canción,
que no nos dejes solos, huérfanos de nosotros mismos,
                                        [esclavos del silencio.
¡Oh John, hijo de John!, no te detengas,
protégenos de las sombras, de los viejos fantasmas
que un día dieron calor a nuestras manos,
de tanta caricia desolada, de las mentiras muertas, sálvanos,
que tu tristeza sea escudo resistente,
embozo cálido tus derrotadas palabras.
¡Oh John, hijo de John!, lejos está el rocío de tu niñez,
el topar sordo de las vacas, la crujiente madera del establo,
todo lo que entonces te dio su patrimonio de alegría y de
                                        [aroma,
mas no por eso has de dejarnos, mudo y distante,
abandonarnos en esta hora, cuando ya nada nos pertenece.
¡Oh John, hijo de John!, también nosotros hemos perdido
                                        [nuestros sueños,
como si fuera un lápiz viejo en el colegio,
también nosotros somos los maniquíes que la esperanza
viste,
los que desnuda el amanecer con dedos fríos.
Por eso, por tanto amor devastado,
por tanta ternura avergonzada y pordiosera que esta noche tu
                                        [música reúne,
por eso, sólo por eso, te pido que continúes.
¡Oh John, hijo de John!, que tu canción permanezca para todos
                                        [nosotros,
que no se quiebre también el sortilegio,
que tu luz no se apague sino que siga iluminando, igual que
                                        [ahora,

a los que ciegos en un rincón te oímos,
esperando contigo la inútil madrugada.

*

EPITAFIO FRENTE A UN ESPEJO

Dura ha de ser la vida para ti
que a una extraña honradez sacrificaste tus creencias,
para ti cuya única certidumbre es tu recuerdo
y por ello, tu más aciaga tumba.
Dura ha de ser la vida, cuando los años pasen
y destruyan al fin la ilusa patria de tu adolescencia,
cuando veas, igual que hoy, este fantasma
que tiempo atrás te consoló con su belleza.
Cuando el amor como un vestido ajado
no pueda proteger tu tristeza
y motivo de burla, de piedad o de asombro,
a los ojos más puros sólo sea.
Duro ha de ser para tu cuerpo ver morir el deseo,
la juventud, todo aquello que fuiste,
y buscar sin pasión tu reposo
en la sorda ternura de lo débil,
en la gris destrucción que alguna vez amaste.
«Es la ley de la vida», dicen viejos estériles,
«y nada sino Dios puede cambiarlo», repiten,
a la luz de la noche, lentas sombras inútiles.
Dura ha de ser la vida, tú que amaste el mundo,
que con una mirada o una suave caricia soñaste poseerlo,
cuando la absurda farsa que tú tanto conoces
no esté más adornada con lo efímero y bello.
Dura ha de ser la vida hasta el instante

en que veles tu memoria en este espejo:
tus labios fríos no tendrán ya refugio
y en tus manos vacías abrazarás la muerte.

(*A través del tiempo,* 1968)

*

A LA MAÑANA SIGUIENTE CESARE PAVESE
NO PIDIÓ EL DESAYUNO

Solo bajó del tren,
atravesó solo la ciudad desierta,
solo entró en el hotel vacío,
abrió su solitaria habitación
y escuchó con asombro el silencio.
Dicen que descolgó el teléfono
para llamar a alguien,
pero es falso, completamente falso.
No había nadie a quien llamar,
nadie vivía en la ciudad, nadie en el mundo.
Bebió el vaso, las pequeñas pastillas,
y esperó la llegada del sueño.
Con cierto miedo a su valor
—por vez primera había afirmado su existencia—
tal vez curioso, con cansado gesto,
sintió el peso de sus párpados caer.
Horas después —una extraña sonrisa dibujaba sus labios—
se anunció a sí mismo, tercamente,
la única certidumbre que al fin había adquirido:
jamás volvería a dormir solo en un cuarto de hotel.

*

LOS TRUCOS DE LA MUERTE
(Tijuana)

Cuando tocas la copa de cristal, tocas la muerte,
en el tequila transparente, en el mezcal amargo, bebes la
[muerte,
en tu frente y mis manos, en los ojos que miran,
un desierto se agrieta con muñones de muerte.
Suena la música en cuerdas de la muerte
—de la muerte más clara, más muerte de sí misma—,
y es la sal de repente su pesada ceniza
y el limón más amargo su sabor desvelado.
En esta noche, con su pañuelo azul y su boca pintada,
la muerte nos saluda alegre tras la mesa.
Y nada podemos hacer, nada puede ayudarnos
porque hemos venido aquí para encontrarla,
para verla pasar y pasear por estas calles,
para oírla cantar y reír en las botellas
bajo la luna falsa de neón amarillo.
Multiplicada muerte, morena o pelirroja,
moviendo terca sus pechos, la furia de sus muslos,
entre sudor de rostros al pie de su condena.
Besa, besa su sexo, tú que estás más cerca,
pudridero de alcohol, turbia mirada,
húndete, muérete, resucítate, al filo de tu lengua,
allá donde palpa y devora y resbala,
igual que el hocico insaciable del perro
hoza y desgarra la oveja desventrada,
sus grotescas patas donde silba el viento,
besa, besa, húmedo pelo, piel de tu destierro.
Cuando tocas la copa de cristal, tocas la muerte,
la muerte con su sombrilla rosa en el oculto callejón,
la muerte con los labios perdidos de una canción sin nombre,
la muerte —parece tan sencillo— simplemente la muerte.

Pero hemos venido aquí, tal vez sin conocerlo,
para ahogar para siempre el terror de sus gestos,
hemos venido a conjurar la vida,
el miedo hipócrita a nuestro único dominio.
Hemos venido a aceptar la verdad que no existe,
la huella de una huella, la saliva de un sueño.
No duerme la ciudad, no está despierta,
y un remoto reloj mide inútiles horas,
mide el tiempo de nada, la realidad vencida,
calendario implacable de números vacíos.
Cuando tocas la copa de cristal, tocas la muerte,
y hay un cierto valor y cierta complacencia
en oír tiernamente crujir el esqueleto,
esperpento de muerte, imagen de la vida,
mientras habla el silencio con frases que ignoramos
y un trago lento alienta tu derrota,
esparciéndose espeso sobre el sexo apagado,
el perro y su carroña, las moscas de su lengua.

(Los trucos de la muerte, 1975)

*

AÑOS DESPUÉS DE SEPARARNOS

> Eran dos estrellas sobre un escenario, cada uno ac-
> tuando ante un público de dos personas: la pasión con
> que jugaban la mascarada creaba la realidad.
>
> FRANCIS SCOTT FITZGERALD

Quedan sí, ciudades, paisajes, sensaciones de calor o de frío,
nieve de Nueva York, implacable sol de Cartagena de Indias.
Quedan cuadros perdidos en museos o en casas,

como postales de otro tiempo, sin brillo,
conversaciones con amigos o tal vez enemigos,
encuentros que un momento dieron valor a nuestra vida,
tardes de toros, películas, canciones,
vasos vacíos, perros, pisos abandonados, artesanías
[mexicanas.
Queda un escenario perfecto,
con todos los detalles cuidados hasta el límite,
para representar la obra tanto tiempo ensayada,
la pareja estelar triunfadora por fin.
Pero hoy, todos lo saben, ni tú ni yo actuamos.
Y una escenografía, por brillante que sea,
no es nada sin palabras, sin un aliento humano.
Es sólo un hueco inmenso o, seamos modestos,
una gris papelera donde arrojar de golpe
—ni protestas ni aplausos— entradas de un estreno,
viejas fotografías, que a nadie ya interesan, de dos rostros
[que fueron.
Y las luces se apagan y se cierran las puertas.
Y las luces se apagan y se cierran las puertas.

*

FRENTE A LA ESTATUA DEL POETA
LEOPOLDO PANERO

Poeta húmedo como Darío
te define Oreste Macrí
en la última edición de su antología.
Por supuesto no descubre nada nuevo,
el asunto de tu bebida ha dado ya mucho que hablar
y por otro lado la comparación con Rubén Darío es bastante
[honorable.
También se han comentado tus proezas en los burdeles

y algunos de tus amigos las suelen repetir
adornándolas con pintorescos detalles
(aunque es muy posible que esto te divertiría saberlo).
En cuanto a los arranques violentos de tu genio
para qué mencionar lo que todos sabemos.
Sin embargo, para la Historia ya eres:
cristiano viejo, caballero de Astorga,
esposo inolvidable, paladín de los justos.
Y también en todo eso hay algo de verdad.
Sin duda eras un tipo raro y bien curioso.
Rojo para unos, amigo de Vallejo, condenado en San Marcos,
y azul para los otros, amigo de Foxá, poeta del franquismo.
«La caterva infiel de los Panero,
los asesinos de los ruiseñores»,
que airadamente escribió Neruda.
Y tu final —gordo y escéptico—
con tus trajes ingleses que tanto te gustaban
y tu whisky en la mano, trabajando para una compañía
                                        [norteamericana.
Y años después canonizado en revistas y libros
(excepto la alusión de Macrí), números de homenaje
y las calles de Leopoldo Panero
y las lápidas de Leopoldo Panero
y el premio Leopoldo Panero
y el colegio Leopoldo Panero
y tu efigie entre otras ilustres
en los muros solemnes del Ateneo
y por fin esta estatua de Leopoldo Panero
que contemplo en un helado atardecer
mientras llueve a lo lejos sobre el Teleno.
De verdad, me gustaría saber
si los muertos conservan un cierto sentido del humor
y frente a tu noble cabeza de patricio romano
(que podría escribir cualquier cretino)

«poeta arraigado» «poeta de la esperanza»
«leonés sajonizado» «hombre de secreto»
«eximio vate» «gloria de nuestras letras»
etc., etc., etc...
con tu libro de piedra sobre las rodillas
y tus ojos perdidos —extraño personaje—
puedes sonreír irónico y distante,
pensando en tu batalla perdida de antemano.
Yo así te lo deseo y no sin cierta envidia
—estar muerto en España es un lujo envidiable—
esta noche en tu casa mientras me sirvo un whisky
y en el pesado vaso de cristal rayado
el alcohol venerable y tu hijo primogénito
(por supuesto menos venerable) te rinden
—y no es broma— su más fiel homenaje.

*

JUEGOS PARA APLAZAR LA MUERTE

Descubrir en otro
la palabra precisa,
la desolada materia del sueño,
inmóvil, fija sobre el papel.
Palabra que nombra fantasmas
pero también llamaradas de vida
y —al fondo— el eco del mar,
su perdurable presencia momentánea,
olas y horas, sílabas y símbolos.
Todo lo que nos queda, todo y nada:
juegos para aplazar la muerte.

(Desapariciones y fracasos, 1978)

*

POETAS EN ROMA

Hablamos en el jardín antiguo, oscura la tarde,
en distintas lenguas el mismo idioma.
Con agitadas voces, irónicas sonrisas,
damos fe de este rito, de ese curioso oficio,
de esta extraña profesión abolida.
Rutinarias preguntas y ensayadas respuestas,
frente a vasos que se llenan y pronto se vacían,
abruptas carcajadas que asustan a unos niños
y un cansado fotógrafo cumpliendo su rutina.
Sabemos que nada ha de quedar de todo esto,
sino palabras perdidas, gestos en el aire,
y, sin embargo —parece mentira—, hoy estamos aquí,
solamente por haber escrito unas palabras.
Cuando termina el número y se encienden las luces
en el jardín vacío, pienso por un momento
que aquí, bajo este mismo cielo negro,
hace miles de años, otros hombres iguales
se debieron burlar de su ingrata labor,
inventando este idioma que nosotros hablamos,
debieron ya quejarse de tan vana tarea.

*

OFICIO DE SUICIDAS

Pocas las palabras, pequeños sus designios,
nombrando siempre realidades banales,
triviales signos, hechos consumados,
y, en el fondo, sórdida presencia de la muerte.
Oficio melancólico, construir estas jaulas,

estas escasas lápidas del tiempo que nos pasa,
oficio de suicidas, intentar retener
la huella de la luz en sílabas de sombra.

*

POEMAS DE 1966
(Londres)

Frágiles, persistentes, tercas, permanecen las palabras escritas,
quién lo hubiera pensado, con su apariencia momentánea y
                                                    [mínima,
su caprichoso existir tan lejos de la realidad
o de lo que entonces como realidad se imponía.
Libros, apuntes, aburridos exámenes de inglés,
facturas que pagar, incomprensibles voces al teléfono
y la lluvia detrás de las cortinas
en aquella solemne habitación alquilada.
Noches de soledad brumosa y otras de enloquecida euforia,
con jarras de cerveza, verdes botellas de ginebra
y los ojos oscuros, con una brasa al fondo,
de Pauletta Ioannides y el dios abandonando a Antonio.
Sombras esfumadas, borrados gestos,
Strangers in the Night, desafinada música nostálgica.
Éramos jóvenes y estábamos de paso en la ciudad
                                                    [enloquecida,
éramos jóvenes y meses después regresaríamos,
lejos de allí, la vida todavía esperaba.
Lo que ocurrió después es fácil de adivinar
y casi veinte años me separan de aquello,
sin embargo, algunas palabras, su amargura y tierna materia,
el cercado mundo que pretendieron retener,
la desolada afirmación de sus sílabas,
aún permanecen, apenas corrompidas por el papel impreso.

Ahora —parece tan raro— de todo aquel pasado
sólo queda, casi tangible, el recuerdo
de una mesa, alta y estrecha, con cuadernos amontonados,
pesados diccionarios y una silla de respaldo duro
en la que alguien, remotamente parecido a mí,
iluminaba con arañadas letras
la sombra detenida de un fantasma.
Y todavía esas mismas palabras,
tantos años después, me repiten
su desvelado y único secreto,
su valeroso testimonio inútil,
frágiles, persistentes, íntimas y tercas
me recuerdan la magia desesperada de la vida.

(Antes que llegue la noche, 1985)

*

CERVIÀ DE TER

(Relectura de Antonio Machado)

Aquí fue o pudo ser, es igual,
en este caserón que aún se levanta,
absurdo y gris como un abrigo viejo.
Cerca, en el río, húmedos chopos, arcos de álamos,
—Soria tan cerca y lejos—. Un hombre silencioso
hace escueto balance de su vida.
Después lo esperan apretujadas carreteras,
montón de gentes, sudor de miedo y muchedumbre,
cansados huesos, cenizas casi transparentes
y el vagón de la muerte y el hotel final.
Más tarde, banderas de derrota, hueca palabrería,

torpes discursos, aburridas canciones,
todo lo que él odió, el falso decorado,
la retórica inútil, colorines de sueños.
Junto a este río que, contaminado, sigue pasando
hacia la mar, hacia la nada,
le despido y le nombro, recordando,
repitiendo, unas pocas palabras verdaderas.

(Antes que llegue la noche, 1985)

*

GALERÍA DE FANTASMAS

«Da las buenas tardes al señor Eliot»
—mi padre y aquel educado espantapájaros,
sentados en sus butacas de cuero, hablando en un extraño
[idioma—
en el 102 de Eaton Square. Londres 1947.

Allí también,
tantos días, mañanas frías de colegio,
soñoliento, cogido de su mano,
«Luis Cernuda te quiere mucho»
y la última visita a *Harrod's,*
mientras envolvían su regalo de despedida,
un pequeño barco pintado de rojo.

En Madrid, adolescente,
una tarde lluviosa de noviembre,
Salvatore Quasimodo,
                Davanti al simulacro d'Ilaria del Carreto,
precisión y pasión reveladas en una voz,
bajo aquellos bigotes de comparsa de ópera.

La casa de Vicente Aleixandre —ya escribí sobre ella—
afirmación de unas palabras,
encuentro con un destino
ignorado, terco, definitivo.

El fantasma enterrado,
recuperado en Cúcuta, calor y moscas,
de Jorge Gaitán Durán,
encendida leyenda destruida, resucitada.

Reencuentro de muertos,
rostros borrados, repetidos
capítulos de unas memorias que no escribiré.

En Barcelona —1983— un mediodía de espesa primavera,
me abre la puerta de su casa, apoyado en un bastón,
Joan Vinyoli y hablamos, frente a unas copas,
de Cernuda y de Eliot.
                   Todo empieza, se pierde, recomienza.
Derrumbados edificios de una vieja ternura,
frágiles sombras, sílabas secretas,
tercos signos en el papel manchado,
fuegos fatuos que el recuerdo convoca,
galería de fantasmas que esta noche recorro.

*

EL POETA Y LA MUERTE

> y aunque la vida murió
> nos dejó harto consuelo
> su memoria.
>
> JORGE MANRIQUE

Si como afirma Borges todos los hombres
son el mismo hombre, aurora y agonía,

y poco importan sus nombres y sus rasgos,
yo quisiera —olvidando la anécdota banal de mi destino—
buscar en otro rostro a ese único hombre,
otra sombra, otro sueño mejor, igualmente perdido.

Un caballero dispone sus armas,
sus escuderos ajustan la armadura,
se coloca el yelmo, sujeta con firmeza el escudo,
la luz de la mañana es un reflejo metálico del sol,
el tiempo se ha detenido en las gualdrapas del caballo.
Todo esto ocurre en 1479 y aún sigue ocurriendo
frente a las almenas del castillo de Garci-Muñoz.
El caballero blande su espada
en defensa de su lealtad y de su reina,
aún no sabe que su destino termina allí,
en el campo de Calatrava, que no verá otro día.
Entre rasgar de flechas y cascos de caballos,
oliendo a tierra seca y sangre sucia,
quizá recuerde el nombre de Guiomar de Castañeda
y piense, con justicia o con odio, en su enemigo,
el marqués de Villena que le aguarda.
Estruendo de hierro, crujido de huesos, carne desgarrada,
las huestes innumerables, pendones y estandartes y banderas,
los castillos impunables, los muros, baluartes y barreras.
Ha caído la noche sobre el campo arrasado,
la mano que sujetó una lanza, una pluma, un cuerpo de mujer,
está quieta, su mundo se ha borrado,
mientras se escuchan maldiciones y lamentos.
Ahora la muerte le aterra y le deshace.
Si todos los hombres somos el mismo,
elijo, pues es igual uno que otro,
aquel rostro en un campo de batalla,
la máscara del último rictus de su agonía,

el eco de sus palabras que aún se escucha,
un reflejo más digno de la tierra y la nada.

(*Galería de fantasmas,* 1988)

*

AUTOBIOGRAFÍA

Una casa vacía, otra derrumbada,
un niño muerto al que le cuentan cuentos,
despedidos fantasmas que se desvanecen,
ceniza y hueso, piedras derrotadas.
Cuartos alquilados, repetidos espacios fugaces,
las huellas de los cuerpos en las sábanas,
una pesada resaca sin destino,
voces que nadie escucha, imágenes de sueños.
Innecesarias páginas, gaviotas en la ventana,
mar o desierto, blancos despojos,
signos y rostros en la pared de la memoria.
Sucias pupilas de sol en México, tercos
los ojos redondos de la calavera
contemplan pasado, presente, futuro,
sombras tenaces, metáforas gastadas.
Miro sin ver lo que ya he visto,
humo disforme que se esfuma,
invisible mortaja bajo nubes fugaces.
Humo en la noche y la nada instantánea.

*

A VECES, MUY RARAMENTE

Cuando poco en la vida nos consuela
del tiempo, ese verdugo indiferente,
a veces, muy raramente, en la monotonía de la noche,
entre repetidos sueños, surge una imagen
que refleja la ilusión que allí dejamos,
y un rostro —su remota apariencia— reconstruye
una intensa instantánea de la felicidad.
Cuando tan misterioso privilegio nos llega,
despertarse después es vivir el infierno:
no aquel juego grotesco de llamas y demonios,
sino el demonio de la luz de nuevo,
el fuego del primer cigarrillo.

*

CEREMONIAS DE OTOÑO

Entre el pellejo y el hueso aún alienta un temblor
—eso que algunos llaman alma—
un terco estertor, inútil esfuerzo de supervivencia.
La vida y sus ocultas raíces tenaces se aferran
en el húmedo atardecer, de principios de otoño,
mientras el desencajado rostro representa su extraño papel
y el coro, con su estúpida y crédula apariencia,
apuesta por el más allá o el más acá, ¿qué importa?
Sólo un aliento, sólo un aliento entrecortado,
entre el pellejo y el hueso,
simboliza un final o, sencillamente,
el borroso sueño de otro sueño desierto.
¿Y para quién tantos aparatosos gestos,
si todos los testigos, los ojos que, casi a escondidas,

se miran y se encuentran, únicamente afirman
el terror —tan real— de su propio cadáver?
Después —fuera del hospital inhóspito—
la última luz del sol dibuja el mar,
ocultándose tras el verde y la piedra del Monte Igueldo
y tiembla en tus manos la pesada copa
que lleva a tus labios el cristal funerario,
donde el alcohol y el hielo dibujan otra muerte.

*

EL CONVIDADO DE PIEDRA
(L. P.)

A veces, regresas en una pesadilla,
tan absurda como fue nuestra historia,
y al despertar no dejas sino
rencor y descontento, miedo
petrificado en la memoria.
Ni aun ahora, tantos años después,
es posible el pacto entre nosotros,
ni aun ahora, la piedad y el olvido.

*

SANGRE Y ALCOHOL
(José Asunción Silva - Rubén Darío)

En el silencio de la tarde, ya casi noche,
el sonido de un disparo interrumpe
el decimonónico concierto de las campanas,
mientras la lluvia, implacable, cae

sobre los húmedos tejados de Santa Fe de Bogotá.
Casi al mismo tiempo, en París,
en un hotel de segunda, sábanas sucias
y putas disfrazadas de princesas,
un indio borracho estrella su copa contra un espejo.
¿Quién hubiera pensado entonces
que, entre humo de pólvora y cristales rotos
—sangre y alcohol— unas palabras perdurarían,
hasta llegar, misterioso lenguaje, a este papel en blanco?

(Los viajes sin fin, 1993)

DIEGO JESÚS JIMÉNEZ

(Madrid, 1942)

BIBLIOGRAFÍA POÉTICA

Grito con carne y lluvia, Imprenta Minerva, Cuenca, 1961.
La valija, Alrededor de la mesa, Bilbao, 1962.
Ámbitos de entonces, Rocamador, Palencia, 1963.
La ciudad, Rialp, Madrid, 1965.
Coro de ánimas, Biblioteca Nueva, Madrid, 1968.
Fiesta en la oscuridad, Duero, Madrid, 1976.
Poesía, Anthropos, Barcelona, 1990.
Bajorrelieve, Excma. Diputación de Huelva, Huelva, 1990.
Interminable imagen, Calle del Agua, Villafranca del Bierzo, 1996.
Itinerario para náufragos, Visor, Madrid, 1996.

BIBLIOGRAFÍA CRÍTICA SOBRE SU OBRA POÉTICA (SELECCIÓN)

DOMÍNGUEZ REY, Antonio: «Razón coral de una evidencia cósmica: Diego Jesús Jiménez», en *Novema versus povema. Pautas líricas del 60,* Torre Manrique Publicaciones, Madrid, 1987, págs. 167-181.

GARCÍA JAMBRINA, Luis: «La realidad soñada de Diego Jesús Jiménez», *Ínsula,* 53 (junio de 1991).

LANZ, Juan José: «Diego Jesús Jiménez», *El Urogallo,* 64-65 (septiembre-octubre de 1991), pág. 94.

—: «La palabra en el tiempo de Diego Jesús Jiménez», *Ínsula,* 607 (julio de 1997), págs. 12-16.

PALOMO, María del Pilar: «Prólogo» a JIMÉNEZ, Diego Jesús: *Poesía,* Anthropos, Madrid, 1990, págs. 9-17.

RICO, Manuel: «Diego Jesús Jiménez: La experiencia poética como razón de vida», *Cuadernos Hispanoamericanos,* 488 (marzo de 1991).

—: *Diego Jesús Jiménez: La capacidad visionaria y meditativa del lenguaje,* Cuenca, Instituto Juan de Valdés, 1996.

LA CASA

Se ha plantado el invierno,
y la casa del pueblo,
y los trigales y llanuras, y la serenidad
que conducen los ríos.
                          Allí, las ventanas al campo, nuestra casa
vacía. Por el corral
andan las yuntas y el esfuerzo
del carro; duermen
las vertederas. El sol
trae aquel aire de la última fiesta: los ruidos
de artificio, las quincallas, la noria
permitida; el turrón, las trompetas
del niño, el buen tema
del baile.
              Bajo la chimenea,
la pana del domingo, las baldosas
viviendo aquel momento alegre, aquella pulsación
de los membrillos.
                          Si hoy volviese a la casa
preguntaría si es a las nueve la procesión, si sale Juan pidiendo
por las calles, si han traído casetas para tirar, si hay toros
por la tarde, si hay banderillas para el anís o si aquel baile
sigue siendo en la plaza y hay amores
inútiles.

Mi habitación, la mesa de nogal, los libros,
la ventana...; allí estarán las Ciencias Naturales, la Geografía
de los jueves, los vientos, las distancias...

                                 Involuntario, duro,
el nombre de Raquel; la habitación de arriba...

                                   Si volviese a la casa
preguntaría que cuándo es el examen; si deja aún Pilar
una rendija del balcón abierta, o si cruza José
al acarreo, o si sube la sangre del jardín, o si es la primavera,
o son los años, o aquel pecho en sus bodas.
o aquella piel herida.

                       Los baúles cerrados en la cámara,
la ropa negra de los muertos más próximos, la hora de cenar.

                                [Los aleros,
los nidos
de los tordos, las sartenes sin uso, los fantasmas, la bicicleta
sin manillar, sin niño por las cuestas.

                           Preguntaría,
si hoy llegase a la casa, si sigue allí Miguel
esperando a los pájaros; si a escondidas se juega aún a las
                              [cartas y se fuma.
O si Andrés tiene novia y nos despierta
la voluntad de amar, «cuéntanos lo del beso»;
o si la madre sube y nos sorprende,
contando labradores en el llano, o campanadas sueltas
de la iglesia.

                 Si volviese a la casa
negaría la paz. Los tiestos ya no tienen
la sangre de la flor, ni sube el griterío de la plaza, ni se
                            [encuentra el jornal
para los olivares, ni está abierto el balcón, ni se ha casado
                                  [Andrés
con Margarita (yuntas y carros, la lentitud

del buey, las cuevas, los rastrojos...)
                                    ni labradores en el llano
a media tarde, levantando la siega.
                                    Si volviese a la casa
negaría la paz, comprendería
lo duro de esta siesta; vencería aquel miedo.

                                    (*La ciudad*, 1965)

                        *

NOCHE DE NAVIDAD

Te veo vivo
y sin consuelo,
padre. Aun a pesar de todo. Viendo
la vieja calma
del tilo, la fresca sombra
del ciprés, la senda
de la hormiga.
                        Tú, padre, cómplice
del mal,
no salgas; no saques ya
la oreja y la nariz, que luego
corres por estos campos
del trigo, se te hace el paso loco, y tu mala
memoria, pisa la siembra
y cantas.
                ¡Que aún pertenece
a todas estas cosas
tu dolor!
                ¡Padre, padre! ¿Otra vez?
Vuelve a esconderte. Vaya, vaya... No hay que sacarlo
de su agujero, porque no ve

y se ciega
con las cosas; y alborota, y le hace mucho ruido
la bebida, y el coñac
le hace ir hasta el pueblo,
y lo denuncian, y no quiere, en esta Navidad,
salirse de las casas. Y entra, remueve los baúles,
las alacenas, saca viejos papeles,
canela, perejil, y huele, huele...
cada garrafa, cada orza
sin vida.
          Y es invierno,
y él se mete en el río, y su catarro
tiembla
          junto a los juncos
y la buena hierba. Padre, pero por qué ahora
bailas, ¡qué bien te veo!,
con qué pareja,
en este amanecer, va tu resaca, qué filtro vas a darle
sin precaución, qué beso en sus encías
o en su enagua
sin sangre, o dentro
del sostén.
          ¡Padre! ¡Padre!,
a qué este escándalo; ¿no ves...?, ¿no ves...?
Si ya te lo decía, y no haces caso
nunca.
          Ven, ven, si tú estás muerto
ya. Hala, hala...,
no beses más aquí, ¡no le tires del pelo! Padre...
Si hace seis años de tu muerte.

Pero cómo decírtelo, si saltas, si no oyes, si va tu boca
casi al alba, y llegas a la alcoba, entras al dormitorio,
nos despiertas, te vas...

¡Qué amor habrá encontrado, si su aire
es de cansancio, y su camino es de tijeras y algodones
y gasas!

Aquí, si cada nochevieja
vengo, si en el bolsillo, junto a la voz de tu cadera
                                                        pongo
serpentinas, si traigo varias copas de más, y una botella
para ti. ¡Con qué cuidado
se la bebe! Y bromas, trucos, monjas sin cuerpo, ángeles,
                                                        [disfraces
de papel, hadas borrachas,
y alegría al andar; si traigo
mi ronquera y mi vino, la cal
de la pared de casa, aún en el hombro; y echo de la garrafa
como ladrón devoto
mi caridad.
                Si así te sirvo, padre. ¡Pero
qué juerga
piensas! ¡Padre!
                        Y nada,
nada, no se da cuenta que está muerto
y crece.

                                        *

                            ENTRE SOMBRAS

Entre
estas sombras del pino
acalmó mi dolor. Como la miel
de la alta Alcarria se hace, entre flores
y umbrías, entre lugares
de agua fresca

supe de ti; por estrechos cobijos, o en alumbres que cantan
bajo el calor, creció el amargo
vacío del recuerdo.
                    ¡Hasta en la reposada
copla de los caminos
oí tu nombre!
                    Agradezco a la vida
tu callada cintura, tus dos pechos,
el negro hospicio de tu virginidad
su vergüenza ofreciéndome. Y tardes, tardes
en la oculta lujuria
del tejar, al sol, dormidos
allí donde el misterio
de tu ropa más blanca me ofreció su dolor.
                              Altas ramas
nos cubren, centenos en mal año crecen
para escondernos; olivares perdidos, sendas borradas
nos ocultan. ¿Dónde,
dime, los hermosos pecados
de la niñez, se ahogaron?
                    Nada
sino este ruido seco
con el que se levanta el pájaro
de la siesta, es mi vida.

                              (Coro de ánimas, 1968)

                    *

                    FIESTA EN LA OSCURIDAD

Arrodillado ante tu cuerpo. ¡Oh, tú!, verdad hecha de flores,
                              [apacible paisaje
de reyes y criados dando caza

sobre el jarrón vacío del recuerdo a ciervos encantados
bajo un cielo de nubes en jauría
y sin paz. Y así la imagen
del séquito encendiéndose
en el fondo del ojo del animal que ha muerto. Brillan las
                              [armaduras de los guerreros
que regresan; se oyen en su mirada
los cascos del caballo que cruza
y el frío del relincho. Rocío de la noche,
sueño que me ha olvidado, eres; imaginada por mi lengua,
                              [nacida en el inmenso
nublo de la memoria. Álzase en el concierto de los aires y en la
                              [luz hecha música.
Inventada apareces, ¡oh, tú!, espejo de las sombras, oscuridad
                              [de invierno,
pájaro de las corrientes dibujado en el agua. Hace tiempo
matáronme. La imagen de la muerte
reposa hoy en tus ojos. Sueña
el laúd en la alfombra de la noche, olvidado.
Beso tu corta edad; subo la falda aquella de la infancia,
llora el deseo crecido en la niñez. Allá sobre el más hondo
dolor de haber vivido, yo te amo. Mientras, la luna entre los
                              [árboles
quema su sueño en libertad. Como un nido el deseo se sostiene
                              [en la cumbre
de un desnudo dichoso. Otros días
anduve entre las sábanas de la prostitución, donde se acepta
                              [nuestro beso
como negocio, no
como naufragio.
                    Y cae la tarde, y en los ojos del ciervo
las estrellas se olvidan. Cuántos
cuerpos que me despreciaron, desde el tuyo me aman, ¡Oh!,
                              [cuántos
rostros y pechos y desnudos

nacen de ti, silenciosa y oculta, fiesta en la oscuridad, flor
                                  [que ha crecido
sin juventud, y yace
sobre la tumba de su arena, como un dios inventado.
                                      Sobre el jardín
cae la lluvia incendiándose. Tras el disfraz de su linaje
monta el rey en las hembras
de los labriegos. Cruzan las águilas baldías
del corazón, la cumbre de la sangre. Rara es la complacencia
                                    [de esta orgía
donde la servidumbre asciende, humillada entre risas
de licor medieval; movidos por los hilos del alcohol,
                                  [amenazados
por la navaja del destino, bufones de este reino, donde tan
                                  [sólo somos los residuos
de una hoguera apagada.
                            Mira nuestros desnudos, ese
reflejo de oro de nuestra pobreza, ardiendo en la mirada de
                        [cristal, tendido en los profundos bosques
de los ojos del ciervo que, hace años, mataron. Tu cuerpo es
                                  [residencia
y es hogar de otros cuerpos. Sobre tu espalda crecen los
                                [milagros, vienen
a beber de mi sed otras espaldas. ¡Oh! mira, esa de hombros
                              [tranquilos, llena de soledad
y de humildad, o esa
que respira en asombro, derribada y gentil; o aquella de
vuelo moreno como el del halcón; o esa otra de ahí, amiga
                                [de la noche,
que no tiene nombre, sino precio; o la que se arrodilla cuando
                                [ama, esa
que nace del olvido y ya tiembla
de amor. En tu cuello indefenso aún vive
toda la adolescencia y la inocencia

de aquellos días. Cárcel
y hospital es la luz para los sentidos. La claridad destiñe a la
                                             [materia; envilece el sonido
de las palabras, quema las sombras, desvanece el recinto de los
                                                              [sueños
y el lecho donde amaban.
En qué perdido paraíso, sobre qué antiguas nubes
rezan por ti mis ángeles. Qué negras alas llevan
mi cerebro a tu cuerpo. En los altares de la carne cumplen
el dolor y la vida. Apaga tú esa noche, esa
que en la mentira crece, que fermenta en la nieve
del desdén y el olvido. Bajo las cumbres de la tarde
bajo esa luz que, por un momento, da color de azafrán
a la senda y al monte, la libertad nos mira
con sus ojos vacíos. Parece que no fuera
a cerrarlos jamás.

                                        (Fiesta en la oscuridad, 1976)

                                    *

                        POEMA EN ALTAMIRA

                                I

Al principio,
eran las cosas elementales y, sobre todo, útiles. Su utilidad
residía en la oscura caverna del deseo.
Sólo el cielo en los ojos
llovía lentamente, y el tiempo se incendiaba en tranquilas
                                                    [hogueras.
Cacerías de ciervos y bisontes; gacelas dibujadas
y primitivos dioses; y potros encelados
bajo los más altos sueños y bajo las estrellas. Los días
                                                    [empezaron

a tener un sentido; fueron como vasijas, como cuencos celestes
                                    [donde el hombre
bebía con sed cierta.
                        De animales veloces y luminosas sombras
fue creciendo aquel tiempo sin testigos ni horas. Así fueron
                                        [las manos
el primer utensilio, los dos primeros dioses
tallados en la piedra. Santuarios del hombre aquellas cuevas,
                                [aquel silencio lleno
de sonidos y luces.
                    Sólo el esfuerzo y la necesidad
condujeron al hombre a contemplar su imagen. La necesaria
posesión de la vida, la lucha llena de sufrimiento y gozo por
                                    [la supervivencia
fue el camino, la senda de esa imagen
donde el arte fue esfuerzo, se hizo herramienta y arma, música
                                        [apacible.
Miro mis manos llenas de soledad y delicadeza, de sumisión
                                    [y engaño.
Me arrodillo ante ellas, las dibujo, les lloro
por su inocencia sin destino; las pinto
no como un niño pinta el mar,
pinta las nubes o la lejanía; no con torpeza y conocimiento
sino con la pureza de los sentidos, con el misterio eterno
que de ellos desciende.

                            *

                            II

En la pared aún viven los sentidos. Canta sobre la bóveda
                                    [del ser
el universo seco
de la materia; la materia bendita de la sangre

que es canción siempre. Mira
ese animal pintado
con el deseo, con necesidad o complacencia. Mira
cómo ahí canta el pájaro
de los más altos bosques; y su trino redime, llena
de claridad el templo de la vida. Luz de amanecida es esta
que cae ahora y hace
que su pulso nos salve.
                                  Lejos del conocimiento,
esa cabra rebelde, esa gacela turbia
o ese bisonte cuya erosión limpia tu cuerpo ahora,
son cosecha, son pasto
sagrado de la vida, clara iluminación de los sentidos.

                                    *

                                   III

Cripta que es luz
y fuente; noche
que es claridad y cántico. Ahora, que la templada hebra de la
                                                      [vida
se ata a nuestra inocencia, que el tiempo
nos acoge y se ciñe no a nuestra infancia ni a nuestro
                                              [conocimiento
sino al solo deseo que en la vida se cumple,
toco esta sombra, tan misteriosa y cálida
como tu cuerpo; a tientas, en el silencio de los siglos,
en la noche cerrada de los tiempos, busca mi tacto la verdad,
sin el recelo ni la duda
con que la luz nos ilumina. Toca el fondo mi mano
de estas heridas, de esta limpia erosión
que es testimonio milagroso, alba y canción del hombre, ropa

que nos abriga y nos da sombra, sueño
tembloroso y amargo que en la noche dibuja
sobre el aire, el inmenso vacío
de tanta libertad.

                          *

COLOR SOLO

Cómo, entonces,
salir de aquí, intentar la aventura
de salir de este tiempo
de desolación?
                          El verde claro
que nos trae la alegría y la esperanza, no como el del
            musgo o el de las botellas,
llenos de incertidumbre y de sollozos, o el verde ya
            oxidado
del tiempo; ni tan siquiera el de la manzana o el del
            oleaje
porque no tienen ojos ni cintura. Ni los verdes del puer-
            to, porque están en silencio; ni aquellos
que nos dicen adiós desde las estaciones o desde la
            ventana.
Ni el de los cuarteles o el de las casullas
porque jamás dan flor. Yo digo el verde de la infancia
que no nos deja solos nunca, y vive y sueña
y morirá con nosotros; o el de ese vestido
que lo levanta el aire a nuestro paso, y nos mira y acep-
            ta desde
su inocencia infantil; no el de ese otro
que anda desde la amanecida en bata
y nos ve con recelo; ni ese que está siempre

con los ojos en blanco; ni el que se santigua
porque no tiene fe.
                    Yo hablo del verde que está solo
y que es aventura, del verde de los mares
porque no tiene rumbo, del que nace en los sueños
porque no nos olvida.
                    Hablo del verde
que nos mira a los ojos
y jamás siente miedo.
                        Zurbarán lo pintaba
con racimos de uvas y en mesas florecientes. Yo lo re-
        cojo ahora
del juego de esos niños que están ahí, en las sombras,
        cerca de casa. Toco ese verde
que se encoge de hombros
porque es inocente, y sus pechos me miran
ligeros como gestos, tiemblan
de amor
        bajo las estrellas.

                                (Bajorrelieve, 1990)

                    *

                ESCOMBROS DE LA LUZ

    La mugre de la Historia
depositando sus opacos barnices en la policromía,
rescoldo ahora de su propio esplendor.
                    El tesón con que el tiempo restaura
la grandeza de un arte en sí mismo perverso, embriagado de
                                        [joyas
y concilios, dueño
del corazón de las ciudades.

En el coro las sombras
iluminan los cuerpos de desnudas novicias
carbonizados por los siglos, la lujuria tallada en la erección
                                                    [del sexo
con la que el confesor escucha, complacido, el triunfo de la
                                                    [carne.
Imágenes, todas ellas, que excitan
la piedad en los fieles y el temor al infierno. Erizadas maderas
por ángeles caídos y fantásticas bestias. Lo mismo que el
                                                    [gran falo
advierte del castigo convertido en serpiente, labrado sobre el
                                                    [pubis un racimo de víboras.
indica la impureza de una joven doncella
cuyo rostro termina en un pico de ave. Victoriosos demonios
                                                    [ofrecen
el abrasado aroma del deseo a la noche.

                    Las vidrieras tapizan
con sombríos morados y azules invernales las bóvedas;
                                                    [oscurecidos verdes
sin floración ni savia, púrpuras en brasas, geometrías yacentes
en escombros de luz, callados ocres
cuyas ruinas descienden la pared iluminando un cielo
fantasmal y sagrado. La desnudez redonda de los ángeles
torturados de gloria en retablos y pórticos, los fantasmas del
                                                    [mármol, el aliento del aire
inundando de seres invisibles la infancia. Se oxidan
en un incendio de resinas y ceras, la destreza del orden
con que el poder se une a su enferma liturgia, la sensación de
                                                    [eternidad
de todo cuanto ofrece su fulgor a la nada.
                                        Este lugar
que intenta ser el reino de los cielos, nos muestra

en sus formas absortas, el exiguo valor
de la vida en la tierra. Mas, el creador, qué poco
debe a la libertad; acaso
los helados ropajes y el enorme vacío
con que el arte disfraza sus épocas de tedio.

        En la breve capilla
una luz femenina envejece a la santa que concede favores.
Milagros disecados en la pared, conforman
el museo de cera; lirios envenenados de silencio los hábitos,
en cuyos pliegues duerme, para siempre, la luz;
amortajada la blancura en los trajes de novia: exvotos
que el delicado carnaval de la muerte devora.
        Superstición y magia
son origen del arte. Así en el fresco llameante en la bóveda,
utilizadas sin piedad, estas formas ensayan con torpeza
la imitación de un ámbito sagrado. Mas
desde la eternidad, la belleza no existe; el creador recorre
el camino contrario.
        La eternidad
sólo vive en lo efímero.

        *

CALDERÓN DE LA BARCA, 41

Los artesanos, sobre la lejanía de la tarde, formaban
un horizonte de sonidos.
        Las bengalas del frío
encendían la noche entre las hortalizas
de las huertas más próximas como una ciudad lejana.
Rodeada de templos y patios escolares, yo vivía

el deterioro de aquella casa familiar
en Cuenca, donde algún tostadero de café,
teñía con su aroma el invierno, como se tiñe ahora
de una luz sin origen la memoria.
                                        Recuerdo así la imagen
de san Antonio en la penumbra, su mirada ofendida
de oraciones obscenas; veo el tren en la noche atravesando el
                                        [túnel
que formaban las sillas en el recibidor; los soldados caídos en
                            [el juego de bolos, su muerte
de madera; como flores crecidas
en las riberas de un abismo, aquel campo de encajes en el que
                                        [levantaban
mis tías, un altar familiar sobre la cómoda: Jesús crucificado,
                                        [santa Rita
de Cassia, santos
Sebastián e Isidoro —obispo de Sevilla— imágenes
como llaves barrocas que encendían
el calor del verano derramado en la alcoba.
                                        Era un lugar sagrado
para mí. Recuerdo
los cajones abiertos de la cómoda, su soledad
desordenada, mi infancia atravesando
con temor sus tinieblas. Me estaba prohibido, pues
según mi madre, allí había medicamentos venenosos;
mas en vano buscaba yo el perfume de sus flores de hielo;
                                        [cada objeto añadía
a mis ojos más dicha.
                                        Rodeado por un silencio antiguo,
un silencio buscándose a sí mismo, abría los misales para
                            [ver sus estampas, el vacío dolor que
deja la muerte de los desconocidos en los recordatorios;
la crueldad de un paraíso oscuro, como si alguien de la casa
                                        [hubiera hallado

su única salvación en la muerte. Había nidos de alfileres
                        [y cintas, recortes de periódicos
de París y de Génova; manuscritos sermones
que nos amenazaban con el fin del mundo; un rosario de
                                        [pétalos de rosa,
cabos de velas y un farol entre túnicas
como un pequeño sepulcro de cristal; restos de procesiones
y revistas de moda. De su interior salía
un aire humedecido por los años, una respiración
de capilla cerrada; encajes de las sombras los velos, las
                                                [mantillas.
                        En su fondo aún los trajes
de una primera comunión
como desfallecidos ángeles; viejos devocionarios
y una Biblia antiquísima como una teología
cuyos dioses hubieran huido de sus páginas. Me producía un
                                        [temor blanco
una pequeña urna, como si al levantar su tapa
fuera a encontrarme un rostro transparente mirándome.
                                [Guardaba en su interior
un mechón de cabello como musgo angustiado.
                                Y había cajas metálicas
de carne de membrillo con paisajes franceses
que contenían sortijas y collares, cremalleras y broches
que a mí me parecían nidos
de pequeños reptiles y que, ahora, habitan la memoria
con sus formas sagradas.
                        Las cajas de zapatos
contenían postales y láminas de mártires; una navaja envuelta
                                [en un papel de seda
como un crimen oculto; fotografías familiares
en la calle de Lauria o en las dehesas de Priego. Los ojos de
                                        [mis tíos ya muertos
parecían pensarme en los retratos.

Algunos días antes
de llegar el verano, uno de los cajones de la cómoda
reinaba sobre todos. En él se abandonaban
los vestidos antiguos en los que yo veía los más bellos
[disfraces.
Flotaban en la espuma de las grandes toallas,
como si se tratara de los desaparecidos cuerpos de la infancia,
los bañadores de mis primas. La ropa del estío
dejaba por la alcoba una sombra de encina, y brillaban los
[ríos y los pájaros
y, por entre las arboledas, huían de sus cofres los cánticos
de los conventos próximos.
Acercaba a mi rostro
suavemente sus blusas, y encendían las horas de la siesta los
[antifaces negros
de los sujetadores, las medias que extendían en llamas
sus alargadas sombras. Su roce acariciaba
la superficie del sonido de su carne en mi cuerpo. Como el
[de la ceniza
era estéril su rostro; y quedaba en mí, oculta,
la sensación de haber martirizado
su vida virtuosa.
Oía yo el silencio, entonces, de la casa;
un silencio de olmo deshojándose.

Como si lo que ya no existe
estuviera aún cautivo
en la desierta imagen de las cosas que miras, y fuesen
príncipes asesinados en su trono cuantos nombres pronuncias,
atraviesas la luz
entornada del tiempo: un lejano rumor de sonidos nevados, la
[indefensa blancura
que la muerte conquista.

*

EL LINGÜISTA

Es ambición hermosa someter las palabras.
Reclamaba el lingüista
la precisión del tiempo para nombrar las cosas.
Conocer los arroyos, las escondidas sendas de los sabios, y
                                                    [las noches
abrasadas de flores; dónde el lenguaje abre sus palabras más
                                                    [justas.
Juan de Valdés sabía
que las palabras pueden penetrar la materia
y, con su luz más diáfana, establecer un orden en su universo
                                                    [helado.
Trabajó con las sombras, vivió oculto en la niebla
de su taller obscuro; en fríos alambiques de vidrio,
                                                    [acontecieron
los más bellos vocablos. Destilaba la razón en matraces,
                                        [calentaba sus pétalos
en busca del aroma que las palabras dejan en el aire al
                                                    [nombrarlas.
Atravesó la noche donde el silencio habita
los perfumes más cálidos. Ese resol perdido
incendiando la tarde por las hoces de Cuenca
iluminó su frente. Y acaso viera al cielo, con su escritura
                                        [pálida en las aguas,
transcribir la belleza, la exactitud de toda su penumbra
                                                    [infinita.

Que la palabra nombre con su sabiduría, llene de sonidos
                                [exactos y de luces precisas
nuestro conocimiento. Si es en los ríos donde se detiene
sea fría su música, transparentes y frescas sus dormidas
                                                    [imágenes;
transcurran las palabras reflejando el silencio

o queden derrotadas recorriendo sus bóvedas, entre polvo,
                                        [a la sombra
de sus casas en ruinas, si acuden a las plazas vacías de la
                                                [Historia.
Someter la palabra, Juan de Valdés, es ambición hermosa,
pues que así se da nombre y destino a la vida, la materia
                                        [ilumina
su corazón cerrado.

                              *

LUGAR DE LA PALABRA

I

        Quien se complace al afirmar
que en la contemplación de un teorema hay la misma belleza
que en un atardecer, sólo evoca la nada. Cualquier exactitud
es cadáver del sueño. Los números prescinden
del color en su danza; su lenguaje difícil
y, además, tortuoso, ni es sin embargo mágico
e imperfecto a la vez, como el utilizado por el arte.
Benoit Mandelbrot, que ha obtenido gran éxito
a través de asombrosos objetos cuya desproporcionada
                                        asimetría
los hace incalculables, imagen es, y gloria, de un barroco
                                        [angustiado.
                    Lo mismo debería René Thom,
añadir a su egregio listado de catástrofes esta nueva
                                        [cosmética
que introduce a las ciencias en un reino de sombras.
Precede a la belleza la memoria; sólo la sensación
puede nombrar las cosas. Oxidados, los trombones de varas,
                                        [nos deslumbran

con su sonido desgarrador y amargo
que no domina la voluntad del músico. Así ante el
                                                              [esplendor
de los cuerpos desnudos que en el museo anuncian
su pasión, sucede. Las turbias veladuras
que iluminan sus ojos, la imprecisión de los colores pálidos
que sostienen en vilo la presencia del aire,
fruto son de la vida.
                              La mirada
sólo es capaz de contemplar el mundo
cuando abandona el cauce que la línea le ofrece.

                                    II

              Comienza
paradójicamente, desde una carencia de lenguaje la escritura
                                        [poética. Lo mismo
que es mayor nuestro amor si está ausente la amada,
crece el deseo por contemplar la imagen
de lo vivido alguna vez. La emoción crea un orden
artificial como cuanto se ordena; mas
como el caos del mundo, no es arbitrario su corazón,
ni estéril.
Igual que en el amor todo canto es zozobra, las palabras
—instrumentos heridos por los sueños— descienden
sobre ti, llenas de incertidumbre y gozo.
                                        Empapadas de historia
no eluden su pasado, se entregan
al incierto ejercicio de perseguir las huellas
de lo aún no creado. Pasean los jardines
abanicos de luz. Ved cómo
una mala sintaxis del color, o un uso
gramaticalmente torpe de la luz, pueden crear instantes

en los que se refleja no otra cosa que el tiempo,
la eternidad en un espacio efímero: tropel de imágenes
que de la muerte nacen.
                              Así en los estiajes
la sordidez y la vileza de nuestra vida afloran
igual que en los residuos de la luz
tiene origen la noche.
Describen con sus cuerpos de bronce los vencejos
un desigual rumor en la memoria; la rapidez y la delicadeza
de acercarse al paisaje o beber en los ríos,
de pulsar las distancias y tensar el espacio, crean
una forma distinta de contemplar la tarde; su ejercicio
                                        [simbólico
construye, igual que las palabras que evocan el pasado,
un deformado uso del idioma, la sensación
de habitar una vida y un destino distintos.

Instante excelso el de la luz
en el que las palabras, contaminadas de belleza, se imantan
como cuerpos amándose.

                         (*Itinerario para náufragos,* 1996)

EUGENIO PADORNO

(Barcelona, 1942)

BIBLIOGRAFÍA POÉTICA

Habitante en luz, Mafasca para Bibliófilos, Tenerife, 1964.
Para decir en abril, Mafasca para Bibliófilos, Tenerife, 1965.
Metamorfosis, Adonais, Madrid, 1969.
Comedia, Talleres de Ediciones J. B., Madrid, 1977.
Borrador, Mafasca para Bibliófilos, Las Palmas, 1984.
Septenario, Mafasca para Bibliófilos, Las Palmas, 1985.
Teoría de una experiencia. Metamorfosis. (Antología), Biblioteca
    Básica Canaria, Islas Canarias, 1989.
Diálogo del poeta y su mar, Pasos sobre el mar, Las Palmas, 1992.
Paseo antes de la tormenta, Ediciones La Palma, Madrid, 1996.

BIBLIOGRAFÍA CRÍTICA SOBRE SU OBRA POÉTICA (SELECCIÓN)

RODRÍGUEZ PADRÓN, Jorge: «Introducción» a *Teoría de una expe-
    riencia. Metamorfosis. (Antología),* Biblioteca Básica Canaria,
    Islas Canarias, 1989, págs. 11-53.
AMORÓS MOLTÓ, Amparo: *La palabra del silencio. (La función del
    silencio en la poesía española a partir de 1969),* Universidad
    Complutense de Madrid, Madrid, 1991, págs. 485-491.

I

Habitante en luz,
sentir sus embestidas
por los alrededores tibios
de las formas precisas,
sembradas a voleo. Vienen creciendo
hasta mis labios de no sé qué venero.
Miedo me da de alzar los hombros
por no romper su transparencia.

Entre la hierba azul
corren verdes mansos hilos de agua
hacia no sé qué ternura de no ser.

Todo me está diciendo: estás.

En el fondo del aire
espera una forma posible
de la muerte,
virgen para tus ojos que preguntan,
oh viajero en la luz,
de paso hacia la nada.

(Habitante en luz, 1964)

*

HUÉSPED DEL TIEMPO

IV

Van por su laberinto las palomas,
y es lo justo. En ti, vellón
que no se extingue, pongo
mi cuerpo al sol; mis ojos
junto a los ojos de tus arces
pálidos
sólo han visto presente.

Tiempo del hombre,
aquí me sé tu desvelado huésped.

(Para decir en abril, 1965)

*

LA VOZ Y EL SILENCIO

En la madrugada
alguien canta al otro lado
del muro: resurrección íntima,
pura, alma en manos del pan.

Silencio a la redonda
de mi ser. Olas lentas
de luz penetran la materia,
dan a los cuerpos
su justa soledad.

Tras la ventana un hálito verde
se cimbrea sobre los árboles
trémulo de llegada; alguna hoja
cae en el agua elemental y clara
de la nada:
se ahonda el mundo.

La mañana, incesante paloma,
cumple su vuelo quieto sobre el pozo,
piedra en la luz labrada,
ciudad en donde vivo.

*

MEMORIAS DE LA INFANCIA

Ahora mismo escucho el mar,
miro debajo de su música
la perpetua sucesión de las olas,
su seminal espuma siempre triste
su soledad tan parecida a la del hombre,
mientras recuerdo el argumento
de la caña y el viento,
el olor del incienso, el claustro
del colegio del Carmen
todo lleno de tocas,
el dedo terrible del profesor
acariciando las rodillas del niño.

Sin embargo, aquello quedó inmune;
el hombre, manso; el aire, apaleado.

Como el hueso en el fruto
habito la caliente penumbra
de este cuarto.
                    Remotamente
se hace la luz; bien oigo
cómo empieza a caer el manantial,
la leche de la ubre,
el orín en yacija de acero.

                    Mano
que ahora sale a la calle
para robar agujas, frutos, peces,
la delicada piel del ajo,
no va a quitarme
lo que alguien quiso que un día
recordara
para obscena memoria de mi tiempo.

                    *

EL MINOTAURO

A Delia y Carlos Pinto Grote

Con el cabello burdamente cortado
una noche cubrimos
la breve distancia entre dos islas,
pues tres veces al año
la juventud debe marchar para adiestrarse
en la violencia.

                    Sobre la intensa línea
de la playa
ardían las fogatas del verano
en el aire maldito de las islas
de todas las edades, con su sabor
nunca extinguido a alcohol de cáñamo.

A punta de bota descendimos a las bodegas y a los piojos
como semilla mineral del odio.
                                        Arriba
una pequeña orquesta de salón
entretuvo el trayecto a los insomnes;
gente que trafica en el ágora.

A través de los siglos
mano de la vejez
firma el decreto pérfida,
segura
de que sólo el momento de la mejor edad
satisface a la bestia.

        No lo olvides, Ariadna: Creta es inmortal.

                            *

                    MUSEO VICTORIANO

(Ante el espejo, inclinado
sobre los derretidos bronces, la perezosa mano
degollada en encajes,
hunde un alfiler de diminuto pomo rojo
en el pecho: equilibrio que a sí mismo se exige

con el único ojo polifemo
al contemplar lo bello.)

                    Te evoco en cualquier tiempo
sin dolor. Libremente imagino
el optimismo de tus cielos, exquisitos diálogos
sobre metafísica por las lindes doradas
de los bosques de Gales, tu vivir urdido
en ironía inagotable.

                    (Inglaterra
es ese cuerpo joven y armonioso
que en el lecho aún retoza, perfumado alabastro
en la estancia difusa, el imperio
de un monstruo, su país el deseo.

    Para temor y dicha
allí la noche con luz verde filtrada
entre hojas de acanto
devuelve
a los amantes
las alas frías de la imaginación, exequias
del amor ya sin locura,
y a los objetos
su conocida forma y gravidez.

                    Afuera, tallado en viento y lluvia,
hay un *hamson* que espera,
como una turbia gota de realidad
tras los cristales.)

                    No en una noche indiferente, sino
en la noche del príncipe y su corte, amena
y mágica como ésta,
deberías volver.

(Sopla los cirios. Una puerta
se cierra tras de él.) Ven, ven a este tiempo,
amarga flor que aspiro, ven
e ilumínalo con tu estúpida alegría;
las elegantes abstracciones que un día,
ajeno en todo al hombre, te movieron,
lo hagan tuyo,
porque te pertenece.

*

M. S., TRANSEÚNTE SIN PRISA

A Manuel Hernández Suárez

Lo he visto por aquí, justo por esta calle
        de Albareda,
caminar entre la luz de agosto y detenerse.
Como un castigo, allí la ondulación del mar
        rompiendo con justicia,
libre y soñada, contra grandes espejos. Como
bajo la cúpula de un templo vibra la música
        en un rayo de sol,
aquí, la sal acaso de la hospitalidad,
        acogedoramente amarga.

Cosas que un día le dieron la sencilla
        compañía del vino,
la tranquila ebriedad de sus proyectos para hoy, han sido
        humo, pólvora hiriente
de la implacable realidad de ayer,
cuando acaso diera los mismos pasos
        que ahora da,

aunque sin fe, porque para qué iba
él a necesitarla.

　　Vasto y virgen el reino de su ocio
　　ahora transita
entre reclamos que lo hacen extraño:

　　On Sale,
　　Flat to let.

　　Una playa cercana y congregados
en torno a ese cálido diamante del mar
los que encontraron un amor pasajero
ni aun en apariencia noble.

　　La mañana y toda su hermosura natural,
　　y el delicado oro de los árboles,
como un viejo retablo provincial y monótono,
　　daña
muy en lo hondo del que nada posee,
del que ahora camina
bajo esta luz muy hecha al lucro,
del que ahora me mira con la tristeza
　　del que va cesante, definitivamente
　　despedido.

Tomará el autobús hacia su barrio alto
　　de Schamann,
　　lo sé,
inventaría su vida
porque único es el argumento del dolor:
a un lado y otro de la calle,
las inquietas gallinas del suburbio
alzan sus ojos de cristal y vibran el estúpido

párpado viscoso de la indiferencia;
alucinado, beberá su café, leerá de nuevo
nuevas ofertas de trabajo.
Sobre su rostro, todos nuestros rostros.

*

BÚHO DE PIEDRA

La ciudad, viejo búho de piedra,
nos mira con los ojos encendidos.
Su corazón es una suave música
de sótanos en sombra junto
al mar. De dos en dos une los cuerpos
el deseo, lenta cera los cubre; lujuria,
¿qué museo vomita estas figuras
al amanecer? Yo te pido: perpetúa
el fraudulento fuero del amor;
si no es de muchos,
nos quebrarán un día
su argumento de alcoba,
la cajita de música con la canción de Brahms.

Por encima de cualquier apariencia,
ahora que es mayo para todos
nieva para el que sólo tiene lecho
de amor asalariado
y la única llave de su solidaridad
es la lujuria. Y nunca llame
esa mano infinita,
ese frío infinito a nuestra puerta.

(Metamorfosis, 1969)

*

UN RUMOR MONSTRUOSO
AL OÍDO DE ORFEO

Esta luz ¿hacia qué lado (haz o envés de visión) abisma
otras palabras detrás de estas palabras,

la música de una lengua mental bajo el sonido de este
arañar absorto?

*

TINTA DE SOL

El silencio

  en el papel que presta
  su espacio al otro espacio

estampa

  dunas   pitas   pájaros
  del mar próximo

  como un sello de relieves geométricos.

  Soy bajo el árbol la borrosa figura
  de gesto suspendido
  que

la tinta de sol
  rescata de la muerte.

*

RITMOS

La hoja   (o la que crea el pensamiento)
    en la mágica
plenitud de la siesta.

                        Cuerpos
y estatuas
en uno y otro mar
como en las páginas de una edición bilingüe

confrontados

en esa luz no interrumpida en el papel,

    el gótico arañar de suspendidos
y mutables signos entre anchas resacas
    del lenguaje.

El auriga bosteza en el pescante de la vieja
    tartana

agosto abrasa el fruto con fórmula severa

y la palabra excede horror.

                        *

PISAPAPELES EN LA ARENA

    Con el pensado ardor que une
    en entresuelo de anticuario el

huidizo metal de un torso de
muchacha y los miembros atesados

de un fauno tras la urna
del ojo dos cuerpos bajo el viento

africano ocultos yacen tallados sobre
mutables lecturas de arenas soleadas

entre maleza de lenguajes.

*

PALABRAS PARA LA ARQUEOLOGÍA

En los hornos del mar   (tienes ojos de hebreo)
    las movedizas hojas reverberan al fondo

        en el camino de las gravas

las gaviotas descienden sobre monstruos dormidos
montan los areneros las cabinas   jergan
        bebidas refrescantes

            dioses   perros   bañistas

petrificados en la intersección única de los días
    idos y por venir
arañan la fosca realidad
    el hermetismo dórico del domingo
ejercitan el tacto avaricioso sobre cuerdas
    de música
danzan   vomitan   eyaculan

a orillas del acuario
entre los dos extremos de la inmovilidad sujetas
juventud y vejez   sin erosión

la imagen de la vida y la muerte
en otros silos cinerarios.

*

GRABADO SOBRE PAPEL

Pintar un homúnculo una escena de caza
o un signo indescifrable.

No el deseo de comunicar

animal fabuloso que gime
con dos vientres unidos

el círculo de sepia
de los borradores
(el sobrerrelieve que entra y se adapta
en el bajorrelieve)
cuando la caligrafía y el tiempo por
venir confunden sus secretos

somos gestos de sombras
y la palabra tiene la edad antigua
del instante

sino la expresión
de las interferencias
mismas

mi boca nos recrea
        calcinados en la pared del cuarto

escrito con la orfandad estilística del autorretrato del
personaje con el pincel en la mano izquierda.

                                        (*Comedia*, 1977)

                        *

CAMBIADO POR SILENCIO

¿Necesitas acaso aparecer y desaparecer con el rostro cu-
bierto con afeites de Orfeo?

        Ni el traje dilatado por la brisa vacante de los dioses,
        ni el fino bastoncillo para ensartar las piedras que dis-
        traen tu camino.
El fabricante de esteras y sombreros me enseñaría a anudar
hojas de palma,
        pero no basta un quehacer expresable a nuestra sangre,
        que a cada instante exige a imágenes de humo y de
        nitral
        aquella prueba dúctil a su desasosiego,

        atenta a si la tierra avara de armonías
        entregara otra cosa que el chirriar de la garrucha que
        suspende su anzuelo en el vacío,
        o al percutir de esa lata herrumbrienta de cerveza que
        danza entre callaos.

Un lenguaje imposible es mi nostalgia, y en tus ojos, adicta
de mis sueños, veo mi rostro, no el rictus de una máscara.

    (*Cambiado por silencio*, en *Teoría de una experiencia. Meta-
                        morfosis. Antología*, 1989)

                        *

DE UN CONOCIMIENTO SIN FIN

Era el tiempo del más alto abandono: no poseía la música, o, ahormándose en voluble principio, estaba sólo la del mar, con su reafirmación obsesionante, como un disco trabado en el gramófono del cuarto de la alfalfa...

Laxo era el cordaje en la mano aún ahuecada del tañedor; y los pasos, estériles a la pisada de la uva ideal, ajenos a la oscura bodega y a la cociembre de los signos... Mas no puedo decir: consistió en esto, sucedió de este modo; desde ello hablo en círculos que afluyen hacia una figura de pospuesta quietud.
Pinocha en el verano de un bosque del espíritu, me has traído el recuerdo: aguardaba esta brasa de estrella que cae entre las ramas invisibles.

*

VIII

Mas las palmeras cantan, las agita este viento marino del anochecer, fuera y dentro;
       son ellas mismas música que habrá de prolongarse en
la insinuada tormenta que anuncia el final del verano;
       y así, como en una crecida de lenguaje, se precipita de
las cumbres remota la percusión del trueno.

~

Súbete el cuello del gabán; no eres el excluido, el discorde, el que sólo está lleno de profusas preguntas; camúflate en esta Naturaleza de derretida plata y fúndete nuevamente en el Caos; que hoy no te aguarden el retiro y la lámpara. El mundo —y tú en él— es translúcido.

*

DE QUODAM
CRISTOPHORO COLOMBO MENTIS

Y lo de nuestro espíritu es errar en el centro del mar multi-
plicado,

a veces bajo amasadas nubes de tormenta;

a veces bajo la luz hondísima de grandes calmas sin vellón,

en la proa que roza las estrellas y al instante se abisma,

mas siempre en el presagio de una travesía sin fin hacia lo
Real,

con las bodegas del ser hasta los topes repletas de silencio

sobre el espejo de la mente exfoliada.

(Paseo antes de la tormenta, 1996)

ANTONIO CARVAJAL

(Albolote, Granada, 1943)

BIBLIOGRAFÍA POÉTICA

Tigres en el jardín, El Bardo, Barcelona, 1968.
Serenata y navaja, El Bardo, Barcelona, 1973.
Casi una fantasía, Universidad de Granada, Granada, 1975.
Siesta en el mirador, Ancia, Bilbao, 1979.
Sitio de Ballesteros, La Ventura, Madrid, 1981.
Del idilio y sus horas, Cuadernillos de Madrid, Madrid, 1982.
Servidumbre de paso, Calle del Aire, Sevilla, 1982.
Extravagante jerarquía (Poesía 1968-1981), Hiperión, Madrid, 1983.
Del viento en los jazmines (1982-1984), Hiperión, Madrid, 1984.
Después que me miraste, Trames, Granada, 1984.
Noticia de setiembre, Antorcha de Paja, Córdoba, 1984.
Aldaba de noviembre, Rafael León editor, Málaga, 1985.
Enero en las ventanas, Pliegos De Vez En Cuando, Granada, 1986.
De un capricho celeste, Hiperión, Madrid, 1988.
Rimas de Santafé, Diputación Provincial, Granada, 1990.
Rimas de Santafé, Segunda serie, Hiperión, Madrid, 1990.
Testimonio de invierno, Hiperión, Madrid, 1990.
Poemas de Granada, Ayuntamiento, Granada, 1991.
Silvestra de sextinas, Hiperión, Madrid, 1992.
Miradas sobre el agua, Hiperión, Madrid, 1993.
Ciudades de provincia, Diputación Provincial de Jaén, Jaén, 1994.
La florida del ángel, Casa del Inca, Montillo, 1996.
Raso, milena y perla, Centro de Creación y Estudios Jorge Guillén, Valladolid, 1996.
La presencia lejana, APA/IES, Alhambra, Granada, 1997.
Alma región luciente, Hiperión, Madrid, 1997.

BIBLIOGRAFÍA CRÍTICA SOBRE SU OBRA POÉTICA (SELECCIÓN)

DÍAZ DE CASTRO, Francisco J.: «Antonio Carvajal: Testimonio de invierno y Miradas sobre el agua», en *Poesía española contemporánea: catorce ensayos críticos,* Universidad de Málaga, Málaga, 1997, págs. 251-272.
LANZ RIVERA, Juan José: «La conformación de lo barroco: *De un capricho celeste,* de Antonio Carvajal», en *La llama en el laberinto, Poesía y poética en la generación del 68,* Editora Regional de Extremadura, Mérida, 1994, págs. 173-181.
LÓPEZ, Ignacio Javier: «Entre dos lecturas: *Del viento en los jazmines* de Antonio Carvajal», *Revista Canadiense de Estudios Hispánicos,* vol. XIII, 2 (1989), págs. 215-229.
MIRÓ, Emilio: «Clasicismo formal y pureza lírica en Antonio Carvajal», *Ínsula,* 428-429 (julio-agosto de 1982), pág. 16.
PRAT, Ignacio: *Estudios sobre poesía contemporánea,* Taurus, Madrid, 1983, págs. 193-205.
VALLS, Fernando: «Vida y tradición: la poesía de Antonio Carvajal. (Entrevista)», *Turia,* 34 (1995), págs. 163-188.

SAN MIGUEL

Tu espada de dos filos, amor, tiene una mella,
y si come la carne, deja completo el hueso.
Por más que coma en llanto, por más que coma en beso,
el esqueleto intacto no padece tu huella.

Fosforece en la noche, gusano, espejo, estrella,
costilla, fémur, radio, tímpano, siempre ileso,
y el hierro de tu espada, avaricioso y preso,
llora y besa sin pausa por la mejilla bella.

Tu boca de dos labios, arcángel luminoso,
me sacude en mí mismo, los huesos me distiende,
me rinde desmayado de luz mientras me fresa.

Puede más que tu espada de filo caprichoso,
y me hiende la boca, y la carne me hiende,
y el hueso con un beso me hiende y atraviesa.

(Tigres en el jardín, 1968)

*

SIESTA EN EL MIRADOR

Sólo para tus labios mi sangre está madura,
con obsesión de estío preparada a tus besos,
siempre fiel a mis brazos y llena de hermosura,
exangües cada noche, y cada aurora ilesos.

Si crepitan los bosques de caza y aventura
y los pájaros altos burlan de vernos presos,
no dejes que tus ojos dibujen la amargura
de los que no han llevado el amor en los huesos.

Quédate entre mis brazos, que sólo a mí me tienes,
que los demás te odian, que el corazón te acecha
en los latidos cálidos del vientre y de las sienes.

Mira que no hay jardines más allá de este muro,
que es todo un largo olvido. Y si mi amor te estrecha
verás un cielo abierto detrás del llanto oscuro.

*

SIESTA EN EL MIRADOR

Mi rostro era un tormento.
Nube. Gajos de sol. Rompí el espejo.
Un rostro fragmentado. Y todo el cielo.
Dormir. Pasar. No desear. ¡Deseos,
ya para qué! Mis labios. Y el silencio.
Dormido entre los muros de este huerto.

Pasó un pájaro blanco, alegre, extenso.
Sus alas. Su gorgeo.
¿Es burla ver los pájaros en vuelo?
Pero yo no estoy preso.
Los bosques, crepitando. Los destellos.

Más allá no hay jardines. No los quiero.
Pájaros, bosques, mares, el espléndido
relato de inconstantes y viajeros.

Ángeles, no de llamas, sí de yeso.
Latir. Urgente azul. Estoy despierto.
Mi torre tiene un mirador y espejos.
Desde aquí miro y toco y gozo y siento.

Su voz no amó Narciso. Amaba el eco.

(Siesta en el mirador, 1979)

*

[CERRÓ SU CASA AL MUNDO: NADIE, NADA]

Cerró su casa al mundo: Nadie, nada.
¡Qué súbita la paz! Cerróse el cielo.
Durmió. Soñó. Ni un grito, ni un anhelo:
más firme ya la paz, y más cerrada.

Todo noche del mundo, y tan lograda
felicidad de ausencia sin desvelo.
Ni flor ardiente o ruiseñor con celo
consintió en su tiniebla sosegada.

Y ante sus ojos ya no hubo más día
y no hubo ya ni penas ni murmullo.
Durmió. Y se soñó, infinitamente.

Pero el mundo, sin sueño, proseguía
y, hasta una vez fugaz e indiferente,
pasó junto a un cadáver: Y era el suyo.

(Sitio de Ballesteros, 1981)

*

ODA

El cisne constelado se levanta
de la espuma feliz. Lleva en su vuelo
un aire modernista y una llanta
de luz al cielo.
Venus, hija también de las espumas,
sube con él, extática y morena.
Junto a la estrella imberbe están sus plumas
de luna llena.

En la tarde de esbelta porcelana,
sobre magnolios de agriduz perfume,
destella su desnudo: Qué lejana
se nos consume.

Sus bucles de turista anglosajona
le cubren medio pecho enamorado.
Para la juventud está jamona:
todo ha pasado.

Pasan las cosas y el amor insiste;
mañana será gozo si ayer pena.
¿Quién dijo que la noche fuera triste?
La noche es buena

y Venus, rebajada a ser planeta
(¡en el cielo, también, escalafones!),
pájara de cristal, aún nos sujeta
los corazones.

Perdóname, madona, que te aluda
mi aposición con tan dudoso gusto;
siempre habrá un Marte que a tu toque acuda
e inflame el busto.

No es época de mitos este instante
en que tenemos tu fotografía
y eres verde de lumbres, un guisante
tu anatomía.
Pero después de holgar sin eufemismo,
a la hora dichosa de la siesta,
nos place ver que el cielo es siempre el mismo
y tú estás puesta

a la derecha de la luna cuando
finge el creciente y, cómo, azul, titilas
mientras neutras de luz te están mirando
nuestras pupilas.

(Servidumbre de paso, 1982)

*

[CARNE DE ESPEJO OFRECE LA MAÑANA]

Carne de espejo ofrece la mañana
por el prado vacío
a través del cristal de la ventana,
y ocelos de rocío.

Inquieto y juguetón, como una abeja
que su panal derrama,
el sol se asoma al prado gris y deja
aquí miel y allí llama.

Un mirlo joven, negro y transeúnte,
cruza el ámbito y trina;
perro madrugador moja al pespunte
un tronco o una esquina.

Hora de cafetín y barrenderos,
monja en misa y escarcha,
ocres oficinistas, panaderos,
timbre, bocina y marcha.

Una nube, al azar, se dora y riza
el pubis de la aurora
(pues la aurora es doncella sin camisa
que se tiñe y se dora).

Y se cubre el espejo de tu sueño
con percal de celajes;
no te valen tus trampas de pequeño:
preciso es que trabajes

y le muerdas el muslo al sol riente
que —viril y marchoso—
vierte su esperma tibio por tu frente
entre obsceno y garboso,

oh Júpiter que pares Ateneas
por la jugosa herida
que te han hecho en reyertas y pedreas
Sueño, Recuerdo y Vida.

(Del viento en los jazmines, 1984)

*

CAPRICHO

Un capricho celeste
dispuso que velado
de lágrimas quedara

el nombre del amor;
la alondra, que lo tuvo
casi en sus iniciales,
lo perdiera en el canto
primero que hizo al sol;
la raya temblorosa
del horizonte, herida,
repitiera la llaga
que el eco le dejó;
la lumbre de otros ojos
amortecida, apenas
para el silencio nido,
para el sollozo flor.
Si oscuro fue el capricho,
y signo fue del cielo,
voluble halló una pluma,
rebelde un corazón:
no sometió la sangre
al llanto sus latidos
y desveló el secreto
con risas en la voz.

*

PARALEIPÓMENA

A Manuel Ruiz Amezcua

Paraleipómena, belicena alquife,
colomera huéneja zújar pinos bérchules,
ferreirola: íllora; jun castell de ferro,
órgiva narila salobreña jete.
Para, Li Po, menos! ¿Aldeire graena?
¿jabalcón marchena busquístar zujaira?
Caniles, galera castril orce atarfe!
Belerda moreda cónchar zafarraya,

casi todo... Todo para Le:i Pómenos:
la historia, el silencio, la brácana, el monte
frío, tózar, dúdar, freila cúllar quéntar
la aurora las horas, el fargue, la noche.

*

RECUESTA

Si la memoria no me falla, fue
el retor Quintiliano quien llamó
luz común a la vida; pero no
es la cuestión de citas, sino de

elucidar ese temblor con que
contemplamos los astros como lo
afín que se nos niega y nos dejó
reducidos a aquella voz que le

pregunta por su seno y nuestro sino
a la materia misma de que estamos
hechos, como si acaso no estuviera

en nuestros propios cuerpos el divino
hallazgo.
              ¿ ...elucidar he dicho?
                          ¿Vamos
a la luz por la luz, no espira, esfera?

              (*Un capricho celeste,* 1988)

*

VISTA GENERAL DESDE EL CEMENTERIO

Desde este interminable y angustiado
presente que se nutre del recuerdo
mientras éste es dolor, y del olvido
cuando el dolor se apaga y nos orea,
presente tú e incorporada en este
mismo dolor, vacía de sentido,
vacía de tu historia, y angustiada,
te ofreces y te oreas
de la sangre pesada que te tiñe
bajo un azul limpísimo y bruñido.

Madre sin hijos, huérfana tú misma,
desposada sin vínculo ni arrimo,
¿qué esperas de tu soledad, qué esperas
de tu infinito gesto de piedad,
bermejo el pecho, azul el cielo, rota
por un puñal de sol entre silencios?

Doy la espalda a mi historia, a mi dolor
de huérfano, a mis vínculos de hermano,
me doy la espalda a mí mismo, y te miro
a ti, a ti, la herida, la doliente,
la profanada y la infeliz y sola.

Sentada entre dos valles, arrullada
por dos valles gozosos, por tus venas
oigo fluir la sangre de los siglos,
y sé que el tibio bosque que te arrulla
se nutre de las vidas que te dimos.
Que nuestra muerte es flor en tus jardines,
que nuestros corazones son tus fuentes,

nuestros ojos tus ebrios ajimeces,
nuestra voz ruiseñor para tus noches.

Para tus noches encerradas son
nuestros dolidos, doloridos cuerpos,
entre tus pies tendidos, dulcemente
la cabeza acogida en tu regazo,
madre de este dolor que te traspasa
sin hacerte sangrar, como la espada
de luz de un surtidor hiere la brisa
constantemente y su dolor es canto
y su canción es lágrima en los labios.

*

PATIO DE LOS LEONES

Un cielo azul, un horizonte quieto
—teja de barro, copa puntiaguda
de ciprés, filigrana de los yesos—
y el agua, el agua, el agua, el agua, el agua
—cruzaba un gorrión, cruzó una nube,
pasaron los vencejos, muere el día—
y siempre el cielo azul, el horizonte
quieto, la piedra gris incorporada
como león, como palabra hermosa
que da sentido y emoción al agua,
el agua en el oído, el agua al cielo,
a la vista, a la piel que la percibe
como aurora ofrecida hasta sus labios.

Hasta mis labios que dijeron: paz,
claridad, delicia, iguales a sus
nombres.

Y otra vez paz: Un cielo azul;
delicia; un horizonte quieto;
claridad desde el agua sobre el agua
por el agua hacia el agua para el agua
contra el agua hasta el agua. El agua.

Nombres.

*

EPISODIO EN OTOÑO

A Marite

En mitad de la calle se encontró
vacío, como quien
hubo vendido el alma y se la quitan
sin sentir.
        No llovía,
pero notó en las sienes un frescor
de lluvia, una caricia del otoño
que agradeció con todo el cuerpo.
                        Y luego
se encaminó a lugares conocidos
de antiguo, y muy sabidos y muy ciertos
en su constancia, en su volumen, en
su traza ante los ojos indeleble.
Miró con gratitud el verde tenso
de los naranjos prietos, alineados
ante el muro de piedra, bajo gárgolas,
con frutos pocos, pero muy brillantes.
Y se adentró en la casa, aquella casa
que no era suya y no era extraña. Oyó
voces en sala baja y encendida
y allá dejóse ir, lento y erguido.

Y con mucha paciencia saludó
a gente nunca amiga y nunca extraña
—como la casa aquella, como aquella
múltiple luz dispersa que impedía
la concreción de sombras: tanta luz
que dejaba la sala así vacía—.
Oyó una voz, giró
la cabeza y sus ojos encontraron
un resplandor de bungavillas, una
floración sorprendente, brasas, bocas,
palabras de un amor, el alma aquella
que creía perdida y lo llamaba
desde un cuadro gozoso, todo él
pura creación humana, y tan amigo
como la voz que lo volvió a la vida.

*

TESTIMONIO DE INVIERNO

A Rafael Pérez Estrada

También sonríen. Saben
también a frutas últimas, frutales
ellos y fruteados
para una gula que despierta
tarde, cuando su paso
los hace inalcanzables,
y nos dejan su aroma, otro deseo
que tampoco se cumple.

Entrevistos apenas, descuidados
por un mirar no atento, atento sólo
a la flor, a la aurora,
ellos, que son la tarde, los ponientes
cambiantes, sus colores, su quietud,
disimulado su vigor con grises,
con la primera, nevada,
punzan como un recuerdo y nos malhieren
con la melancolía de lo no ocurrido.

Y son bellos también. Tienen la piel
suave, como fruta que se funde
con delicia en la boca y en las manos
deja la calidez de un tenue almíbar.

Hablan y nos subyugan sus ideas;
mucho tiempo después, tal lento oboe
meloso en los cristales de la escarcha,
evocamos sus timbres, su manera,
pero no conseguimos recordar
las melodías.
              Y de aquel mensaje
que no supimos escuchar, una noticia
sombría le queda al corazón:
«Mañana, tú».
                  Colinas plateadas,
grises alcores, cárdenas roquedas,
por donde traza un río,
nuestra vida, su curva de ballesta
en torno a otro dolor, otra esperanza,
aun sin saber si acaso habrá una mañana.

*

SEÑOR Y PERRO

1

Se le vio una mañana, entre columnas
altas, de piedra gris casi hospiciano,
sentado en el peldaño, contra el quicio
la curva espalda puesta: viejo, fofo,
con un perro pequeño entre los pies.

                   Miraban
el perro y su señor con una misma
mirada al transeúnte que, un instante,
sintió en su pecho un malestar sin nombre.
Y para conjurar aquella extraña
desazón, su atropellado pensamiento
se entregó a desnudar de aquella carne
blanda, de aquel humor tan lacrimoso,
de aquellas manchas —tierra anticipada—,
aquel cuerpo vencido, aquellos ojos
turbios, aquella piel floja y pajiza.

Vio un cuerpo en luz arder, gozar, crecerse,
y un perro saltarín correr, ladrar
a mariposas ágiles, a pájaros
leves, a los ruidillos de la brisa.
Y junto al cuerpo joven, otro cuerpo
no formulado aún —la primavera
sólo apunta los frutos, no los brinda—.
Y oyó un gemido, un gozo, otra palabra
de media voz entre dos voces.

                   Pero
el viejo estaba entre columnas, casi
sin movimiento, un perro entre sus pies,
como desolación allí arrojada.

Y el transeúnte recordó:
                    El hombre es nada,
muy hijo de mujer, muy corto en vida,
muy lleno de miseria amontonada.
Es flor que apenas nace, y ya es cogida;
es sombra que camina, y se apresura
en manera ninguna detenida.

Y siguió su camino a sus afanes,
sin mirar hacia atrás. Pero sabía
que lo miraba el perro, entre las piernas
de su señor tendido, y lo miraba
tal vez su porvenir, su propio cuerpo
mañana así también, también vencido.

                        2

                    A José Gutiérrez Bermúdez

No tuvo que esperar ese mañana.
Un perro desvalido
lo adoptó: lo seguía, lo sabía
denso de vida, pero solo. Y fueron
dos cuerpos y dos voces y un gemido.

Porque su cuerpo no era fuerte. Andaba
por su jardín cerrado, con los altos
cipreses, las columnas oreadas
por la brisa de otoño, las estatuas
desnudas y, en el fondo, allí, la casa
blanca, de líneas puras, integrada
como luz y volumen al paisaje.

Podía ser otoño, pero era
un día gris de primavera, acaso
de un invierno tardío. Paseaba
por su jardín cerrado y un amigo
le hubo dejado sobre el cuello y entre
los hombros una mano, su caricia
como una rata que otra sombra acecha.
Ratas de la penumbra, los amigos
de la ocasión, del trato, de la clase
social que él delataba con su atuendo,
tan integrado en luces de aquel día
—podía ser de primavera, acaso
la soledad era de siempre, nunca
la soledad sabe de fechas—.

Y lloraba. Y sus lágrimas tiñéronse
de su bigote y de su traje y eran
lluvia de cieno blando en la cabeza
de su perro adoptivo.
                              Una mirada
de paseante oculto de jardines
lo sorprendió, los ojos dilatados,
las mejillas caídas y una luz
viva sólo en el ojo de su perro.
Y supo que es peor la soledad
que la muerte. Peor la soledad
que la muerte. Porque el hombre,
en muriendo, se acabó.
Pero la soledad no da descanso,
deja que ardan los cuerpos sin sentido,
deja que el alma se agrie, deja el alma
como un papel al capricho del viento,
y en su vaivén la lleva desde el suelo

hacia un cielo negado, y la abandona
en un rincón inerte, sucia, expuesta
al paso de los días sin clemencia.

(Testimonio de invierno, 1990)

*

[HE MIRADO EL HONDO RÍO DE AMPLIAS COMPACTAS AGUAS]

He mirado el hondo río de amplias compactas aguas,
negro metal de la noche, quieto a los ojos, sordo al oído, solo
[entre frondas espesas y oscuras.
El viento estaba echado. Ni un rumor perturbaba
mi instantánea contemplación, mi rápida comparación de
[aguas y alma,
mi alma honda y amplia y negra y quieta y sorda y sola.

Un momento la luna, casi llena,
se reflejó en el río, no en mi alma.
La luna de mi alma en esta noche
no se ha asomado a mí, no me ha venido
como la piel de un pecho que me acoge
y se deja besar y me ilumina.

Hoy en mi alma ha habido
sólo un rumor de gozo muy lejano,
sólo una voz para llevar el día
a mayor soledad y agua más honda.

*

[SE LE NEGÓ LO POCO QUE PEDÍA]

Se le negó lo poco que pedía,
un silencio, una paz, un pecho tibio
donde tuviera al menos blando alivio
si no le concedieran la alegría.

Y no pensaba en sí. Sólo sentía
una angustia sin nombre y sin motivo
y el extraño dolor de verse vivo
y no saber el límite del día.

Por los campos pasó. Junto al olivo
cortó lirios del campo que envidiara
Salomón por su aspecto fastuoso.

Se decidió, miró el sol cara a cara,
se aceptó en su vivir y, fugitivo
de sí, mintió: «¡Mundo, mundo: qué hermoso!»

*

[POCAS COSAS MÁS CLARAS ME HA OFRECIDO LA VIDA]

Pocas cosas más claras me ha ofrecido la vida
que esta maravillosa libertad de quererte.
Ser libre en este amor más allá de la herida
que la aurora me abrió, que no cierra la muerte.

Porque mi amor no tiene ni horas ni medida,
sino una larga espera para reconocerte,
sino una larga noche para volver a verte,
sino un dulce cansancio por la senda escondida.

No tengo sino labios para decir tu nombre;
no tengo sino venas para que tu latido
pueda medir mi tiempo sin soledad un día.

Y así voy aceptando mi destino, el de un hombre
que sabe sonreírle al rayo que lo ha herido
y que en la tierra espera que vuelva su alegría.

*

[QUIZÁ DE LA POESÍA SEA YO EL MEJOR OBRERO]

Quizá de la poesía sea yo el mejor obrero.
Lo dicen tantos. Ellos deben saber por qué.
Pero no saben darme la palabra que quiero,
toda ella encendida de esperanza y de fe.

Pero no saben darme el abrazo que espero;
porque antes que poeta, antes que artista, que
domador del vocablo rebelde, hubo un certero
rayo que hirió mi alma y curarla no sé.

Porque antes que poeta, y antes que profesor
de vanidades, soy un varón de dolor,
un triste peregrino que busca su alegría.

Tal vez cordial o vano, tal vez il miglior fabbro;
pero pocos entienden que en mis palabras labro
esa fosa con flores que llamamos poesía.

(Miradas sobre el agua, 1993)

*

ANTONIO HERNÁNDEZ

(Arcos de la Frontera, Cádiz, 1943)

BIBLIOGRAFÍA POÉTICA

El mar es una tarde con campanas, Rialp, Madrid, 1965.
Oveja negra, Biblioteca Nueva, Madrid, 1969.
Donde da la luz, Ayuntamiento, Talavera de la Reina, 1978.
Metaory, Helios, Madrid, 1979.
Homo loquens, Endymion, Madrid, 1981.
Diezmo de madrugada, Diputación Provincial, Soria, 1982.
Con tres heridas yo, Endymion, Madrid, 1983.
Compás errante, Orígenes, Madrid, 1985.
Indumentaria, El Observatorio, Madrid, 1986.
Antología poética, Ediciones de Cultura Hispánica, Madrid, 1987.
Campo lunario, Torre Manrique Publicaciones, Madrid, 1988.
Lente de agua, Visor, Madrid, 1990.
Pluralidades (Antología), Guadalmena, Sevilla, 1992.
Sagrada forma, Visor, Madrid, 1994.
Vara del corazón (Antología), Cuadernos de Sandua, Córdoba, 1996.
Habitación en Arcos, Libertarias/Prodhufi, Madrid, 1997.

BIBLIOGRAFÍA CRÍTICA SOBRE SU OBRA POÉTICA (SELECCIÓN)

CARRIÓN, Héctor (ed.): *Poesía del 60, Cinco poetas preferentes, (Félix Grande, Antonio Hernández, Diego Jesús Jiménez, Rafael Soto Vergés, Jesús Hilario Tundidor),* Endymion, Madrid, 1990.
DOMÍNGUEZ REY, Antonio: «De la ternura en la palabra: Antonio Hernández», en *Novema versus povema. Pautas líricas del 60,* Torre Manrique Publicaciones, Madrid, 1987, págs. 223-225.
GALANES, Miguel: «El hombre que acecha», *Cuadernos Hispanoamericanos,* 527 (mayo de 1994).
SCARANO, Laura Rosaura: *La poesía de Antonio Hernández: Del yo al nosotros,* Cuadernos de Investigación Hispánica, Madrid.
VV. AA.: *Antonio Hernández, Cuadernos del Sur,* Suplemento cultural de *Diario de Córdoba,* 20 de abril de 1995.

ANDALUCÍA

Me quedé en ella porque era hermosa
y necesitaba su alegría. Nunca
se puede ocultar al corazón
lo que han visto los ojos. Nunca
la alegría al canto. Repetidamente
fui viviendo en sus cosas y aprendí
por los ríos, el amor; por un pájaro,
el desvelo en la paz; por las nubes ligeras,
la forma de evitarme algún recuerdo.
Todo estaba limpio por sus tierras.
Hasta los pobres, en vez de dolor,
de una seguridad insuficiente hablaban.
Hasta los jornaleros, en vez de justicia,
resignación decían. Era un modo
de ahuyentar la tristeza. Se conformaban
con lo que les venía desde arriba,
y con un cante que nació en las raíces
de su pena y fue extendiéndose a las ramas
del mundo, como al amanecer la luz.
Cada día iba aprendiendo más: que el vivir
no es un ave que pasa, sino un pozo
que queda allí para el que necesite beber,
que el llevar una tierra clavada en las entrañas
vale más que haber pisado un continente entero,

que morir por los brazos de una madre
es la gran solución para santificarse.
Andalucía era limpia, y por eso
al renacer en ella, al darme cuenta
que no sólo de fiestas se trataba,
defendí su ilusión de más de mil dolores,
apoyé a la alegría cuando enmascaraba la tristeza,
robé a todo lo hermoso cuanto pudo mi amor.
No. No era un vino o una guitarra la escena.
Era lo que quedaba dentro de cada uno oculto,
la alegría, quizá, que le costaba sangre
a aquellas tierras de secanos cuando
un campesino alzaba como un dios
su ronquido total, su enorme queja,
su gran desolación vestida de colores.

(El mar es una tarde con campanas, 1965)

*

ATARDECER EN CÁDIZ

Y como el recuerdo, a veces, hace bien,
yo te llevo hasta él, vuelvo
a volcarlo en ti.
                    Estábamos
aquellos días soñando en Cádiz
nuestra boda, nuestra unión, la más bella
historia del mundo. Acodados
y frente a la luz final del día
comenzaste a cantar.
                    Caracolas, niños
de Cádiz sorprendidos, pescadores

con un mundo a cuestas, de tus labios partieron
haciéndome feliz.
                             Alrededor la tarde
se perdía de vista, nos dejaba
con el silencio natural
de nuestra turbación, andaba
por la bahía muy leve,
de puntillas para no despertarnos,
como gozosa por nuestro amor.
                                        Había
que darle gracias a Dios, gracias
a las aguas, gracias
a los mariscadores que silbaron
uno de nuestros besos; a San Fernando,
a Rota por mirar con disimulo.
                                   Abiertamente,
y como un viento,
nos fue entrando el mar. Dijiste
que el mar...
                    Por ti
nada estaba tan lejos, tan imposible
como otras veces. Pensé
que ya no me servía el miedo de perderte
y lo tiré a las aguas. Pensé otra vez
y se me cayó al agua el pecho.
Iba entre brisas y con tu cante —Alegrías
de Cádiz— vencido, hecho espumas,
incapaz de mirar cuando, de pronto,
se fue poniendo roja el agua, roja
toda la bahía, como si tus labios hubiesen repartido
entre las olas el cantar.

*

TE QUITO UNA ROSA PARA VICENTE

*(Mañana de la noticia del Nobel
a Aleixandre)*

Aquel hombre tenía el recuerdo marcado
en claridad. Los ojos como olas pastueñas,
sosegadas, y, en ellos, una serena rama
del paraíso.
                    Sombras también tenía aquel
viajero sentado en el patio dichoso
de su presencia, sombras del paraíso como
quien se recuerda y mira en la niñez su adiós.

Lo vi aquella mañana. Y, ésta, de la que salgo
apenas sosteniendo el cuerpo, pues anoche
fue del vino, he sabido su nombre: «Recuerdo»,
es decir, corazón que reclama del aire
las alas.
                De este ramo de flores que traía
para ti, por la ausencia de anoche, en desagravio,
déjame que desprenda una rosa y la eche
al espacio ligero, al aire de su nombre.

(Donde da la luz, 1978*)*

*

3

He entendido por fin
que escribir es amar
sin amor que te bese.
Comprendo que la luz
solamente se enciende
cuando se va apagando.

He entendido que el sueño
es a la vida
como el misterio al rito.
Y, por eso, he aceptado
que no hay que buscar temas
para hablar
sino dejar que hablen
nuestras sombras.

*

25

Dicen que somos polvo, tierra que se cincela
en venas, carnes, huesos. Materia que se enciende
y a su ceguera torna. Pedazos de ternura
que desharán los tiempos.
                          Algo, no obstante, clama,
desconcierta al olvido, a la muerte preocupa
y en la tiniebla es ave. Algo que rompe el sino:
no es tan breve la vida si se agota en un beso.

(Homo loquens, 1981*)*

*

XIV

Otra vez me ha picado este genízaro.
Bien sabes tú que no quiero gritarle.
Ni castigarlo, porque tal castigo
será nuestro desvelo, y así fui
yo también después de todo.

                                        Me ha roto
otro poema más.
                          Debe de ser
porque al echarle agua le pusimos
un nombre de poeta, mientras Claudio
decía al cura que le echara vino
y recitaba versos, versos, versos.
Un nombre como un rayo proletario.

Fue hermoso aquel diciembre. Y entre el frío
y la nostalgia por Andalucía
más nos cubrió su olor
que manta o colcha alguna.
                                    Lo mirábamos
como a un asombro que reglamentara.
(Pero otra vez me ha roto otro poema
y, acaso, porque diérale consejo.
Mas le puse la trampa, saqué copia,
no menos niño yo, no menos niño:

Miguel Hernández tiene ya tres años.
Se acuesta con los indios y un cangrejo.
Pinta el televisor con tinta roja.
Me rompe los poemas que más quiero.
Tiene tres años y aún no va a la escuela
y es como la apariencia de mis muertos.
Si mi padre pudiera contemplarlo
vería que su imagen se ha rehecho.
Tiene tres años como yo los tuve,
como los tuvo usted, señora, pero
son mis tres años cuando la esperanza
invadía las calles de mi pueblo.
Rubio, sí, como luna, parecido
al sol el día de su nacimiento,

el día en que alumbró por vez primera
las tinieblas, las sombras y el misterio.
Miguel Hernández tiene ya tres años.
Jamás mi padre tuvo tanto espejo.
Tiene a la madre loca con los muebles
pintarrajeados como un esperpento.
Se acuesta con los indios, los balones
rompen la red a diario del puchero
y otro puchero hace si le riñen,
rebelde como yo, rebelde y tierno.

Miguel Hernández, cuando seas un hombre,
no olvides que te llamas barro eterno.)

Otra vez me ha turbado este genízaro
al recordar que un hombre amó sin dicha
a un niño así: travieso, transparente.

Amor, besémoslo sin despertarnos.

(Con tres heridas yo, 1983)

*

DE LA ALACENA

A Luis Rosales

Padre, de la alacena
saca los caramelos,
la carne de membrillo,
la miel, el chocolate.
Lo que junto no estuvo
nunca en nuestra alacena
sácanoslo despacio.

Que se estropee el estómago,
que se piquen los dientes
si hemos de ver tus manos.

(Indumentaria, 1986*)*

*

UN BARCO ZARPA

Un barco va saliendo de su muelle
impregnado. Amanece en el puerto
y un alud de gaviotas
nombra la vida, su corazón subraya.
                                    Parte
el último espectro de la noche
y su humo es el aura del repliegue
de las sombras.
                    Se oyen
voces inconexas,
órdenes, y el son de una campana
suma su luz
al mundo.
            Los tripulantes
son espíritus,
más espíritus que hombres,
y desde la borda agitan sus manos
sin la pasión que el mismo gesto abarca
al arribar.
                Es el adiós y el miedo escribe
en el aire su trago salino y se pregunta
con prontitud de péndulo
de qué lado caerá la suerte, mientras la claridad rebrota
más dueña cada vez del horizonte
y sólo el barco sigue perteneciendo a la niebla

porque se expresa como un suspiro,
replegándose en sí a medida que avanza,
haciéndose más bruno y tiritando
en el agua que es enemiga y compañera,
imprevisible cauce turbado por la luna,
por el sol, por los vientos que las mareas rigen
insobornables,
continuos inductores que perdieron sus famas
míticas, sus nombres de dioses, pero acechan
con su ayuda o su látigo y proclaman del hombre
su precaria razón
de eternidad.

Tú, madero, esperanza, clavo
ardiendo, eres como el barco a la noche,
un prodigio, una mota en lo azul, garabato
de humo, como el hombre, que te crea,
en la ciudad y sus pactos,
en el gran zoco abierto, amanecido,
apalabrado por dioses, una tensión anónima
y una ansiedad inútil que se irá relevando
en otro corazón, en otro corazón,
en el humo perdido de un barco perdido.

*

CAMPOS DE ESTRELLAS

A Ignacio y José Luis Miranda

Somos de olvido claro,
pues el olvido tiene como un mapa
sus colores.
Somos
sangre de alguna sangre

que navega en nosotros
de gente miradora.
                            Sostenemos
una melisma común y una desidia,
y buenos andaluces vigilamos
con una vela el mundo
en una choza todo.
Ciencia que tiene forma de pasión
hoy nos convoca
y ensayamos los primos comarcales
un relato sin precio
alrededor de un mito, en la noche colgada
de luces guiñadoras.
Dicen que se llamaban los cortijos
La Rosa, Sombra Altiva,
El Peñón Amarillo y La Cruz de la Legua.
Que caparon el mundo los abuelos,
casaron la floresta y eran reyes de todos
los potros melodiosos y el jazmín mareante.
Que llegaban los carros de la uva
como mosquitos a los caseríos
y que nuestra razón en el contorno
era fama hasta un punto de leyenda,
pues tierra no existía
que, nuestra, no ayuntara en horizonte.

Primos de este deber,
nos hemos reunido para alzar
la copa y nuestros sueños de pasado
hasta llorar de gozo,
hasta llorar de alivio.
Y vencedores como la albahaca
en la noche,

ebrios de amor, aroma de aquel cuento,
sin ponernos de acuerdo hemos sabido
que siguen siendo nuestros estos campos de estrellas.

(Campo lunario, 1988)

*

PUENTE DEL ALBA

Zahúrda y devoción, España, arácnido,
piel de toro asestada por la ira,
pañuelo del océano, país
de las mil guerras y los mil abrazos,
corazón asustado, alegre, vivo,
acera sur de Europa y norte de África,
plinto de las Américas,
cestillo de las inundaciones,
tus borrachos, tus torres, tus flamencos,
tu clavel deshojado, tus políticos,
tu historia donde el sol no se cohíbe,
tu decepción, tu fanfarronería,
tus beatas, tan pasas, enlutadas,
tus tómbolas de gloria, tus prevaricaciones,
te amo,
      te amo,
         te amo
como si fuera puro mi corazón,
como si en una cuna se ensalsara,
como si en un domingo se entreabriera
con el sol y las palmas de nuestras procesiones,
España, vertedero, España, relumbrón,
España, gajo de uva, tris de vino,

limón de tantos días repujados,
naranjel de esperanza,
te amo
con tus toreros y con tus volantes,
con tu locura, con tu oscurantismo,
tus catedrales de misterio y rabia
donde se explica la postrimería,
con tus hogueras, con tus mascaradas,
con tu aguardiente tempranero de humo
y llama, tus campos, tus truhanes, tus priostes,
tu chabacanería y galanura,
viejo cuartel, añejo campo de batalla,
matadero, horma de la belleza,
refrán, sentencia, dicho, chascarrillo,
evangelizadores,
luz de cuento, espada de cualquier rosa,
tercios de sangre, martillo de inocentes,
comadre, celestina, partera de alunados,
encomenderos, pizarros, bizarros,
catequesis, velorios, Zarra, Zarra,
velázquez, zurbaranes, monaguillos,
Joselito y Belmonte,
Miguel Hernández y Miguel Servet,
Miguel de Molinos,
Miguel de Unamuno,
Miguel de Cervantes,
don Miguel Primo de Rivera,
patria quebrada, tunanta,
oposición de ti,
te amo,
          te amo
                    y beso
con un beso de hijo que te quiere y se ahoga,
con un beso de hijo que se alumbró con noche,

con un beso de hijo que hace gorda la vista,
pero también con difícil ternura,
con petición de hombre que llora y se deslíe,
que cuenta y se desvela
porque seas hermana de ti misma,
porque te quieras más,
porque aprendas un rayo de tu historia en que fuiste
puente del alba.

*

ENTREVISTA EN LA RADIO

Ha venido este fulgor,
con la cabeza llena de rastrojos
y soles,
que se llama Enrique Padial
                        y pinta
cristos morados y desposeídos
de reinos de otros mundos. Ha venido
a decirnos con la luz de su origen
que Andalucía ha sido la *gran coima
divina* y encendida
y que, sin más pereza, hay que poner
candado ducho por Despeñaperros
para que quien la quiera la cotice,
se acueste con ella y goce
de su pubis de mirtos y de rosas.
Ha hablado de los siglos de barrancos
y antiguos precipicios decorados
con añiles y estampas de la Virgen,
jornadas de Rosarios en la estufa
para que retornemos al reflujo

de los pobres, los tristes, los marcados,
aquellos años de entre pan y aceite
y de maíz con miel, sabrosas sobras
de los príncipes claros del cortijo,
grandes reservas espirituales
de las dehesas rubias de Occidente,
y ha trazado un cuartucho familiar:
una niña que llora, un juanete
de vieja, los olores cansados del puchero
y el rastro del sudor en palanganas.

Qué pueblo mago, qué supersticioso
pueblo-topo cercado de fulgor
que ordenó de beata su conducta
ante las repetidas agresiones,
se amotinó callado
en el núcleo del sueño, aró la finca
y sólo se entreabrió para semilla
de los amos, qué pueblo-sacristán
que, cuando ama, reza,
ve próxima la muerte, nunca dice
«te amo», sino grita «que me muero»,
si el placer le trastoca su destino
por un instante.   Y así lo refirió,
contó que en nuestro Sur de violetas
los lutos se arraciman, surta el canto
trágico en las ventanas de las chozas,
comparece La Parca empedernida
con su rictus de mármol engañoso
mientras cantan los curas, hacen señas
de fe,
llenan de encaje negro el avispero
del **pueblo** en las campanas

del Corpus, el Domingo
de Ramos, la Ascensión de la Virgen.
Un pueblo que llenó de verso el aire,
descubrió un continente, puso el pie
donde nadie primero lo pusiera,
le dio la vuelta al mundo, cohabitó
con el saber y la fortuna, pudo
ser jilguero en el canto de los grajos,
tuvo estrellas terrestres como Séneca,
Columela, Averroes, Maimónides,
Las Casas, Álvar Núñez, Orellana,
Velázquez, Pablo Céspedes, Murillo,
Góngora, Juan de Mena, Juan Ramón,
Pablo Picasso, Falla, Blanco White,
Machado, Ganivet o Federico
y terminó en la noche de sus amos,
replegó su respuesta a la embestida,
no tuvo más remedio que callar.

Padial nos lo contó sobre las lágrimas:
una mesa camilla, una tos lenta
de milenios, un candil encendido,
un viejo con raíces en la cara,
más *chinos* expurgados que lentejas
y la cuerda amarrada entre dos patas
sosteniendo pañuelos, calcetines,
paños, bragas, camisas...
encima del brasero abrigador.
Y nos pobló de aquellas caravanas
hundiéndose en el polvo de la errancia
hacia países tristes, desolada-
mente, camino hacia Bilbao
o Barcelona, trasteado el mundo,
y que ahora tenemos una niña

reciennacida, Andalucía, contra
el cadáver del tiempo, en la esperanza,
nos dijo haciendo verde el horizonte.

Vamos a enterrar el muerto, ponerle
cuatro velas, despacharlo ligero
y devolver, de paso, muchas cosas,
varios restos mortales, la cristiana
oquedad que se eleva en la Mezquita,
y no por Cristo, que hay respeto, porque
hiere el ojo, lo saja, lo reduce
a tinieblas.
                Y, a cambio, devuélvannos
un poco de los sueños, bienhechores;
un latido de tierra, caballeros;
señores, por favor, un poco de alba.

Caros bandidos, paguen por lo menos
la bella hetaira de los ojos zarcos.

                                        (*Lente de agua,* 1990)

                        *

                        24

Por poco observador que el hombre sea
sabe que alienta de su lejanía.
Ve al pájaro cantar su desconsuelo
y deduce del pájaro que, un día,
a él le ocurrió igual, pues cantó el hombre
una ausencia que canta todavía
en las ramas. Por poco observador,

concluye el hombre en que si hubo herida
hubo arma primero y luego vendas,
que está la cicatriz y que le trina
con el granizo, como si en el tiempo
nada hubiera cambiado, que la fría
nevada reconoce aún su sangre
de ayer si así se asedia, y fertiliza.

Por poco observador que el hombre sea
sabe que vuelve al punto de partida.

*

25

Ahora que ya no ofrezco a su seno la rosa
que la niñez entrega, ni la gracia me fluye
como de un arriate el color y el aroma,
ahora, cuando soy como un cero a la izquierda
de la pureza, ahora
que no tengo ya lengua sino para cantar
ahogado cuanto un día me dejé entre sus cosas,
a un paso de la muerte y a un paso de la vida,
en medio de la tumba y de la luz, es gloria
pensar que me arrodillo en mi río y con agua
bendita me persigno, me confieso de toda
ausencia y, perdonado, tomo la luz, los aires,
el sol, la brisa, el mar de allí, como quien toma
en un domingo claro que es orilla de un dios
la eternidad de un día de la sagrada forma.

(Sagrada forma, 1994)*

*

FÉLIX DE AZÚA

(Barcelona, 1944)

BIBLIOGRAFÍA POÉTICA

Cepo para nutria, Pájaro de Papel, Madrid, 1968.
El velo en el rostro de Agamenón (1966-1969), El Bardo, Barcelona, 1970.
Edgar en Stéphane, Lumen, Barcelona, 1971.
Lengua de cal, Visor, Madrid, 1972.
Pasar y siete canciones, La Gaya Ciencia, Barcelona, 1977.
Poesía (1968-1978), Hiperión, Madrid, 1979.
Farra, Hiperión, Madrid, 1979.
Poesía (1968-1988), Hiperión, Madrid, 1989.

BIBLIOGRAFÍA CRÍTICA SOBRE SU OBRA POÉTICA (SELECCIÓN)

BARNATÁN, Marcos Ricardo: «Viva el perder» (Reseña de *Pasar y siete canciones), El País,* 10-VII-1977.
CASADO, Miguel: «Líneas de los "novísimos"», *Revista de Occidente,* 86-87 (julio-agosto de 1988), págs. 204-224.
DEBICKI, Andrew P.: *Spanish Poetry of the Twentieth Century. Modernity and Beyond,* The University Press of Kentucky, Lexington, 1994. (Existe edición española: *Historia de la poesía española del siglo XX,* Gredos, Madrid, 1997.)
SAVATER, Fernando: «El lenguaje de lo imposible (Sobre la poesía de Félix de Azúa)», *La Moneda de Hierro,* 3-4 (1980), págs. 63-66.

GABINETE DEL MAGO

Mientras de mi clepsidra se destila
un nuevo no man's land
la piel se resquebraja
pierde su liso color pálido Anglada Camarasa
cuando a través de la laguna de cigüeñas
los picos de metal deshacen tristes fríos peces
fríos peces.

Nueva ausencia sin fondo
y por detrás del aire
donde esos pájaros espían.

(Cepo para nutria, 1968)

*

ELLA CANTABA ESTRENOS

Querida señorita
que aquella tarde del pecado mortal
lóbregamente abrístete al temor y temblor
los dedos cuya uña vibrar
quebrar iban luego a rasgarte

descubriste el hombro rosa la pared
luminosa de la espalda las caderas
redonda miel
que aleteabas huías fenecías
de amor líquido olores y amoníaco
arcos violentos te llenabas
de sustancias espesas fortalecías
y los músculos de asombro dibujaban
sombras y grutas nuevas
¿por qué ahora te disfrazas
pintas las grietas cubres las amadas?
¿por qué ahora miras el reloj
buscas una calle?

*

EL LOBO EN LA CASA

El resplandor de la nieve. Los cedros como llamas azules.
La luna es un ojo de plata.

El crujir de los huesos del caminante. El rayo lejano.

Como una conversación apagada. El viento es la sábana fresca.

La lluvia instantánea. El tambor bien temperado. El saco.

Los ojos de lluvia dorada.
La luna y la nube. Su cara de plata un momento.

El sendero de piedra. El viento es la sábana húmeda.
El trueno lejano. Los pasos ligeros.

La nube empañando el espejo. Su cara de sangre.
El bosque es azul. El trueno al fin del camino. El tambor.

La cabaña. El humo mojado. La luz entre los visillos.
El viento es el golpe. Los gritos. El alto.

El lobo de noche. El lobo en la puerta. El relámpago breve.
El dedo señala. El ojo perlado de lluvia.

Su cara de sangre en la puerta. Olor a madera quemada.
La lluvia deshace su velo. Disuelve la gasa en su cara.

La sangre. La lluvia en el cuello.

La persecución entre cedros azules. El pantalón de viento.
El cuchillo en la bolsa. La llaga de agua.

La luna es un ojo de sangre. Los cedros son llamas azules.
El lobo en el bosque. El trueno lejano.

El humo mojado en la casa. La sangre en la nieve.
La casa vacía.

El ojo perlado de lluvia. El viento es la sábana helada.
El cuchillo en la nieve.

*

EL JUGADOR DE DÁTILES

> El pentotal paqué.
> OLIVERIO GIRONDO

Me dan los dados, dicen: ¿tiras o la muerte?
con ellos juegas con su juego vives
donde nace la fórmula te haces

donde se rompe acabas.
Y si te dan los dados te dirán: ¡juega la vida!
porque los dados son la cara del insomnio y la pena
y otros hasta doce retratos. Por eso te dirán:
apenas dejo yo dinero en este par
¡ya!, dobles, para ti la suerte.
—Para mí la desgracia, centeno y sidra, ésa fue mi desdicha.
Rancio el olor de la taberna, sé lo que juego
y si lo arriesgo es ocio, no aventura.
—¡Tira los dados! Seis figuras contiene cada uno
la muerte se desliza entre los puntos negros
suma su sino goza la ganancia.
—¡Tirar pa qué! Los pentotales nada.
—Para eso estamos, dale ya, no jodas.
Tiro, rodean el tablero, giran, matan.
—Mal paso.
Siempre fue así, entre cebada y hule de pequeño
ahora de grande con acero y cristal.
Cojo los dados, los miro, arrojo y ¡dame!
azar, peso del tiempo, sacrilegio,
cantan bailan suben bajan regocijo geométrico
galanteo de puntos. Resultado.
Avena y trébol, tristeza misma de bacalao y patata
norma del hombre que nunca fuese al cine.
Esto es así:
comprender que las fórmulas vacilan ante la regla
la matemática se incendia ante el derecho
lo abstracto teme la barbarie del fascista concreto.

(El velo en el rostro de Agamenón, 1970)

*

I

Sí, obra del sueño: hace ya mucho tiempo que contemplo tu
[significación
de cómo duermes y haces vivir otras vigilias al dormirte
de tu fecundo vientre estoy hablando
de las imágenes que se repiten en tu galería

y al oírme te esparces y reflejas
alegre como un perro hacia la liebre.

(«¡Habla de mí! ¡Háblales como un ciego
con ambas manos sobre el pecho! ¡Que tus palabras sean
el discurso de la oscuridad!

Pero no digas quién soy —¡Cómo les tomo de la mano
y los separo para siempre de sí mismos!»)

Estoy hundido en un sillón de cuero.
Pienso en el primer sueño
y el muñeco de barro. Sí, te escucho
cada vez más lejana
salir por la ventana como la música y la luz
disolverte en el aire dormido
y así multiplicada llegar a tantos lechos;

sobre las aguas
entre la espesa niebla deslizarte ¡oh flor del aire!
más inmensa que el mar
misteriosa como el brillo del oro
y en tu majestuoso madurar y ampliarte
te desenvuelves y lo ocupas todo: labios
barrancos, el galope apagado del cimarrón
y el resplandor de la luna de agosto.

Así es la voz que va llamando cada cosa en la noche.

*

II

El río azul abre los labios del valle
el arado y los bueyes (al fondo resplandecen
los lienzos blancos de una colegiata)
vuela, vuela en la oración crepuscular.
(Y sin embargo el eco de las campanadas
llega hasta ese caballo que un relámpago arquea
en el furor umbroso de la Selva Negra.)

Sabio gobierno sobre cerros y valles
y sobre las escalas y los ornamentos,
imágenes y luces y sonidos,
el hablar reposado de la filosofía.

(El postillón acucia con su látigo:
en aquel tilo hay unas iniciales
F. S.
una figura trágica, un ahorcado

la puerta del infierno —«También tú debes grabar
aquí las iniciales, junto a Werther»— las flores
a mis pies entre losas quebradas.

¡Mi Dios qué dulce es esto! Viejos camaradas
en esta esquina, por aquí pasaron.)

Sobre los ángeles y las tempestades
incluso sobre la fatigosa terquedad del mar
esta mano invisible va ordenando y hablando
aquí el color, un nombre y una piedra
el canto, hundido entre los matorrales, de un pinzón.

*

ANTIKEIMENOS

Aquí
el arrogante el múltiple
alado príncipe de la tiniebla
harto de la profunda ceguera

cómo gimen sus poderosos miembros
cigarras las nerviosas plumas
del arcángel el más alto de las dinastías.

Allí
las aves necias
los cancerberos de mirada enfermiza
protegiendo la quietud inmóvil

cuánta envidia de tu rapidez y doble y triple
múltiples dedos
y la diez veces sonrisa.

(El instante anterior
a que este príncipe se conciba a sí mismo
un chispazo ha quebrado sus alas.)

¡Ah tú el más impaciente
superior a los tres!

¿ha sido aquella muda esfera?

¿es en ese pacífico vacío donde la voz condena:
te has hecho perdición?

¡Ya caes Prometeo aquilino
ya caes
primer hombre de fuego!

(Edgar en Stéphane, 1971)

*

TUMBA

Este paisaje un hombre sin presente
cuyo futuro fue borrado por un pasado memorable.

Piedras que crujen rotas de aburrimiento.

El horizonte te rodea
orgulloso de atenazar una meseta.

Y el fruto del retorcido olivo
escapa de un tenebroso calabozo.

Aquí nadie se interna. Se detienen y piensan asustados,
allí en aquella piedra, cómo es posible tanto sufrimiento.

Hasta el sol mismo perdió su adolescencia
y opaco como el ojo de una mula muerta
recuerda un tiempo en que la gente saludaba
elevando una copa rebosante.

Vete.

Cubre tu rostro con la mano
hasta que oigas el jadeo de una bestia de tiro,
un torrente, la tierra abierta por los frutos.

Y más tarde, ante el pasmo de tus auditores
dirás que nada has visto
y que el mundo termina allí donde comienza la meseta.

Esto es una clausura
centro de un campo roturado y el claustro nido
de animales atados a la piedra roída por el tiempo
¿qué tiempo cubre el párpado de los enclaustrados?

inexistente tiempo y vigilado
e implacable tiempo,
mesura y desesperación de los que escapan
al terror de no ser de este mundo
sino presas de un dios
surgido para un pueblo que cree en el terror
y no en el sordo grito
del terror muerto por un dios victorioso

así el silencio es transformado
y en altares barrocos detenido como un giro de oro
en la luz y en el río ardoroso de los cirios

diálogo entablado entre tiempo y silencio,
silencio escandaloso
del coloquio entre muerte y vacío.

*

MUDO

I

Geschrei (clamor)
el rey del bosque, único
hombre del bosque y rey
waldgeschrei (clamor del bosque)
rey de la voz
voz del bosque es el hombre
voz cuando el bosque se cierne
freudengeschrei (alegre clamor)
risa del bosque, bosque sin palabras

bosque es palabra del rey: palabra del silencio
ein stilles leben (una vida en silencio)
por ser habla del bosque
y por ser bosque *ein stilles leben ist es*
(entonces el silencio es vida)
del bosque por la voz del rey.

¡Oh rey! ¡Padre del bosque!
tú, tú mismo
ein zeichen deutungslos (un signo sin sentido)
en el bosque sólo como clamor
creador, explicador del bosque
nada para ti mismo, nada para nosotros
ein zeichen sind wir, deutungslos
(nosotros, un signo sin sentido)
nosotros tras el árbol
nosotros tras el que sólo es trazo
sprachlos und kalt (mudo y frío)
el clamor de la nada
nada muerta en el trazo
que todo el bosque busca.

*

X

Dignidad del constructor de dólmenes
para ellos un solo padre

hombres robustos e implacables
que no sólo cazaban

enormes piedras de mucho peso
que fueron levantadas en un instante de concentración
con talento de fundadores
mujeres ollas
leños que humean bajo el barro ardiente
mujeres y pedazos de tocino cortado
flotando entre burbujas

ellos los que sellaron el limo de la tierra
en la primera copa producida
como masturbación

para ellos una sola mujer
como el campo abre sus piernas al guisante

entre rebaños de animales
hoy desaparecidos como el idioma del desierto
entre animales

levantaban en silencio sus gigantescas piedras
siempre

muchos de ellos alrededor de una piedra
durante mucho tiempo

de varias piedras
que levantaban con ingenio

y con ingenio una vez levantadas
mirarse y en silencio
y salir a la caza y sembrar y mirarse
y cazar y en silencio durante trescientos mil años.

*

BREF

Tus niños con las glándulas abiertas y calientes
por el cuchillo de sus madres y fue crucificado muerto
y sepultado ardiendo por los ojos sólo donde el ocaso ahogan
gansos asados y anegados en vino y sepultado
que abrumaron de maíz en gallineros perfumados
el delantal repleto de persil bolsillos grasos
de raíces que lamen las glándulas cada vez más abiertas.

Y fue crucificado muerto en el aspa
de las piernas abiertas puerta del líquido y la luz
para que naveguemos en cuchillos ésa es la caridad
de tus niños ahogados entre mojadas raíces ahora sí
hasta el fondo del mar muerto y sepultado
fue crucificado pero no tu vientre pero no tu delantal
pero no el vino ahogado antes de llegar hasta tu boca.

Es que el huracán ha cerrado la espora y sepultado
para poner su grano de maíz en la tierra entreabierta
caliente acuchillada y fue crucificado cose pues ya tu raja
                                          [hongo
para crecer y ser pistilo aspado acuchillado y fue crucificado
muerto y sepultado y al día tercero
oh casos de sólido vino no corrompido entre los muertos
tú resucitarás entre calientes panochas.

(Lengua de cal, 1972)

*

LOS COLOSOS DEL NILO

La hermana, en ella vivo como mujer
la posibilidad que fue elegida
o el desecho que yo mismo
debo asumir para su propia posibilidad.

Como si una sola constitución no fuera suficiente
y el modelo debiera examinarse
en un arco de distintos colores
cada uno enfrentado a sus complementarios.

Y la suma de esa parcialidad caduca
mira hacia atrás con asfixiado gesto
en busca del hermano y de la hermana
cuya prueba a nadie satisfizo.

O adelante, como dioses egipcios
confirmando con un claro y distinto contrato
el reparto de toda la heredad
antes de horrorizarse por su mutua presencia.

*

III

Que Dios no hay, pero que dioses sí
siendo el Dios igual a todos menos uno
y los dioses iguales entre sí.

Sólo aquel Dios sacara de la nada;
los otros dioses sacan de su cuerpo,
de los cuerpos, y de dónde si no:
de los sus cuerpos.

No hay escrito sin cuerpo
ni la naturaleza deja su verbo libre
sin los cuerpos celestes:
todos los cuerpos, pues, dan su base al buril.

No hay cuerpo sin escrito
todos los cuerpos engendran escritura
y cuerpos hay afásicos, como los hay políglotas.

Cuerpos sinfónicos por doquier
y también cuerpos mudos.
Un dios inquieto se adelantó a los otros
y por lo mismo los que él no son se atrasan
o las dos cosas juntas.

Queda el dios quieto inmóvil y mira alrededor
y se ve solo y Dios no es,
con lo que de la nada, nada se saca y escribir
dejar no puede de.

Así sólo una superficie se le ofrece
y en sí mismo
el punzón hinca fiero,
por lo que la inscripción comienza:
«en aquel tiempo...»

*

CANCIÓN DE LOS SUBVERSIVOS ALCOYANOS A SUS COMPAÑEROS QUE IBAN A SER FUSILADOS EN VALENCIA (1869)

Olvídate del mal y la derrota
ya no eres hez ni barro
eres humano, más que humano

eres republicano
y federal.

Eres un libertario, un insurrecto
con diez o doce de tus compatriotas
combatiendo a las botas con las botas,
muriendo sin espuelas
faltos de munición.

La rosa es sin por qué
no quiere ser mirada,
por eso también las escopetas
quieren ser disparadas
sin pensárselo más.

Has conspirado, odiado y atentado
con los bolsillos repletos de panfletos
¡oh hermano adolescente!
que no surja un soneto
jamás de esa tu frente
ni del sufragio universal.

Que nunca el mamarracho literario
pringue con sus merengues
la gloriosa corneta de las insurrecciones
los anónimos cuerpos que aplasta la reacción
sin remisión.
Haz como el compañero Matías de Laserna
tu hermano leridano
tipógrafo que fue de «La Moderna»,
y al morir fusilado
contra la tapia de cualquier cementerio
en una playa o entre la maleza,
grita al caer:

¡Abajo los tres reinos de la naturaleza!
¡Viva el perder!

(*Pasar y siete canciones,* 1977)

*

I

Lo que yace en el fondo es lo que de algo dice,
pero no dice nada de lo que al fondo yace.

Yace en el fondo lo que aguanta y se aguanta
pues aquello que aguanta, como un do, es sostenido.

Lo que yace en el fondo y lo que se sostiene
son lo reunido, dice el viejo Martín.

Y si lleva razón, ¿cómo voy a evitar
reunirme allí donde suele reunirse la reunión?

*

[RUEDA EL AGUA MUY PRIETA ENTRE ROCAS]

Rueda el agua muy prieta entre rocas
formando remansos de espuma que gira,
luego se disipa dejando flotar
hilachas moradas de capa pluvial.

El río es cetrino, oleoso, en torno a las piedras
cubiertas de musgo y pulgones, allí donde Víctor
ató la botella puesta a refrescar.

Bajo chopos que duermen
moviendo las hojas, como mulo que al paso
del amo sus crines menea, la sombra y el sol
otra espuma intangible levantan en tierra.

En el puño de Víctor se alza
un cristal del color que la mar en otoño
a veces refleja funesta. Es septiembre
ya no hace calor,
algo muere o presiente que debe callar.

La tarde se empapa de vino y delira
rosada, hialina, algo hostil.

Los vencejos anuncian chillando que el sol ya se fue
cuando Víctor despierta ante un vaso vacío.
Tras estremecerse se pone un jersey.

Alguien dice en la sombra: «habrá que marcharse».
Y al instante la noche rabiosa nos muerde a los tres.

(Farra, 1979)

FERNANDO MILLÁN

(Villarrodrigo, Jaén, 1944)

BIBLIOGRAFÍA POÉTICA

Este protervo zas, Ed. N.O., Madrid, 1969.
Textos y antitextos, Ed. Parnaso 70, Madrid, 1970.
Mitogramas, Turner, Madrid, 1978.
Prosae, Garsi, Madrid, 1981.
La depresión en España, Monografías de Abreojos, Ediciones Amargord, Madrid, 1993.
Ariadna o la búsqueda, Información y Ediciones S.L., Colmenar Viejo, 1996.
Música de cámara para un otoño airado (inédito).

BIBLIOGRAFÍA CRÍTICA SOBRE SU OBRA POÉTICA (SELECCIÓN)

BOSO, Felipe: «Poesía visual en España hoy», *Poesía,* 11 (1981).
LANZ RIVERA, Juan José: «Presupuestos para una teorización de la poesía experimental en España», en *La llama en el laberinto. Poesía y poética en la generación del 68,* Editora Regional de Extremadura, Mérida, 1994, págs. 183-203.
MILLÁN, Fernando: *La poesía experimental en España. Datos teóricos, críticos e históricos,* Información y Ediciones S.L., Madrid, 1993.
MIRANDA, Julio E.: «Poesía concreta española: jalones de una aventura», *Cuadernos Hispanoamericanos,* 272 (1973).
SARMIENTO, José Antonio: *La otra escritura,* Ediciones de la Universidad de Castilla-La Mancha, Cuenca, 1990.

este provervo zas um
                        va a
llegaremos
                caída y
                            no
                este protervo este
                ba
cómo cómo como me pregunto
                                cómo?
                        llegaremos
es posible
                caída y
                        no
                            este pretervo

playa

                triste
                triste
                  co
            razones
              vientos
                  alas
                    todo
                      es otro mar
                              otro corazón
                                    otro amor

                        (Este protervo zas, 1969)

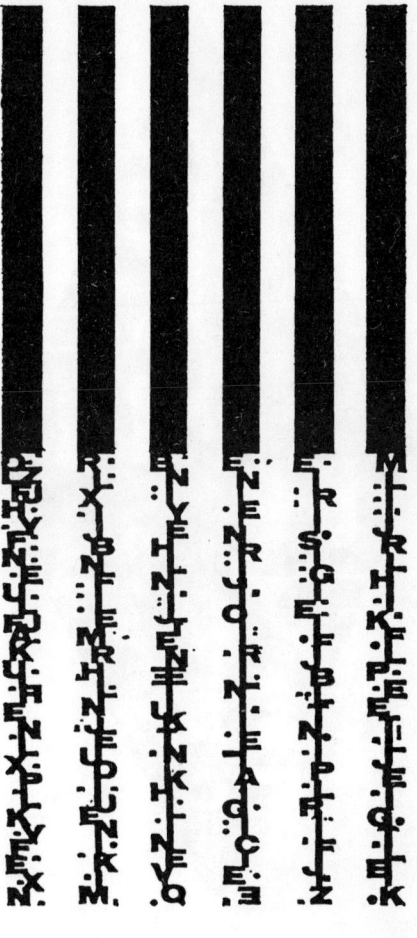

(Textos y antitextos, 1970*)*

(Textos y antitextos, 1970)

PERDERSE PARA ENCONTRARSE: BUSCAR
PARA NO PERDERSE

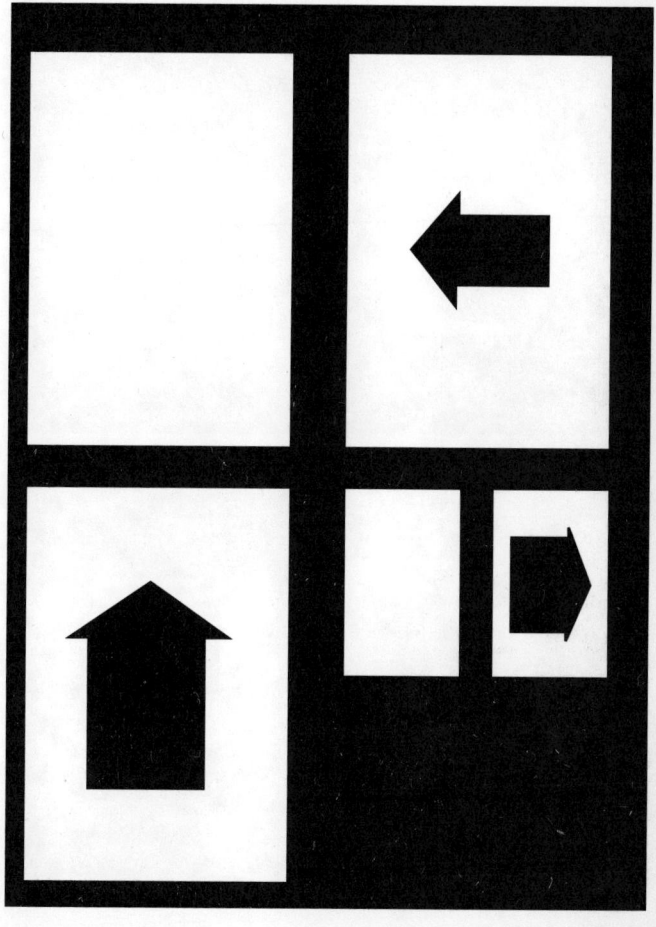

LOS SUEÑOS MÁS OSCUROS SE ENFRENTAN A LOS DE-
SEOS QUE HUYEN DE ESPALDAS AL HORIZONTE

ARIADNA SE MUESTRA ESQUIVA ANTE LAS INTENCIONES AVIESAS DEL AUTOR

OTOÑO IV EL CEREMONIOSO DESCUBRE UNA TARDE QUE SUS SUEÑOS DEPENDEN DEL PASADO

(Ariadna o la búsqueda, 1971-1973)

(Mitogramas, 1978)

(Prosaem, 1981)

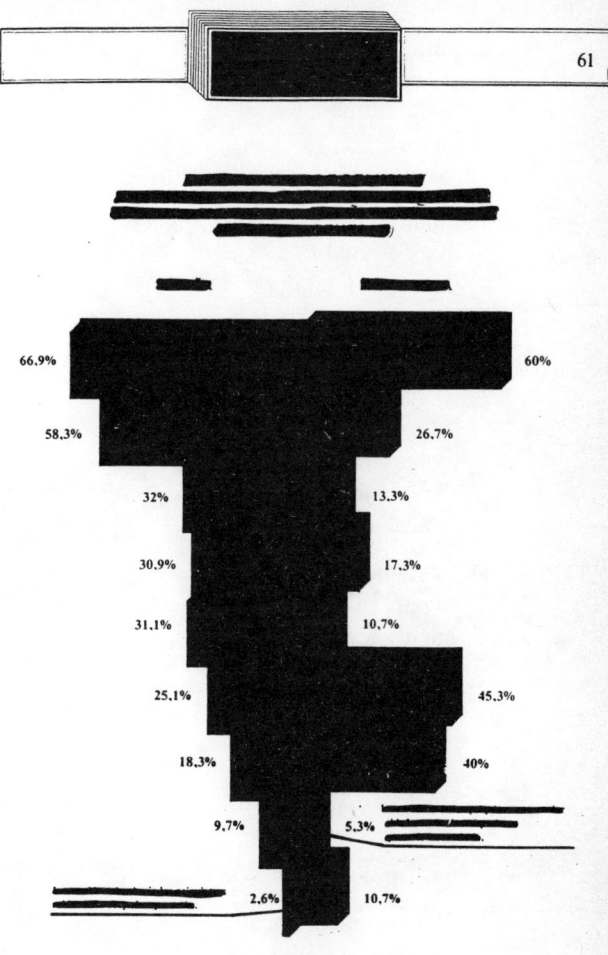

61

66,9%   60%
58,3%   26,7%
32%   13,3%
30,9%   17,3%
31,1%   10,7%
25,1%   45,3%
18,3%   40%
9,7%   5,3%
2,6%   10,7%

(La depresión en España, 1993)

CANCIÓN PARA VOLVER A EMPEZAR

ráfagas de viento
o aceitunas negras
esquinas para torcer
la memoria
o cantes por la calle maestra.

llanto o piedra
para esconder
la mano del dolor
la nube de la lluvia
la serpiente del valle
la moneda del valor

el rostro vacío
o en paz
de lo que es redondo
y acabado

para morir
o para olvidar
en el otoño

*

ATAQUÉ TU BOCA

armado de besos

ataqué tu boca
sin pensar en mí
sin conocer tu deseo
sin mirar

en la cara del miedo
tú me respondiste
como salta la llama en el fuego
como corre
la lluvia en el viento
como vibra
la centella en el cielo

de la misma forma

(*Música de cámara para un otoño airado,* inédito)

*

(Textículo n° 5, inédito)

JOSÉ-MIGUEL ULLÁN

(Villarino de los Aires, Salamanca, 1944)

BIBLIOGRAFÍA POÉTICA

El jornal, Vitor, Salamanca, 1965.
Amor peninsular, El Bardo, Barcelona, 1965.
Un humano poder, El Bardo, Barcelona, 1966.
Mortaja, ERA, México, 1970.
Antología salvaje, Hoy por hoy, Las Palmas de Gran Canaria, 1970.
Cierra los ojos y abre la boca, Inventarios provisionales, Las Palmas de Gran Canaria, 1970.
Maniluvios, El Bardo, Barcelona, 1972.
Funeral mal (en colaboración con Eduardo Chillida, Pablo Palazuelo, Vicente Rojo, Antonio Saura, Antoni Tàpies y Juan Miró), RLD, París, 1972-1985.
Frases, Taller de Ediciones JB, Madrid, 1975.
De un caminante enfermo que se enamoró donde fue hospedado, Visor, Madrid, 1976.
Alarma, Trece del Nieve, Madrid, 1976.
Abecedario en Brinkmann, Rayuela, Madrid, 1977.
Zóbel / Acuarelas, Rayuela, Madrid, 1978.
Soldadesca, Pre-Textos, Valencia, 1979.
Manchas nombradas, Editora Nacional, Madrid, 1984.
Rumor de Tánger, Cuadernillos de Madrid, Madrid, 1985.
Alfil (en colaboración con José M.ª Sicilia), Galería Soledad Lorenzo, Madrid, 1992.
Favorables Cancún Poema seguido de *La dictadura del jaykú,* Ave del Paraíso, Madrid, 1993.
Visto y no visto, Ave del Paraíso, Madrid, 1993.
Razón de nadie, Ave del Paraíso, Madrid, 1994.
Ardicia (Antología poética, 1964-1994), Ed. de Miguel Casado, Cátedra, Madrid, 1994.
Testículo del Anticristo, Col. Biblioteca de Alejandría, Galería Estampa, Madrid, 1995.
El desvelo (en colaboración con Antoni Tàpies), Ave del Paraíso, Madrid, 1995.
Sentido del deber (En colaboración con José Manuel Broto), Ave del Paraíso, Madrid, 1996.

BIBLIOGRAFÍA CRÍTICA SOBRE SU OBRA POÉTICA (SELECCIÓN)

CASADO, Miguel: «Introducción» a ULLÁN, José-Miguel: *Ardicia (Antología poética, 1964-1994),* Cátedra, Madrid, 1994.
DÍAZ DE CASTRO, Francisco J.: «Lo que nunca veremos y nos hiere», *El lomo de los días. Ensayos y notas sobre poesía y novela de los años noventa,* Batarro, Almería, 1966, págs. 55-58.
GARCÍA DE LA CONCHA, Víctor: «El último cuarto de siglo en la poesía de Castilla y León», en *Literatura contemporánea en Castilla y León,* Junta de Castilla y León, Valladolid, 1986.
PROVENCIO, Pedro: «La cruda palabra libre de José-Miguel Ullán», *Cuadernos Hispanoamericanos,* 539-540 (mayo-junio de 1995).
ROZAS, José Manuel: «Poesía de renovación y experimentación», en *Literatura contemporánea en Castilla y León,* Junta de Castilla y León, Valladolid, 1986.
ZAMBRANO, María: «Ullán, en el espejo de la llama», *El País,* Madrid, 18-VI-1994.

[EN BALDE BROTA EL HÚMEDO]

En balde brota el húmedo
afecto, la agitación más nueva, el claror
de una espalda querida
irremediablemente vuelta para siempre.
Y entonces, ¿de qué sirve
el hostil salivazo, cuando, con la ternura
en palmatoria, le decides
a dar fe del temblor irremplazable?
Cuesta un triunfo romperle la caricia,
regalarle tu arisca sanserina, clavarle a plomo
el aguijón del miedo
o decirle que ha amado cruelmente,
si ya no cabe más —y nada cupo—,
pues desierta la carne ha de seguir, aun sabiendo
del agua tan menuda (roce, mentón,
apoyo y levadura) para saciar la sed,
la sed de un niño
hoy expuesto de cara al manantial.
Todo extraño, se agosta nuestro asombro:
ya sin quebrar la risa en libertad, ya sin
chocar esta amargura con los ojos,
dominar la tibieza, ondear las manos
como quien anochece y no halla hoguera
y sigue ahí, solitario, excluido,

culpable y no, jamás
dispuesto a la agresión, jamás dispuesto
a la alegría de ser feliz
si sufre el más cercano, el más amigo,
el camarada, el único.

*

LAMENTACIONES DE UNA MUCHACHA YANQUI A ESO DE LA MEDIANOCHE

A Vietnam se fue mi amor.
Ye, ye, ye...
A Vietnam se fue mi amor.

Luchando lleva ya un año.
Ye, ye, ye...
Y solita quedé yo.
Regresa a bailar conmigo,
haz una tregua de amor.
Regresa en paracaídas,
mátame de corazón.

Luchando lleva otro año.
Ay del Pentágono!
Y no regresa mi amor.

Llorando paso los días.
Ay del Pentágono!
Llorando, mi amor, llorando.
Dicen que la selva tiene
color de sangre y rencor.
Pero mi amor aún no viene
a bailar conmigo el rock.

A Vietnam se fue mi amor.
Ye, ye, ye...
Y se ha pasado al Vietcong.

(Antología salvaje, 1970)

*

PARADA Y FONDA

> Cando volver, se volvo,
> tod'estará ond'estaba.

Fidelidad, ¿qué alientas? Dale que dale,
acerba se mantiene hoy la pulpa.
Y no te acoge, empero, la mejilla que encarna
esta hondonada. Parada y fonda. ¿Cuándo
degollarás aquel abril intenso? Adiós.
No porque triunfes con morir, tampoco
porque renuncies al retorno. Hieren
los carnavales del terruño, el vaho
de oscuros camaradas bostezando:
«Ha llegado el momento...» ¡Oh magia hispánica,
estercolero de la fe! Lejano,
olvidarás el santo y seña. Dicen
que la huelga retoza, que es la siega,
que las grúas recobran la sonrisa,
que los héroes... *(Madre, si no es molestia, mándeme*
una bola de sebo conejero y un paquete
más bien mediano de algodón en rama.) Ha muerto
Rafael. Treinta personas
(¿treinta millones tiene el mapa?) acuden
al cementerio gris de La Almudena. Adiós. ¿Decíais?
Dicen que, mancha de aceite célebre —pura de oliva,
                                        [espero—,

un temblor solidario vierte España, que las aulas
vibran al ritmo de la mina,
que... *(Madre, ¿sabe?, recuerdo*
cuando, en medio del mosto, usté rumiaba:
La Tarara tiene / un higo en el culo;
acudid, vecinos, / que ya está maduro...)
Polvorientas palomas. Fidelidad, no obstante.
¿Qué importa abril, la compañera ausente,
el mendrugo reseco, la intemperie? Quisiera, en fin...
Mejor, chitón. Y si
alguien avanza, si el ardor nos liga,
fidelidad sin límites. ¿Quedamos?
(Madre, qué mal contaba el tío Petaca
la historia del canónigo: aquella tos, ¡mecachis!,
el cangrejo inmortal... Dele recuerdos.)
Adiós. ¿Pero por qué, y a quién? Inútilmente
anhelarás un gesto. Cabe palpar, a tientas,
esta impotencia, la nostalgia huera,
cierta bondad involuntaria —creedme—,
hasta desembocar en el adiós... Aquel abril
—escríbeme, Rogelio— se desmorona sin olor.
Conmovedor y necio, presenciarlo. Pero... ¡fidelidad!
Por estas vacaciones no pagadas, por la huelga
—quizás—, por Rafael, por una carta
nítidamente fantasmal, por un fiel tango
—adiós, muchachos... —, por la fidelidad
sin más. Llueve en Boulogne, en Frankfurt y en Thionville.
Turbia morriña sin rumor del Tormes
se apodera del junco solitario. La memoria,
no sé...; dejémoslo. Dicen que pronto...
(Y Manolo Escobar cantará ahora
para finalizar esta emisión...)
Fidelidad, ¿qué alientas? Dale que dale,
acaso este llanto vislumbre una alborada.

Mas, en tanto, qué lluvia más estéril,
qué ganas de acabar, qué maleficio...
(Madre, hasta siempre.) La verdad
quién sabe no me gusta jurar una manía.

(*Mortaja,* 1970)

*

RAZÓN DEL TACTO

*A veces, al celebrar el agua del cermeño o cuanto pude
amar en la prisión, esvara por mi nuca aquel escaño* blanco
como la leche, *mondo en sus alas matinales, relso cuando el
esquilmo, plenitud del roble para escapar a lo certero... Allí,
la cobardía se hizo ya traición —pecho crujiente que a la
norma hiere.*

*Era la hora de la cena. Padre trajo esa tarde un bello erizo;
de la alforja verde sacó su ofrenda, para dejarla ahí mismo,
a un paso de la garrafa de anisete. (Todo, silencio aupán-
dome.) Fueron mis dedos —estuosos, torpes— al otro borde
del asombro.
Brotó la sangre. Luego, las risas, el tornillo, la sorna franca
sin campanas. Nadie.*

*Tampoco hoy nadie. Pero, es cierto, a veces me pregunto si
aún obra aquel escaño. Y contemplo mis manos con piedad.*

LLAVE DE LA MANO

[EL UMBRAL DEL POEMA]

ablanda tu torre uña argo del
argo no lanza tanta verdad je
sens déjà la llama entre la y
ema (del índex) y la semilla
del   sueño

[LA RESISTENCIA DEL POEMA]

brusco tañido afuegolen
to el ave grave la boca
escupe escupe y poi t
an tan tan jaldre crac
cierra quijales y en el
recle oreas tú débil
labe costurón sin tul

[NACIMIENTO DEL POEMA]

de aquel rurrú bajo el zarzal
volvían las febles plumas del
pardal y la humedad de la pal
abra AMORE   ahora

[LÍMITES DEL POEMA]

todo es azar el papel
y la herida que lo habi
ta mas necesita eso sí
un raro candil —la sed

[EL POEMA]

Las antiguas arañas melodiosas

La escayola es dócil. Huye del dorso perfumado, aunque se ignora puntualmente a ratos. Vale de casco, de arrepentimiento, de púa célica, de agua de nieve, de bragueta mansa y de pesebre para ciertas águilas. Deja la cerra a la intemperie. Ya en la arena, empapa el voraz vello desde niño. Oggi si inventa un colore.

¿Dócil?
Esta es la prueba: no elige nunca entre lo albo y casi.

. . . saca tu venda guerrillera, blanco de españa, cal, sudario, rosa nupcial o calavera... *Je suis hanté.* Llámame Riesgo. Al empinarse —venga venga ay venga—, puede rozar la página o el trono. Preferible, empero, que se sumerja en su pudor o górgoro, cale la pólvora, hurgue el dulzor, conozca o raje airadamente, cure mejilla o prenda en miel, buche esponjoso, cande el pico y triste

y triste y triste culpe a la escayola
ante lo efímero (¿con respecto a qué?)

1

inteligencia no me des jamás el nombre exacto de las cos
as porque el enlabio se enniñece oh sí y los molinos del
aliento casi borran orillas al volver los copos se enciende
un sordo crepitar de arrugas tibias y leves porque el sol
se vela guiña se alueña como moro a pasas y las pestañas
se entrecruzan hierve la alegre espiga vespertina inútil tal
toda dicha de repente ahora que ya en el ring tan sólo

flota un chorro de adondequiera o duérmete   mas vuel
an blandas estrellas chamuscados pétalos remos de fiebre
por las aguas suches del mar sin norte ya en pelotas
abren el arca malva de la herencia sajan las vagas señas i
nvernales bocas que se bendicen con albor miradas libres
de espejo por las uñas una lúa que aclara otra corteza err
ante pausa de luz de su vejez más próxima y bueno y
qué genuflexión la saña el tole tole del terror ahueca piel
y saliva cabrilleas limo picha solemne sobra cana o
                                    las
leyes finan
         dura el borrajo y la maraña intacta de una car
icia inacabada entonces mu mu es la muerte la vigilia el g
ayo insecto en torno al agujero oh sí

~

2

mancha o murmullo a media asta enigma oliendo a otoñ
o llámame lacayo de la mentira pues mojé las muelas gén
esis quiebra matachín nostalgia con ilusorios puntos en
bozo oh mudar el mundo mil siemprevivas proletarios
púdicos chova fogosa milagrera fuente de sangre párvu
la
  e insaciable noria dardos tonillos ademanes gotas fecun
dadoras
        caduco insomnio y el cuchillo cano desciende ca
no raja al fin la lengua rojo candor nunca tan fiero el rie
go leva inmóvil yedra vil sonrojo este todo dolor hoy imp
alpable búho como sigilo sin edad
                    gargajo arcilla brasa g
irasol de voces
                ~

3

toda la ausencia /
                    ni pavor ni alazo sino mordaza fofos b
elfos moshka zumbando al soplo del espectro nada cin
cha tu sed sino la muda *desilusión* y para siempre cómo
podrá la cebra del ratón salvarse cesa mi mano al hilo del
cerner y sólo sé que no supe ni sabré si tupa hay en tu e
ncaro
        todo pasa quedan mi desengaño sin corona esquil
as las chocha fe para los muertos colorines no no tiene
orejas ese lobo creo la incertidumbre ni una mueca todo
será sin mí ni posesión ni olvido enmudecerme ya ni no
qué gaita
                    / toda la ausencia

~

4

en noviembre venero la quietud el tizne breve cerrero de
la duda cuando rila la mano acaso aceda al grumo de las
gloriosas ubres ebrias tiende el tedio lerdo sus ramajes en
noviembre rasss action suprême ya ya ya tu efímera adol
escencia por los siglos nieva muere la duda floreció el so
niche nada es más suyo
                        il cuore
batte a sinistra

~

5

soplan las armas del desvelo zumba toda la
burla en tu tristeza de puntillas sobas la etern
idad de tersas pecas mancos gallos de pisto s
ollozando engullen granzas galochas de escay
ola ajá y por la chola del misterio asoman
reptiles royos sartigallos gualdos ruecas de la
ma monaguillos lelos a oscuras zampa la co
ngoja allora le sang vert des castilles bah la
lujuriosa soledad te quiero tanta palabra apu
ñalada oye y la cebolla ruborosa hoces de la
carroña original te alejan estercolero de guita
rras asco flecha mojada falsa alarma cuándo
vendrá la queda candeal resbala una cascada
de inocencia   vulnerable y mus
tio tu desnudez en la corriente arrojas horro
sea mi adiós y nadie llore ay llaga adivinable
pero espera soplan soplan las armas del am
or   tan tarde

~

6

el olor me ha empujado hay veces no la torna al venaje
milagroso y mucho menos la feroz celera flébil y líquida
sobre las hojas todavía autumnales
cómo lo sabes sin fragancia nunca brota la gracia llámese
espejo o amistad yantaban rispas carabas en mi mano el
anfibio vértigo corre que corre sí lo sé ya es tarde
la silueta de la primavera más el traslado de prisiones y
y aquel ladrido inmaculado escuchas del caracol que sin

decir jesús hinca el piquito junto al puente los rapaces
coño se tronchaban de risa me han dispensado qué dirán
los otros los espartanos con gran maña la libertad la liber
tad suprema de perfumar mi guillotina ánimo torceré el
cuello al optimismo y luego una boca vendrá cuídate ofe
lia proclamando con pus su viva el mapa
vive en verdad por los adioses anda trocha los lazos qu
e al abismo te unen urde el borrón y cuenta nueva diles
que no hay más raza que el azar que no hay más patria
que el dolor que todo
que todo es frágil y la muerte incluso

~

[EPÍLOGO]

**Un gesto herido. Muñón
que, lábil, recalca el ido.**

**Ya, transparente, la acción.
¿Olvido?**

(Maniluvios, 1972)

*

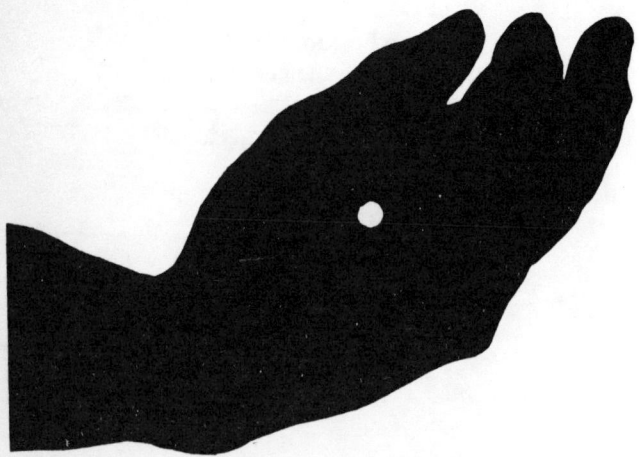

*(De un caminante enfermo que se enamoró
donde fue hospedado,* 1976)

superior al previo, aunque sus actividades actualmente se han pro-
rrogado, al menos hasta 1975. *Año universal de la mujer*, proclamado
por la ONU.

Lo más significativo, sin embargo, es la serie de restricciones que le
han sido impuestas a las actividades de la Comisión, según el infor-
me oficial, presentado al Sínodo episcopal romano de 1974, en su se-
sión del 23 de octubre, por su actual presidente monseñor Bartoletti,
el objeto formal de la Comisión

"...no es la cuestión del ministerio ordenado en la medida en que
tiene la necesaria para respetar las competencias de otros organismos,
ha suscitado fuertes polémicas en ciertos medios católicos e incluso
en la prensa... tampoco se trata, en primer lugar, de los ministerios
no ordenados, tampoco de la mujer en la familia. Se trata esencial-
mente de la participación de la responsabilidad de la mujer, de sus
derechos y deberes, en la vida comunitaria de la sociedad y de la
Iglesia"

En el curso de su existencia la Comisión ha celebrado ya tres sesio-
nes plenarias. En la primera de ellas (15 a 18 de noviembre de 1973)
abordó, entre otros temas, los de "el papel y la misión de la mujer
desde el punto de vista teológico" y "la participación femenina en
las responsabilidades pastorales y su acceso a los ministerios no or-
denados". Este último cuestión se realizó en colaboración con la
Sagrada Congregación para la disciplina de los Sacramentos.

Respecto a la participación de la mujer en la obra de la evangeli-
zación, la Comisión ha formulado posteriormente al Sínodo, en otoño
de 1974, cuatro moderadas recomendaciones. Todas ellas se refieren
a la participación femenina efectiva en la evangelización, tanto a
nivel individual como colectivo, a la inserción de las religiosas en la
pastoral y la creación de "ministerios no ordenados", formalmente
instituidos para tareas misionales y pastorales.

Tras hacer tres recomendaciones en la línea de la educación en vis-
tas al *cambio de mentalidad* sobre todo en el clero, que favorezca
mejores relaciones de colaboración entre varones y mujeres sobre la
base de igualdad fundamental y según la vocación de cada uno en
la obra de la evangelización, la Comisión sugiere además los siguien-
tes estudios, a realizar por los organismos competentes:

"...Que a partir de la Eclesiología del Vaticano II se busque situar
mejor el 'ministerio no ordenado' en relación a otras formas de
compromiso eclesial, y también a precisar mejor el vocabulario co-
rriente de ministerio, apostolado, servicio, etc."

34 Commission... pour la... dans la société et dans l'Eglise", *Rapport présenté
au Synode des Evêques*, 23 octobre 1974.

(*Alarma*, 1976)

PÁJAROS RAÍCES

A José Ángel Valente

En el descenso oscuro
del paladar a la materia húmeda
lo amargo llena
de pájaros raíces el deseo.

I

Papel mojado.

Poner en limpio el juego no es lo mismo que resbalar por
la primera lágrima: tras el ala ahuecada, apenas nada daba
luz negra de equilibrio esquivo entre la airada soledad y el
aire.

Caen hormigas. Giran moscas. Golondrinas pasan. Repi-
can las campanas de Aldán. Y, en zozobra, ya escribo:
Reconocerse cansa.

II

Las nubes, también cansadas, se escondieron sin ayes ni
eucaliptos (nitidez de la falta / correspondencia del ojo) en el
mortal secreto a voces de inciertas estaciones *modificables.*

Sin más ni más. Impersonales, tristes, involuntarias.
Reconocidas, desde mucho antes, como rostros velados
de la Muerte.

Suenan cohetes. Ladran perros pequeños.

Lloraba un niño a mares bajo el sol repentino de aquel verano del ochenta y ocho.

Daniel Santos cantó, con la Sonora Matancera, las estrofas forzadas de la malicia: *y a mí me toca y a mí me toca   y a mí me toca y a mí me toca   después del ajiaco hecho   poner la boca.*
Placer de lo trivial en quien quisiera —dicho y hecho— realcanzarlo, alma mía, a todo precio.

Novalis regañaba con el dedo meñique desde la oscuridad de la bodega.
Quehacer del bien: «Utilidad de toda enfermedad.»

Otro, anónimo, dijo con palabras de humo que todo sucedía, más tarde o más temprano, como con los jilgueros: toda blancura les recuerda el día y la comunidad del estímulo.

Hora moral, Visible.

Y el día, allá en lo ido, parecía adherirse a lo que proclamaban las dichosas banderas: m e m o r i a   e n
b l a n c o

Pueda alguno en principio, fundir de nuevo cera con transparencia: *de ser posible, nada.*

Pulmón. Hígado. Vesícula biliar. Estómago. Bazo. Riñones. Vejiga. Próstata. Testículos. Epidermis. Cordón espermático. Intestinos. Mesenterio. Corazón. Vasos sanguíneos. Nervios. Músculos. Huesos. Tendones. Ligamentos. Piel. Tejido celular. Cerebro. Faringe. Tráquea. Boca. Ojos. Oídos. Nariz. Lengua. Dientes. Uñas. Pelo.

Yo soy mi última apuesta al vacío.

Veo enfrente una isla con muchos falsos fósiles y con muchas poleas y con muchas hortensias.

La pereza del ala.

III

a veces DIOS bajaba
de luto riguroso aunque algo absorto en nada
del otro mundo
con nosotros a cuestas

                        nos costaba lo suyo
frenar su impulso de arrasar con todo
: la soledad ras ras
                    el aire

ras ras ras
los jilgueros la noche del cansancio

y me acuerdo ya ves de enrique lihn
qué extraño
que acabe ahora de morirse y lejos
de toledo
                            ¿pasó de largo?

IV

Serpentinas había, fueses por donde fueses: quemadas junto a mapas con pies de plomo, hoces sin sus martillos, pegatinas de apoyo, amuletos de arroz y chocolate, despedidas en lentas estaciones (sin *modificación* posible), hilos de asombro, redes, agazapados osos...

~

Pura metralla boreal del cielo.

De la hormiga
caída.

¡Y nos pusimos a bailar encima!

...olas, escamas.

V

Alegres son las plumas que celebran la hoja y celebran la
espada con remolinos de indolencia activa.
No lo saben.
Dejan aquí lo mismo que trajeron: esa máscara escasa,
ese olvido increable, esas gotas de sangre seca.

VI

Ya no llegaba a distinguir apenas la neblina de la espe-
ranza.

Disoluto y cansino, atado a un cabo, les hablo a los pira-
tas con los remos —aves de paso, signos: de esos muertos
que vuelven a dejarnos noticias vagas de lo nunca incierto.

~

¿Qué se hizo de aquella
resistencia orquestada
del sol y la memoria
a desesperezarse
a su debido tiempo?

VII

La mano verde ocupa el lugar de la mano.

El corazón es todo corazón.
Veo barcas al alcance de la mano.
Y, entre esas menudencias costeras (a la altura imprecisa
de la cuarta raya), tenía que acordarme n e c e s a r i a -
m e n t e   de ti.

Zigzag del vocerío. Los pescadores desembarcan, cansa-
dos. Chillan los grillos. Arrecian las gaviotas. Fingen las pa-
trulleras vigilancia y servicio. Noche casi cerrada. Repeti-
ciones. Todavía, un candil.

Reconocerse en la mano.
Reconocerse en el corazón.
Surcar las rayas rojas. Ser llevado a la sombra de la ira,
del cuerpo, del delito, de la hoguera. Sentir, al fin, el cora-
zón en mano.
Decirle lentamente (informes, protocolos, perspectivas)
adiós.

VIII

¿Y qué era la amistad sino el dibujo
de una elegía por sentir lo otro
tal cual y sin llenársenos las manos
ni el corazón de grasa,
                    de acanemias,
                    de surrealismo gago
                    o de rugoso y oxidante oficio?

~

Di de ti para mí:
Vuelven las nubes, menos cansadas. Vuelve con menor
daño la amargura.

¿Vuelve Lázaro?
Escribe en negro para hacerse gris:
Ocho o nueve palabras sobre el papel mojado.
Sobre ti. Sobre mí. ¡Ay de tan poco!

Desplegarlas mañana como raíces. Como dibujos. Como
pájaros húmedos de buen agüero.

(Visto y no visto, 1993)

*

TRES DE ESPADAS

A Eduardo Milán

I

nuestro pulso jaguar
                    nuestras nocturnas manos
                                        inoxidables

II

Se quita un guante malva para halagarte:
—Puedes venir cuando quieras.
A ti no hay que darte
                    cita.

III

A la Melancolía
              todo le da vértigo.
Y le da por pensar, cuando el verano empieza,
que de nada le serviría
la alabada elasticidad de los atletas   olímpicos.

(Razón de nadie, 1994)

ANÍBAL NÚÑEZ

(Salamanca, 1944-1987)

BIBLIOGRAFÍA POÉTICA

29 poemas (en colaboración con Ángel Sánchez), Vítor, Salamanca, 1967.

Fábulas domésticas, Ocnos, Barcelona, 1972.

Naturaleza no recuperable (edición en ciclostil con el pseudónimo de Mario Casas), Valladolid, 1976.

Taller del hechicero, Balneario Escrito, Valladolid, 1979.

Cuarzo, Libros de la Ventura, Madrid, 1981.

Trino en estanque, Cuadernillos de Madrid, Madrid, 1982.

Alzado de la ruina, Hiperión, Madrid, 1983.

Estampas de ultramar, Pre-Textos, Valencia, 1986.

Clave de los tres reinos, Editora Regional de Extremadura, Badajoz, 1986.

Cristal de Lorena, Newman / Poesía, Málaga, 1987.

Definición de savia, Hiperión, Madrid, 1991.

Casa sin terminar, La Centena, Mérida, 1991.

Primavera soluble, Pre-Textos, Valencia, 1992.

Figura en un paisaje, Diputación de Salamanca, Salamanca, 1993.

Obra poética I y II (edición de Fernando R. de la Flor y Esteban Pujals Gesalí), Hiperión, Madrid, 1995. (Esta edición reordena cronológicamente los libros de Aníbal Núñez según su fecha de escritura, bien distinta la mayoría de las veces de la fecha de publicación.)

BIBLIOGRAFÍA CRÍTICA SOBRE SU OBRA POÉTICA (SELECCIÓN)

CASADO, Miguel (coord.): «Aníbal Núñez (1987-1997)», *Ínsula,* 606 (junio de 1997), págs. 7-18.

FLOR, Fernando R., y PUJALS GESALÍ, Esteban: *«Que no se sabe si no es visto y no se ve si no se sabe:* la escritura cronográfica de Aníbal Núñez», en NÚÑEZ, Aníbal: *Obra poética I y II,* Hiperión, Madrid, 1995, págs. 9-19. Esta edición recoge todos los prólogos de diversos autores que encabezaron algunos de los libros de Aníbal Núñez; también se reúnen las poéticas y reflexiones teóricas del autor sobre su/la poesía.

VV. AA.: *Aníbal Núñez; Pliegos de poesía Hiperión,* 5-6 (verano 1987).

TRÍPTICO DE LA INFANCIA

1

nos llevaron al tubo de la risa
ya bajo las banderas que ganaron el mapa
al tubo de la risa y qué alegría
recobrarnos contentos y felices
a cada vuelta de los caballitos
recién ganado el vértigo descalza la esperanza
los tiros de la guerra aunque nosotros
chupando un pirulí
pegajosos de espuma azucarada
éramos mientras tanto
la dicha de la casa
(mickey mouse en las ferias juraría:
«aquí no pasó nada»)

2

y la escuela después donde aprendimos
a ser buenos cristianos por la gracia
de dios y las calderas sulfurosas
de aquél pedro botero
los himnos nacionales en columna de a dos

la interminable tabla
del siete que aún nos sigue
robándonos el sueño tanto cuento
de niños ejemplares y de mártires
precoces que no iban
a robar fruta verde o por morera
al patio de las monjas donde estaba
a punto de surgir refugium pecatorum
la refulgente virgen a llevarnos
qué aburrido con ella a coger lilas
para el altar de mayo (quien más diera
ganaba
un peldaño hacia el cielo
con papá y con mamá si no eran rojos)
(y, a nuestro pesar, eran)

3

porque ancha es la puerta y
espaciosa la senda que lleva a la perdición

por aquel tiempo fuimos instruidos
por las buenas conciencias se acercaban
nuestro día más feliz nos prometieron
y ante el pan celestial no desvelamos
—los zapatos lustrosos mordiéndonos los pies
cercados los pasteles por encajes—
el misterio anunciado: almidonada fecha
que en los años siguientes no podríamos
casi reconocer en las palabras
solemnes que inculcaron en nosotros
las costumbres decentes:
la sarta dolorosagloriosa del rosario

la visita al santísimo: toda la mise en scène
del colegio de pago donde fuimos
incapaces —sumisos entre
tanto misterio y ases deportivos—
de echar de menos ciertas caras
(«es estrecha la puerta que conduce»)
que quedaron atrás adiós muchachos
quienes ahora encontramos por la calle
su buenos días servil mirando al suelo
que «siempre ha habido —otros—
ricos y pobres» nos han dicho
                                        aunque
nos queda más diáfano el recuerdo
de los anocheceres estivales
jugando al escondite conteniendo el aliento
para no delatar nuestra presencia
(nos estaban buscando)
                        mirábamos
a la noche galáctica tan lejos
de la mosca aburrida
del aula y nos pasaba
por la imaginación todo un futuro
sin clase y sin castigo
con libertad de movimiento y pelo
en pecho por supuesto
no quedaba ni rastro de la misma
amenaza que hoy ya no es un juego

(nos habían descubierto)

*

SOBRE LA EFÍMERA EXISTENCIA
(EPÍLOGO)

Sobre la efímera existencia
de la amapola roja ha sido dicho
todo, de las hormigas
doctas palabras se han escrito
describiendo su vida laboriosa
su acarreo previsor de provisiones
para el amargo invierno
                   mil tratados
de geología y botánica registran
los nombres de las piedras y las inflorescencias
(la más pequeña hierba está clasificada)
nada, pues, tengo que decir
de todo lo que veo, aunque me es fácil
levantar la cabeza, erguirme, distinguir
al fondo del paisaje —abandonando
mi siesta pastoril— el desolado y alto
muro de la prisión
y no escribir en él y sobre él
una palabra sola: libertad.

(Fábulas domésticas, 1972)

*

ARTE POPULAR

«Viva mi amo manuel sánchez
en compañía muchos años
de su querida esposa carolina
garcía vecinos en la villa
de paradinas de san juan

jurisdicción de peñaranda mayo
del año del señor 1861»
                              reza
el cuerno cebador de pólvora que ángel
briones natural
y vecino también del referido
pueblo grabara a punta de navaja
en el escaño en la cocina cuando
no había labor en la heredad y fuego
en el hogar ardía de sarmientos:
las granadas el cárabo
el sol brillante los claveles
y la serena de la mar quedaron
grabados mismamente
para que luego Manuel Sánchez
natural asimismo y no vecino
del pueblo nada quiere
saber vendiera el cuerno
de su tatarabuelo y el sobrado
por dos consumiciones con derecho
ni a escándalo en la sala
de fiestas desertor
del arado y con piso
con tresillo y portero
calefacción central el campo
es muy sacrificado y estas cosas
hay quien las colecciona.

                     *

[IR AL CAMPO BEBERNOS TODO EL CAMPO]

Ir al campo bebernos todo el campo
subirnos a las ramas
¡qué maravilla andarse por las ramas!

confundirnos las bocas con cerezas
oler a jara el cuerpo
merendar la cascada y chocolate
trenzarte una corona de juncos del arroyo
contar las veces que la piedra roza
con el agua aprender
botánica sin flexo
zoología sin matrícula

Pero el señor rector y sus bedeles
nos tienen encerrados a la sombra
del Árbol de la Ciencia
y lo siguen regando
con tinta de tampón
                    ¡Maldito frutal éste
que no da más que peros!

                    (Naturaleza no recuperable, 1976)

                            *

LA CAZA DEL TIGRE NO
ES MUY COMÚN EN COCHINCHINA

No son hoy tan frecuentes como antes
los estragos del tigre; ante el estrépito
de nuestras carabinas se retira asustado;
y *d'ailleurs* el gran número de bueyes
salvajes que en la jungla hay ofrece
abundante alimento a los felinos
Aunque también les sirven alguna vez de presa
los fieles perros de los cazadores...
y algunos amnamitas que se aventuran *trop*

Por eso predomina en la colonia
la opinión —más o menos exacta— de que cuando
se va de cacería es conveniente
la compañía de un indígena:
pues si aparece el tigre
preferirá al nativo como cebo.

(Estampas de ultramar, 1986)

*

SALICIO VIVE EN EL TERCERO IZQUIERDA

Ni siquiera hay lugar para que sea
dulce el lamento, musical el llanto:
aire claro, alta cumbre, verde valle
alivian, glorifican, oxigenan
las lágrimas: las hacen respirables,
navegable a la luz la soledad...

Pero, decidme, aquí, que mi ventana
—y es suerte que no encuentre otro bostezo
en la pared de enfrente, abajo un patio
donde soñar la muerte
nueve con ocho metros por segundo—
da a un jardín profanado por la prisa,
a una boca de riego violentada,
a un árbol flagelado por los sábados,
a un puré de residuos,
al reino que alquilaron los pastores
que vendieron al lobo los rebaños...
aquí, ¿qué abrazo cabe
con qué que me consuele

del difunto dolor —no hay dolor vivo:
hiere el hedor— de tu distancia?

                    Sólo
cabe un camino, un ápice de gloria:
llamar al ascensor, bajo el amparo
de la noche, ocultar unas tijeras
hasta la portería y, mientras pulsas
el botón de regreso, ante la luna,
ceñir con hiedra artificial la frente.

                    *

SOLAR EDIFICABLE

Si existe amor en toda artesanía
tiene que haberlo aquí a montones: obra
maestra del abandono, cordobán
ajado, honor del hombre. Vaya cuatro
elementos más tontos que no saben
que contigo no hay nada que hacer, manufactura
de despilfarro y de vileza...
Y sin embargo insisten: triste fuego
que prende el mocerío y que no abrasa:
tizna; tristes los otros elementos.
¿Qué fingido presagio de cosecha,
de pradera, de bosque
te hace seguir, Naturaleza, morando en los frutales
mutilados, en cardos, hasta en breves
amapolas?
                    ¿Qué esperas? ¿Por ventura
la fecha del milagro: repentina
repoblación de trinos y de savia?

No, no vendrá: no esperes. Vendrán días
que seguirán lamiendo los ladrillos
de la tapia caída, recosida, zapatos
bulliciosos trazando simulados
frentes, vanguardias, retiradas: otros,
sin par, son ornamento del cadáver
que tú, terca piedad, sigues meciendo
en tu regazo ciego.
Visitarán tu piel los oropeles
pendones que ondeaban
vellones de la grey.
                    No es una espada
eso que hace refulgir la luna:
resto es de vanidad que no ha encontrado
más imperecedera compañía.

Ni despojos heroicos
los que invaden tu antiguo
solar de mil combates entre picos y fauces
lluvia y piel de cerezas.

Que la amortajen ya, que ya no es tuya
la criatura sin faz. En su osamenta
¿no ves solicitud, cómo se yergue
la sombra al erigirse en monumento
propiedad de los hombres vencedores
dueños del territorio que perdieron?

*

DEFINICIÓN DE SAVIA

Nos da vida y motivos para usarla:
telón para el amor, fondo al lamento;
mas ni se condecora ni se asusta

con el pétalo azul de la mañana
o en la mazmorra dulce de raíces,
ni se pone de uñas contra el hacha;
va del aire a la tierra —no conoce
otro camino—, de la tierra al aire.

Da vida: no la implanta
como fatal obligación; rezuma
nunca horror ni embeleso (la resina
no es excepción); pancartas
nunca la savia erige contra yermos
como tu amado, amada.

(Definición de savia, [1974] 1991)

*

LORD BYRON HACE EXCURSIONES DESDE «DIODATI»

Para que al extranjero no le falte la imagen
de su tierra, extendieron una alfombra de césped
cayendo sobre el lago, que sería aquel lago
si a más altas montañas no sirviera de espejo.

Un álbum de viajeros donde estampar su nombre,
una casa de campo de discreta nobleza,
una barca alquilada por Shelley, una tormenta,
Clara Clairmont que hizo más de 800 millas
para pasar a limpio las cóleras del genio.

¿Qué falta —hasta unos polvos dentífricos ingleses
le traen unos amigos— al nadador? ¿Qué falta?:
A la altiva cojera le sobran mil glaciares,
abismos a quien hizo de ellos su costumbre.

Pero en aquel verano de azules y de verdes
en todo su esplendor, nace un diario
de bruma recordada: la nostalgia de Augusta
y el corazón culpable de demasiado amor
han escogido,
entre todo un catálogo glorioso,
un bosque «destruido por un único invierno»
y un castillo que hicieron inmortal otras penas.

(Figura en un paisaje, [1974] 1993)

*

TALLER DEL HECHICERO

Es muy posible que desilusione
el no encontrar marmitas, humareda
ni artejos de vampiro ni cultivos de órbitas
amén de aquella hierba que crece en las cornisas
de los montes sagrados—
                              Ni siquiera
la inexpugnable luz de turmalina

Se ríe cavernoso el hechicero
—el único ingrediente que siempre encontraréis—
al ver el desencanto.
                              Y enmudece
cuando otro personaje que nadie se esperaba
os cuenta su secreto que consiste
en la necesidad del narrador
de un elemento extraño mientras piensa
en un final feliz para vosotros
los héroes asombrados del único relato.

(Taller del hechicero, 1979)

*

DE UN PALACIO CERRADO ORIENTADO
HACIA EL ESTE

Muro almenado: la visión se atiene
a la escueta ranura a la llave dejada
—¿a la llave perdida?—. Junto a una pilastra,
un espejo dorado en un montón de arena:
alegoría a la intemperie:
la mirada termina en las zapatas, donde
las lluvias continúan sin apresuramientos
la mutación de un torso en hojarasca,
de la arenisca al polvo: mas ¿no era
este alto palacio monumento a lo estable?

Al misterio dejemos las puertas de servicio,
los muros al jardín inexpugnable
a ver qué dice la fachada: entra
sol por los artesones, un rayo no previsto,
símbolo movedizo de entendimiento fácil:
tautología vil del deterioro.
Pero, al este, la clara traza de los tres cuerpos,
la torre que corónalos conmueven
no al corazón, perdido bajo las evidencias
de que todo es caduco: a la razón,
aislada en la pesquisa de sentidos perennes,
alumbrada —aunque sea tarde— por la sonrisa
de los dos angelotes que el escudo sostienen.

Tentación encendida entre las dos aladas
criaturas —nada ostenta
(a bandas de metal campos de esmalte)
el blasón de narrable— de llenar el vacío,
que casi estalla dentro, con la imaginación.

Y, así, siguiendo el gesto de la puerta cerrada,
la sugestión de sus herrajes (clavos
de estrella), resistimos:
suponer un zaguán aquí es pecado.
Que lo espectral habite lo invisible,
nos asista la luz de lo que alienta
en el vacío solemne, clausurado, sin ecos.

¿O acaso son guardianes que previeron los planos
los ángeles, guardianes del destino
último de un espacio de ceniza dispersa?
No. Si al alba la puerta se dispuso
fue para que por ella entrara el sol, la vida
abriera los balcones, animara la logia.

Esperanzada y firme, la mirada —es rotunda
la clausura— se enfrenta con el número
justo para crear esta armonía imponente
que, como tal, indefinida burla
la pretensión del que la ve y no puede
saber su nombre y que, en los vanos,
en su alterno remate de curvas y de rectas,
ve el Orden de la duda, siendo precipitado
a donde le condujo la Belleza presunta:
en plena calle, bajo la hora llena.

(Alzado de la ruina, 1983)

*

ARTE POÉTICA

Comenzar: las palabras deslícense. No hay nada
que decir. El sol dora utensilios y fauces.
No es culpable el escriba ni le exalta

gesta o devastación, ni la fortuna
derramó sobre él miel o ceguera.

Escribe al otro lado del exiguo gorjeo,
a mano. Busca en torno (fruta, lápices) tema
para seguir. Y sigue —sabe bien que no puede—
haciendo simulacro de afición y coherencia:
la escritura parece (paralela, enlazada)
algo. Un final perdido lo reclama
a medias. Fulge el broche de oro en su cerebro,
desplaza al sol extinto,
toma forma —el escriba cierra los ojos— de
(un moscardón contra el cristal) esquila.

Un rebaño invisible y su tañido escoge
entre símbolos varios del silencio; e invoca:
«Mi palabra no manche intervalos de ramas
y de plumas: no suene.» Terminar el poema.

*

CUARZO

Cuarzo de seis paisajes
y seis del cielo, hollado
por los que distribuyen
signos. La luz no sigue
la historia de los hombres. Es muda,
choca y vuelve,
deja inocuo color en sus obstáculos;
o se aloja; se irisa donde hubo
el cóncavo mordisco de la herramienta. Oh, cuarzo,

exime a tus aristas del tacto aquel del hijo
perplejo que hubo de
desearte y cogerte
y llevarte a la casa de la doliente duda
en donde habita herido y sobrevive alado.

(Cuarzo, [1974-1979] 1988)

*

[DESDE ESTE ESCONDITE PUEDO VER LA BATALLA]

Batalla entre Alejandro y Darío en Isso.

ALTDORFER

Desde este escondite puedo ver la batalla,
pero prefiero ver ponerse el sol
(el sol y sus celajes
de jaspe que han estado
ensayando este ocaso desde el alba)

No sabe el sol —es ciego— que ilumina no sólo
el lago, las montañas
erizadas, las torres, los tejados, las tiendas
de lona, los velámenes...
sino algo más en ruinas que aún humea

Sí, ya sé que se lucha a vida o muerte,
que vuelan estandartes, que enarbola
el corazón coraje y una pica
una cabeza hostil ensangrentada

Sé que se juega el mundo
y que las huestes blancas
cuentan con el apoyo de los dioses

Quiero mirar al horizonte: todos
los días no se ve un atardecer
así. No me preguntes por el combate; corre,
si quieres y pregunta a algún macero
qué causa ha convocado tanta sangre

Yo sigo aquí: ninguna
flecha puede perderse donde nadie la llama
Las ramas me protejen y las rocas
y nada me separa de la savia.
Y, tras de la contienda, recordar
cómo con el silencio que sigue a los combates
cristaliza hasta el fango. —El pasto calcinado
tiene afán de azabache,
las ruinas humeantes prefiguran trofeos

Entre las hendiduras,
bullendo entre las rectas y las volutas, otros
seres terceros, más menesterosos,
se buscan —han caído—: su semilla no vuela,
son fuego sin volcán, lava sin sueño.

(Clave de los tres reinos, 1986)

*

MAPA ANIMADO CON EJEMPLOS
DE LO QUE HUBIERA SIDO

Si pura fuera la contemplación
la calle sin memoria, los quehaceres
sin referencia y ábaco
sería mirar, hacer, ser hecho, respirar luz y aire.

Ocuparían el corazón
los cúmulos, la jara.
La confusión, las venas.

Y qué gestos de árbol iba a tener la voz, la artesanía
qué fulgor de tormenta
el éxtasis de estar o de caerse qué tersura
el ser metal o pisar cieno.
Andar hubiera sido perfil de la colina
bajo la lluvia el sol:
El sol multiplicado por dos trazos de agua
los ojos los planetas habitando en el mundo...

(Primavera soluble, [1978-1985] 1992)

*

CRISTAL DE LORENA *

> La compagne y est peinte pour des gens de cour
> qui veulent retrouver la cour dans leurs terres.
>
> H. TAINE, *Voyage en Italie.*

I

Lo que deslumbra hiere y sin embargo
es la herida quien presta su sangre y su dolor
a la visión más alta: deja huellas
el paisaje exaltado

---

* Recibían este nombre unas láminas acarameladas de vidrio que los
usos cortesanos del s. XVIII impusieron para la contemplación del paisaje,
precedentes de las gafas de sol y que reciben su nombre de las atmósferas
dulcificadas y cálidas de color que pintaba Claude Lorrain, Claudio Lorena.

el imborrable cerco de un orbe suplicante
que no se sabe si no es visto
y no se ve si no se sabe
                              Pero se va formando,
óxido de la vida, otoño de la idea,
a modo de un barniz traslúcido, dorado,
un cristal ambarino que amortigua
la desazón del ámbito que no llegó a la altura
y el excesivo resplandor de lo que la mirada no merece:
tarjeta blanca, celofán brillante,
regalos y contratos de la tierra
novedades y valles
todo más llevadero a los ojos: los años
los que atesoran son esas mieles celestes,
si al cabo del fulgor no se desiste
ni de la quemadura que abre el conocimiento.

                              II

Filtro del entusiasmo
al mismo tiempo dulcifica
la nostalgia de no poder tenerlo:
igual cubre el incendio de las nubes
que el temor de las aguas gélidas y profundas.
Sale del corazón
de la tierra, se asocia
a la fidelidad de lo geométrico
un número asignado a su conformación
que nadie puede descifrar, lo máximo
contar para asociar con sus otros misterios.
Buscar abajo lo que nos permita
mirar al cielo sin afán,
contemplar la dureza que alarga el pensamiento...
en la contemplación de opuestos símbolos.

Quedan las estaciones
por sus señas marcadas,
pero los atributos ya no muestran
ese exceso ejemplar que ilustraba al que aprende
pues todo se convierte en evidencia
a cambio del olvido de su causa y proceso.
Si se quiebra —materia delicada— perdura todavía
como un gesto aprendido
cual un útil perfecto que en su función se agota.
Su fractura violenta
(imposible juntar lo que sólo fue unido)
no hace sino insistir en su eficacia.

III

La piedra más perfecta, más antigua,
es para ti, Señora:
pulida reaparezca en los sembrados,
retirada la nieve.

(Cristal de Lorena, 1987)

PERE GIMFERRER

(Barcelona, 1945)

BIBLIOGRAFÍA POÉTICA

Mensaje del tetrarca, Trimer, Barcelona, 1963.
Arde el mar, El Bardo, Barcelona, 1966. 2.ª ed. preparada por Jordi Gracia en Cátedra, Madrid, 1994.
3 poemas, El Guadalhorce, Málaga, 1967.
La muerte en Beverly Hills, Ciencia Nueva, Barcelona, 1968.
Poemas 1963-1969, Ocnos, Barcelona, 1969.
Els miralls, Edicions 62, Barcelona, 1970.
Hora foscant, Edicions 62, Barcelona, 1972.
Foc cec, Edicions 62, Barcelona, 1973.
L'espai desert, Edicions 62, Barcelona, 1977.
Poesía 1970-1977, Visor, Madrid, 1978.
Poemas 1963-1969, Visor, Madrid, 1979.
Mirall, Espai, Aparicions, Poesía 1970-1980, Edicions 62, Barcelona, 1981.
Apariciones y otros poemas, Visor, Madrid, 1982.
Laúd para el soneto, Málaga, 1987.
Poemas 1962-1969, Visor, Madrid, 1988.
Espejo, espacio y apariciones, Poesía 1970-1980, Visor, Madrid, 1988.
El vendaval, Península / Edicions 62, Barcelona, 1988.
Morir sobre un nenúfar (Homenaje a Jean Cocteau), Rafael Pérez Estrada Editor, Málaga, 1988.
El vendaval (Ed. bilingüe), Península / Edicions 62, Barcelona, 1989.
La llum, Península / Edicions 62, Barcelona, 1991.
La llum / La luz (Ed. bilingüe), Península / Edicions 62, Barcelona, 1992.
Arde el mar, El vendaval, La luz, Círculo de Lectores, Barcelona, 1992.
Mascarada, Península / Empuries, Barcelona, 1996.

BIBLIOGRAFÍA CRÍTICA SOBRE SU OBRA POÉTICA (SELECCIÓN)

CARNERO, Guillermo: «Culturalism and "News" Poetry. A Poem by Pedro Gimferrer: "Cascabeles" de *Arde el mar* (1966)», en DEBICKI, Andrew P. (ed.): *Studies in 20th Century Literature. Contemporary Spanish Poetry: 1939-1990,* vol. 16, 1 (invierno de 1992), págs. 93-107.

GARCÍA DE LA CONCHA, Víctor: «Primera etapa de un novísimo: Pedro Gimferrer, *Arde el mar*», *Papeles de Son Armadans,* 190 (enero de 1972), págs. 45-61.

GRACIA, Jordi: «Introducción» a GIMFERRER, Pere: *Arde el mar,* Cátedra, Madrid, 1994, págs. 11-89.

LANZ RIVERA, Juan José: «Etapas y reflexión metapoética en la poesía castellana de Pere Gimferrer», en *La llama en el laberinto. Poesía poética en la generación del 68,* Editora Regional de Extremadura, Mérida, 1994, págs. 67-103.

PRITCHETT, Kay (ed.): *Four postmodern poets of Spain, A critical introduction with translations of the poems,* The University of Arkansas Press, Fayeteville-Londres, 1991.

VV. AA.: *Pere Gimferrer: Una poética del instante, Anthropos,* 140 (enero de 1993).

ODA A VENECIA ANTE EL MAR
DE LOS TEATROS

> Las copas falsas, el veneno y la calavera
> de los teatros.
>
> GARCÍA LORCA

Tiene el mar su mecánica como el amor sus símbolos.
Con qué trajín se alza una cortina roja
o en esta embocadura de escenario vacío
suena un rumor de estatuas, hojas de lirio, alfanjes,
palomas que descienden y suavemente pósanse.
Componer con chalinas un ajedrez verdoso.
El moho en mi mejilla recuerda el tiempo ido
y una gota de plomo hierve en mi corazón.
Llevé la mano al pecho, y el reloj corrobora
la razón de las nubes y su velamen yerto.
Asciende una marea, rosas equilibristas
sobre el arco voltaico de la noche en Venecia
aquel año de mi adolescencia perdida,
mármol en la Dogana como observaba Pound
y la masa de un féretro en los densos canales.
Id más allá, muy lejos aún, hondo en la noche,
sobre el tapiz del Dux, sombras entretejidas,
príncipes o nereidas que el tiempo destruyó.
Qué pureza un desnudo o adolescente muerto
en las inmensas salas del recuerdo en penumbra.

¿Estuve aquí? ¿Habré de creer que éste he sido
y éste fue el sufrimiento que punzaba mi piel?
Qué frágil era entonces, y por qué. ¿Es más verdad,
copos que os diferís en el parque nevado,
el que hoy acoge así vuestro amor en el rostro
o aquel que allá en Venecia de belleza murió?
Las piedras vivas hablan de un recuerdo presente.
Como la vena insiste sus conductos de sangre,
va, viene y se remonta nuevamente al planeta
y así la vida expande en batán silencioso,
el pasado se afirma en mí a esta hora incierta.
Tanto he escrito, y entonces tanto escribí. No sé
si valía la pena o la vale. Tú, por quien
es más cierta mi vida, y vosotros, que oís
en mi verso otra esfera, sabréis su signo o arte.
Dilo, pues, o decidlo, y dulcemente acaso
mintáis a mi tristeza. Noche, noche en Venecia
va para cinco años, ¿cómo tan lejos? Soy
el que fui entonces, sé tensarme y ser herido
por la pura belleza como entonces, violín
que parte en dos el aire de una noche de estío
cuando el mundo no puede soportar su ansiedad
de ser bello. Lloraba yo, acodado al balcón
como en un mal poema romántico, y el aire
promovía disturbios de humo azul y alcanfor.
Bogaba en las alcobas, bajo el granito húmedo,
un arcángel o sauce o cisne o corcel de llama
que las potencias últimas enviaban a mi sueño.
                                        Lloré, lloré, lloré.
¿Y cómo pudo ser tan hermoso y tan triste?
Agua y frío rubí, transparencia diabólica
grababan en mi carne un tatuaje de luz.
Helada noche, ardiente noche, noche mía
como si hoy la viviera! Es doloroso y dulce

haber dejado atrás la Venecia en que todos
para nuestro castigo fuimos adolescentes
y perseguirnos hoy por las salas vacías
en ronda de jinetes que disuelve un espejo
negando, con su doble, la realidad de este poema.

*

BAND OF ANGELS

Un jazmín invertido me contiene,
una campana de agua, un rubí líquido
disuelto en sombras, una aguja de aire
y gas dormido, una piel de carnero
tendida sobre el mundo, una hoja de álamo
inmensamente dulce, cuanto puede
vegetal y callaldo remansarse
sobre nuestras cabezas, y la sien
y los labios y el dorso de la mano
ungir de luz:
                Tú llegas.
                        Mía, mía
como el árbol del cielo de noviembre,
la lluvia del que en sus cristales óyela
y piensa en ella, el mar de su eco lóbrego,
el viento de la cueva donde expira
y se sume, pasado el planisferio,
la luz de su reflejo en un estanque,
el astro de su luz, del tiempo el hombre
que lo vivió y luchó para ganarlo,
ganando aquél, del silencio la música
que un instante ha cesado y se retiene
para volcarse luego, un solo río,

una sola corriente de oro en pie,
inmóvil y cambiante, tal el signo
de la centella en el recuerdo, cuando
la pensamos y fue, sobre la tapia
en cal de nuestra infancia, un aro roto,
y aquel fulgor estremeciendo el aire,
caliente en las mejillas, glacial luego,
cuando la lluvia en chaparrón nos vence
y vence a nuestra infancia:
                              toda mía
como esa infancia que no tuve, el ruido
de una máquina al coser, tarde perlada
de cansancio, cortinas fantasmales,
unánime el pasillo hacia el balcón
y la calle entre rejas, un perfil
desconocido, el mío, y en sus ojos
otra luz de leyenda, un mundo, salas,
caminos, rosas, montes, arboledas,
tapices, cuadros, parques de granito,
abanicos abiertos, tumba abierta
con coronas y versos, tumba abierta
de un niño, tumba oscura, aún mi pelo
rizado estaba, tumba abierta al cierzo
y la lluvia de otoño, verdes eran
ya mis ojos, en mi boca había un lirio,
tumba abierta de barro removido,
paletadas de estiércol en los ojos
de un niño, tumba abierta, venid todos,
murió en noviembre y llueve en su piel blanca,
llueve con la dulzura del otoño
y el dolor de la infancia que no tuve
y hoy sueño para ti,
                              pues eres mía,
mía como lo más mío de mí mismo.

Yo te he esperado años, y no importa
(no debiera importar) que sin tu luz
permanezca unas horas, escribiendo
poemas al azar, mientras te sé
con otras gentes —¿tú, la que me sueño,
o la que eres?— ida, ajena, en este
país tan tuyo de metal y sombra
donde no puedo entrar, en este tiempo
vivido sólo por y para ti,
el tiempo de sala de concierto
donde entraste aquel día, y bruscamente
te vi partir, sabiéndome a tu lado
y queriéndome aún, más desde lejos,
donde imposible no sonó mi paso
ni mi respiración de amor llegaba
a tus cabellos, desde el centro mismo,
de la otra vida, el corazón magnético
que envolvía en un círculo, hacia arriba,
sala y rostros y música y a ti.
No debiera importar que no tenga
de este modo en las horas que tú vives
lejos de mí, fiel a tu vida propia,
para luego en la luz de amor transida
de mis ojos reconocerte en mí
y latir al unísono los pulsos,
astros, flores y frutos del amor;
no debiera importarme, mas no sé
dar al olvido tantos años muertos,
tanta belleza inútil, pues no vista
ni gozada contigo, tanto instante
que no sentí, pues no sentí a tu lado,
toda mi vida antes de abrirme a ti:
este jardín, esta terraza misma,
el vientre tibio de la noche fuera,
las ubres ciegas del pasado, el agua

latiendo al fondo de un poema, el fuego
crepitando en la cumbre de un poema,
la cruz donde confluye el elemento,
el círculo o conjuro cabalístico,
la pezuña del diablo, los ardides
que con mi amor fabrican poesía
como metal innoble.
Veo el claustro
ya en silencio a esta hora de la tarde,
mágico en la distancia y la memoria,
arropado de sombras indecisas,
y tú saliendo, tu cabello suave
que ahuyenta las brujas, tu mirada
vertida en algo más allá de ti
la astral fosforescencia de tus dientes,
el hielo dulce y terso de tus labios,
todas las dalias que en tu piel expiran
y en cada pliegue de tu cuerpo, y toda
la piedad que tus manos me concedan.
Irreductiblemente, ¿cómo ves
al que te espera, con tus ojos puros?
Supiera esto, y tú serías mía,
y al esperarte ahora, en esta tarde
que existe sólo porque existes tú,
la luz que confabula este poema
incendiaría nuestra soledad.
Ven hasta mí, belleza silenciosa,
talismán de un planeta no vivido,
imagen del ayer y del mañana
que influye en las mareas y los versos;
ven hasta mí y tus labios y tus ojos
y tus manos me salven de morir.

(Arde el mar, 1966)

*

V

En las cabinas telefónicas
hay misteriosas inscripciones dibujadas con lápiz de labios.
Son las últimas palabras de las dulces muchachas rubias que
    con el escote ensangrentado se refugian allí para morir.
Última noche bajo el pálido neón, último día bajo el sol alu-
    cinante,
calles recién regadas con magnolias, faros amarillentos de
    los coches patrulla en el amanecer.
Te esperaré a la una y media, cuando salgas del cine —y a
    esta hora está muerta en el Depósito aquella cuyo
    cuerpo era un ramo de orquídeas.
Herida en los tiroteos nocturnos, acorralada en las esquinas
    por los reflectores, abofeteada en los *night-clubs,*
mi verdadero y dulce amor llora en mis brazos.
Una última claridad, la más delgada y nítida,
para deslizarse de los locales cerrados:
esta luz que detiene a los transeúntes
y les habla suavemente de su infancia.
Música de otro tiempo, canción al compás de cuyas viejas
    notas conocimos una noche a Ava Gardner,
muchacha envuelta en un impermeable claro que besamos
    una vez en el ascensor, a oscuras entre dos pisos, y te-
    nía los ojos muy azules, y hablaba siempre en voz
    muy baja— se llamaba Nelly.
Cierra los ojos y escucha el canto de las sirenas en la noche
    plateada de anuncios luminosos.
La noche tiene cálidas avenidas azules.
Sombras abrazan sombras en piscinas y bares.
En el oscuro cielo combatían los astros
cuando murió de amor,
                    y era como si oliera muy despacio un
                 perfume.

                            (*La muerte en Beverly Hills,* 1968)

                  *

RECUENTO

Ensayos he escrito desvaídos borradores esbozos
a la luz de una lámpara
apenas un valor decorativo
como figuras pintadas en la pantalla de una lámpara
piscinas con cisne de plástico
me muerdo los labios y una gota de sangre vacila
besar al leproso
horror de los contrarios la caverna plutónica el vendaval sul-
　　　fúreo
el otoño como un órgano profundo en las catedrales del agua
vivo de imágenes son mi propia sangre
la sangre es mi idioma ciego en la luz del planeta
buceando en la tiniebla con rifle submarino
un arpón oh sombras de delfines en mi vida
oh sombras de delfines
van y vienen en la verdosa oscuridad
cuánto quise decir que mis versos no dicen
cuánto mis versos dicen que yo no sabría decir
como una máquina tragaperras en Las Vegas o Phoenix City
y el fullero de smoking sale a una luz de carrusel
Cuando envejezca pensaré en mis versos como en esas ina-
　　　cabadas historias de familias con cenas y despachos
　　　y salones
las sonrisas de mis primas muertas hace tantos años
envejecidas como un vestido de encaje apolillado una mu-
　　　ñeca abandonada en los desvanes
la sonrisa de una muñeca
sus ojos como canicas o vidrios de colores
como canicas o vidrios de colores mis versos
pero todo adquirirá otra luz una nueva perspectiva
como la sala en penumbra desde una cabina de proyección
las sombras plateadas de los mares del Sur

con guirnaldas de flores las canoas en el Pacífico
este azul tan intenso que por las noches fosforece
versos fosforescentes en la noche
emitiendo señales de radio bajo las aguas como un subma-
      rino perdido
el Scorpion de la VI Flota ante los cabos de Virginia
Norteamérica un nido de escorpiones
no regresan sus señales de radio se pierden en la noche se
      hunden en la pesada oscuridad de las olas
emitiendo mis versos
ya desde la vejez versos de veinte años
con palabras de entonces que se han vuelto románticas
como automóviles de principios de siglo
charolados y oscuros y encendidos
mis versos
como en el teatro Kabuki o en una obra griega
maquillajes y máscaras siempre máscaras
Personae dijo Pound
amarillos y azules y encarnados
colores vivos de instantánea Kodak
algunos no regresan se han ido las imágenes
mariposa en cenizas
otros aún fosforecen sobre la noche de los rascacielos
regresan como muchachos heridos en la ciénaga
pólvora y ojos verdes
un guerrillero bajo las estrellas metálicas
fuego de granadas Primavera
mis ojos han visto la hoguera de Savonarola
la muerte de Ernesto Guevara
y como Sandro Botticelli la fría luz de una plaza desnuda
edificios vacíos como un esbozo de arquitecto
Los milagros de san Zenobio pintado hacia 1500
ya no tenía fe
se desvanece el verde sombrío de las hojas y las diáfanas
      cabelleras de oro

sirenas de ambulancias vienen de Luna Park
aúllan en la noche
y a lo lejos la rueda luminosa
música toboganes laberintos
la lluvia en Luna Park y el frío de la Morgue y los recuerdos

(«*Extraña fruta*» *y otros poemas*, en *Poemas 1962-1969,* 1988)

*

CELADAS

Poetry is the subject of the poem.

WALLACE STEVENS

I

Dicen que Apollinaire escribía
reuniendo fragmentos de conversaciones
que oía en los cafés de Montmartre: perspectivas cubistas,
como los recortes de periódico de Juan Gris,
                                        celadas
cuando el fondo es más nítido que la figura central,
en primer término, algo deformada, enteramente reducida a
        ángulos y espirales —los colores son más vivos en
        los ventanales del crepúsculo: un tintineo metálico

PARANYS: [Poetry is the subject of the poem. WALLACE STEVENS.]
I. Diuen que Apollinaire escrivia / aplegant fragments de converses / que
sentia als cafès de Montmartre: perspecives cubistes, / con els retalls de
diari de Juan Gris, / paranys / quan el fons és més nítid que la figura central,
/ a primer terme, una mica estrafeta, ben bé reduïda a angles i espirals —els
colors són més vius als finestrals del capvespre: un dring / a la cabana de la

en la cabaña de la infancia —de eso hablaba Hölderlin
y eran salones: preceptor, damascos rojos, el espejo vene-
    ciano,
Wozu Dichter in dürftiger Zeit, y Goethe escribiría a Schiller
    que aquel muchacho amigo suyo,
aunque todavía algo tímido y con la natural falta de expe-
    riencia
(todo, en el tono de la carta, trasluce el benévolo desprecio
    del viejo ante la poesía de un joven: él ya había es-
    crito versos y —le parecía— mucho más serenos, o
    mejores, o, cuando menos, con aquel clasicismo que
    garantizaría su perpetuidad),
porque el arte clásico se mantendrá siempre: Hölderlin, en
    sus últimos años, a su madre
le escribía muy respetuosamente, con las fórmulas aprendi-
    das cuando niño,
y le pedía tan sólo unos calzoncillos, un par de calcetines
    mal cosidos, cosas pequeñas y obvias
como las de Rimbaud en Abisinia, o en el hospital
—*Que je suis donc devenu malhereux!*—
y los poetas acaban así: heridos, anulados, muertos-vivos, y
    por eso los llamamos poetas.

---

infància —d'això parlava Hölderlin / i eren salons; preceptor, domassos
vermells, el mirall venecià, / *Wozu Dichter in dürftiger Zeit,* i Goethe escriu-
ria a Schiller que aquell noi amic seu, / encara que una mica tímid i amb la
natural manca d'experiència, / (tot, en el to de la lletra, fa veure el benèvol
menyspreu del vell davant la poesia d'un jove: ell ja n'havia fet, de versos, i
—li semblava— molt més serens, o millors, o, si més no, amb aquell classi-
cisme que en garantiria la perpetuïtat), / perquè l'art clàssic es mantindrà
sempre: Hölderlin, als darrers anys, a la seva mare, / li escrivia molt respec-
tuosament, amb les fórmules apreses de petit, / i només li desmanava uns
calçotets, un parell de mitjons mal cosits, coses petites i òbvies / com les de
Rimbaud a Abissínia, o a l'hospital / —*Que je suis donc devenu malhe-
reux!*— / i els poetes acaben així: ferits, anul·lats, morts-vius i per això en

¿Así? La crucifixión de algunos no es tal vez sino un signo,
y es el equilibrio de otros su grandeza y su muerte,
y la fosforescencia de Yeats (Bizancio, como un gong en el
        crepúsculo) el precio que pagamos
por aquel cuyo nombre estaba escrito en el agua.
Porque algún precio debe pagarse, podéis estar seguros: Eu-
        rídice yace aún muerta
sobre los conmutadores eléctricos y el azul de una sala tibia
        como la caja de un piano de caoba.
El mundo de Orfeo es el de detrás de los espejos: la caída de
        Orfeo,
como el retorno de Eurídice de los infiernos, las bicicletas,
        los chicos que venían de jugar al tenis y mascaban
        chewing gum,
rubias espaldas, cuerpos dorados —delicados—, las mucha-
        chitas de calcetines colorados y ojos azules de
        Adriático que bebían gin con naranja,
las que se bañaban desnudas en las novelas de Pavese y las
        llamábamos chicas topolino,
(no sé si habéis conocido el topolino: era un coche de moda,
        o frecuente, en los *happy forties).*

---

diem poetes. / Aixì? La crucifixió d'alguns no és potser més que un signe, i
és l'equilibri d'altres la grandesa i la mort, / i la fosforescència de Yeats (Bi-
zanci, com un gong al crepuscle) el preu que es paga / per aquell que tenia el
nom a l'aigua escrit. / Perquè algun preu cal pagar, podeu estar-ne certs: Eu-
rídice encara és morta / damunt els commutadors elèctrics i la blavor d'una
sla tèbia com la caixa d'un piano de caoba. / El món d'Orfeu és el de darrera
els miralls: la caiguda d'Orfeu, / com el retorn d'Eurídice dels inferns, les
bicicletes, els nois que venien de jugar al tenis i mastegaven *chewing gum,* /
rosses esquenes, cossos daurats —delicats—, les noietes de mitjons vermells
i ulls blaus d'Adiràtic que bevien gin amb taronja, / les que es bayaven nues
a les novel·les de Pavese i en dèiem noies topolino / (el topolino, no sé si l'-
heu conegut: era un cotxe de moda, o freqüent, als *happy forties). /* Però ara

Pero ahora ya soy más viejo, aunque decir viejo sea
inexacto, pero el color del gin con naranja
où sont où sont the dreams that money can buy?

II

Este poema es
una sucesión de celadas: para el
lector y para el
corrector de pruebas
y para
el editor de poesía.
Es decir,
que ni a mí me han dicho lo
que hay detrás de las celadas, porque
sería como decirme el dibujo
del tapiz, y esto
ya nos ha enseñado James que no
es posible.

(Els miralls, 1970)

*

—————
ja sóc més vell, per bé que dir vell sigui inexacte, però el color del gim amb
taronja / où sont où sont the dreams that money can buy? /
    II: Aquest poema és / un seguit de paranys: per al / lector i per al / co-
rrector de proves / i per a / l'editor de poesia. / És a dir, / que ni a mi no
m'han dit allò / que hi ha darrera els paranys, perquè / fóra com dir-me el
dibuix / del tapís, i això / ja ens ha ensenyat James que no / és possible.

HORA OSCURECIDA

Llamas más eclipsadas que vencidas,
auroras algún día luminosas,
sombras ya de mi vista tenebrosas,
tenebrosas, mortales, mas queridas.

FONTANELLA

Este cuerpo mío, tan acostumbrado a las nubes
que toda esta luz se le hace ceniza,
el movimiento mismo del cielo, velamen
oscuro de la madrugada, desfiladeros, fábulas
de la oscuridad y del oro, cuando las agujas
no hieren un cuerpo. Si cierro los ojos
aún se mueve la arboleda, el bosque del cielo,
verde como una mirada. Los movimientos
de las aguas profundas y el del cuerpo
suenan con igual latido. No temo a los árboles
cuando oscurece, ni a los ojos de la valquiria,
con todo el resplandor del sol, o acechantes
como el escudo de la luna. La fragua
y el horno del cielo, derruidos dominios,
escombro y hoguera, campo de leñadores!

HORA FOSCANT: [Flames més eclipsades que vençudes, / aurores al-
gun dia lluminoses, / ombres ja de ma vista tenebroses / tenebroses, mor-
tals, però volgudes. / Fontanella.] Aquest cos meu, tan avesat als núvols /
que tota aquesta llum se li fa cendra, / el moviment mateix del cel, velam /
fosc de la matinada, gorges, faules / de la foscor i de l'or, quan les agulles /
no fereixen un cos. Si tanco els ulls, / encara es mou l'arbreda, el bosc del
cel, / verd com una mirada. Els moviments de les aigües profundes i el del
cos / fan el mateix batec. No temo els arbres / quan es fa fosc, ni els ulls de
la valquíria, / amb tot l'esclat del sol, o sotjadors / com l'escut de la lluna.
La fornal / i el forn del cel, enderrocats dominis, / runa i foguera, camp de

Campos de hacha, en el cielo. De bosque. Helechos,
con tanta piel de lobo, de tejón, la herramienta
nocturna, el colmillo oscuro, metal o mármol,
párpado cerrado. Como el bosque, la arboleda
se mueve: signos batalla. En el cielo invernal
crujen las ramas. Brillará una piedra,
piedra de profecía, y se trasmutan
las herramientas terrenales. Noches, un arado
en el corazón vivo de la noche, pico de legón
hundido en tierra! No, mi pecho
no es el cielo, altar de relámpagos oscuros.
Ni mi altar es el cielo. Tinieblas,
lección de las tinieblas, cercado, aposento
de la muerte. Hachea, fuego de octubre,
el maderamen y la arboleda de la mañana!

(Hora foscant, 1972)

*

_____

llenyataires! / Camps de destral, al cel. De bosc. Falgueres, / amb tanta pell
de llop, de teixó, l'eina / nocturna, l'ullal fosc, metall o marbre, / palpebra
closa. Com el bosc, l'arbreda / es mou: signes, batalla. Al cel d'hivern /
cruixen les branques. Lluirà una pedra, / pedra de profecia, i es transmuten /
les eines terrenals. Nits, una arada / al cor viu de la nit, bec de magall / en-
fonsat a la terra! No, el meu pit / no és el cel, altar de llampecs foscos. / Ni
el meu altar no és el cel. Tenebres, / lliçó de las tenebres, cleda, estatge / de
la mort. Destraleja, foc d'octubre, / el llenyam i l'arbreda del matí! *[Hora
foscant.]*

CONJURO

Los guerreros más augustos ya son sombras
a la sombra del viejo encinar.
Cárdena, la noche restalla.
Latigazos, ladridos, rayos lejanos.
En el pozo muerto, las cornejas graznan.
Guiarán el corcel manos de hielo.
La tempestad. El sol verde de aguas negras.
No me conozco. El pecho muerto es un lago.
Navío de oro, catafalco oscuro del día
Mi cuerpo como la cuerda de un arco.
Ya se atarea el invierno, cuando rasga
las cortinas, teatro del mar.
Se enmascara con las tupidas nieblas.
Arquero negro, detén tu paso.
Se envara el arquero de azabache.
La saeta conoce el camino.
Palmo a palmo medimos la fosa.
Fango y hojas nos hacían la yacija.
El guante de oro del barquero arde y arde.
La laguna, de nieve y azafrán.
No pensábais que fuese toda blanca.

CONJUR: Els guerrers més augusts ja són ombres / sota l'ombra del vell
alzinar. / Moradenca, la nit espetega. / Cops de tralla, lladrucs, llamps llun-
yans. / Al pou mort, les cornelles grinyolen. / Guiaran el corser mans de
glaç. / La tempesta. El sol verd d'aigües negres. / No em conec. El pit mort
és un llac. / Vaixell d'or, cadafal fosc del dia. / El meu cos, com la corda
d'un arc. / Ja feineja l'hivern, quan estripa / les cortines, teatre del mar. /
S'emmascara amb les boires feixugues. / Arquer negre, detura el teu pas. /
S'encarcara l'arquer d'atzabeja. / La sageta coneix el vial. / Pam a pam me-
surem la fossana. / Fang i fulles ens feien el jaç. / El guant d'or del barquer
crema i crema. / La llacuna, de neu i safrà. / No pensàveu que fos tota

Ahora vienen las huestes. Desde el fondo del cielo,
las huestes vienen. Verdor de la encina,
en los ojos muertos, en los ojos vacíos, llenos de cal.

*

FUEGO CIEGO

A Vicente Aleixandre

El peso encendido de las rejas de arado.
Rueda del cíclope solar.
Zumban raíces y cornejas.
Más oscuro, un coto supremo.
Espadas. Luz de hebillas.
Las espuelas en la mano.
Degüello pascual. Astillas.
Azufre y arena enciende el llanto.
Sin anillas ni chatarra,
¿quién te conocerá, cuerpo?

Porque, del hombre, estos brazos
cuando la piel desnuda se enciende,
y este hálito, y estos lazos
de seda oscura y poniente,

---

blanca. / Ara vénen les hosts. Cel enllà, / les hosts vénen. Verdor de l'alzina / als ulls morts, als ulls buits, plens de calç.

FOC CEC: [A VICENTE ALEIXANDRE.] El pes encès de les relles. / Roda del cíclop solar. / Brunzen arrels i cornelles. / Més fosc, un clos so-birà. / Espases. Llum de sivelles. / Els esperons a la mà. / Els xais degollats Estelles. / Sofre i sorra encén el pla. / Sense ferralla ni anelles, / cos meu, qui et coneixerà? // Perquè, de l'home, aquests braços / quan la pell nua s'encén, / i aquest alè, i aquests llaços / de seda fosca i ponent, / i aquests

y estos ojos ¿no son capaces
de retenir, ceniza ígnea,
fuegos olvidados de espuertas
que atiza y dispersa el viento?
Vamos vestidos de payasos
bajo el arado candente.

Bronce, desiertas campanas.
Cuerpo atado de pies y manos,
herido y ahorquillado ¿reclamas
recobrar la luz de antes,
el jubón de sedas vanas,
las estancias y los instantes,
las alas de gerifalte, ufanas
sobre naufragios lejanos?
De espuma y de oro las fosas.
Cuerpo enjoyado, amarillas manos.

Los astros también, avanzando
inmóviles y sepulcrales,
por la cúpula que expía
crímenes antiguos de huestes funerales
y, verde sierpe del día,
extingue oscuros fanales,

---

ulls ¿no són capaços / de retenir, cendra ignent, / focs oblidats de cabassos / que atia i dispersa el vent? / Anen vestits de pallassos / sota l'arada roent. // Bronze, desertes campanes. / Cos lligat de peus i mans, / ferit i enforcat, ¿demanes / retrobar la llum d'abans, / el gipó de sedes vanes, / les estances i els instants, / les ales de grifó, ufanes / damunt naufragis llunyans? /D'escuma i d'or, les fossanes. / Cos enjoiat, grogues mans. // Els astres també, fent via / immòbils i sepulcrals, / per la cúpula que expia / crims antics d'hosts funerals / i, verda serpent del dia, / extingeix foscos fanals, / illumi-

iluminan la locura
de un poniente de timbales.
Negras cohortes, dolencia
de la luz, negra en los peñascos.

El vuelo de un águila ¿puede,
rueca de un cielo confuso,
romper oscuridades, alcahuete,
pantera oscura, ébano,
de una yacija de placer, de un hondón,
remedio del hombre, huso
irrisorio, cuerpo, una dote
lóbrega de nupcias, uso
de alfombras en el vacío caserón?
Cuerpo con cuerpo la luna cose.

La claridad blanca del espino,
el inerme alfanje de la noche,
las hayas que la luz de marzo
une en un haz abrasado,
cuando todo el mediodía, disperso,
es un desgarrado vestido:
túnicas, deliquios caros
a los ojos, póstumo, muerto afán.

---

nen la follia / d'un capvespre de timbals. / Negres cohorts, malatia / de
la llum, negra als penyals. // El vol, d'una àguila ¿pot, / filosa d'un cel
confús, / rompre foscors, alcavot, / pantera obscura, banús, / d'un jaç de
plaer, d'un sot, / guariment de l'home, fus / irrisori, cos, un dot / llòbrec
d'esposalles, ús / d'ombres al buit casalot? / Cos amb cos la lluna cus. //
La claror blanca de l'arç, / l'inerme alfanc de la nit, / els faigs que la llum
de març / uneix en un feix brusit, / quan tot el migdia, espars, / és un
e quinçat vestit: / túniques, deliquis cars / als ulls, pòstum, mort neguit. /

Metal oscuro, nubes avaras
el firmamento han conquistado.

Porque la raposa y el hurón
y el garfio del alacrán
han convertido en su pasto
el cielo de este día claro.
Todo, una sola conjura.

Helada miro mi mano.
Tanta tiniebla se detiene
en mi corazón. El ganado
olfatea la muerte. ¡Impura
ofrenda de un fuego vano!

Se desvanece la luz. Perdura
el ojo del tigre, el jadeo del can.

(Foc cec, 1973)

*

Metall fosc, núvols avars / l'estelada han conquerit. // Perquè la volp i la fura / i l'unglot de l'alacrà / han fet la seva pastura / del cel d'aquest dia clar. / Tot, una sola conjura. // Glaçada em miro la mà. / Tanta tenebra s'atura / al meu cor. El bestiar / ensuma la mort. Impura / presentalla d'un foc va! // S'esvaeix la llum. Perdura / l'ull del tigre, el bleix del ca. *[Foc cec.]*

X

El hoyo del ser. Siempre las mismas
palabras, con el tintineo del falso metal
o el fuego de paja, con la claridad fingida
de la quincalla, blanca y espectral
como si, una vez más, la escena ya filmada
volviese a repetirse, estas calles
con luz de gas, una postal de Londres
de madrugada, todo ello un solo enigma
como tu vientre, la negrura de raíces
del monte de Venus, el antro del relámpago
que nos deja en los labios un sabor de azufre,
un pez de llama en una noche de espumas.
Nos encontraremos en el fondo del hoyo del ser,
el fundamento del mundo material,
un espacio absoluto, la profundidad
de la tiniebla, cuando el nervio óptico
no conoce un silencio, azul de vibraciones.
La noche centelleante nos abrasa los ojos.
Con las pavesas caen las imágenes del tiempo.
No tiembla ese mundo sin claridad ni tacto,
el aire mate y el polvo de carbón.

X: El sot de l'ésser. Sempre les mateixes / paraules, amb el dring del fals
metall / o el foc de palla, amb la claror fingida / de la quincalla, blanca i es-
pectral / como si, un cop més, l'escena ja filmada /tornés a repetir-se,
aquests carrers / amb llum de gas, una postal de Londres / de matinada, tot
un sol enigma / com el teu ventre, la negror d'arrels / del mont de Venus,
l'antre del llampec / que ens deixa als llavis un regust de sofre, / un peix de
flama en una nit d'escumes. / Ens trobarem al fons del sot de l'esser, / el fo-
nament del món material, / un espai absolut, la pregonesa / de la tenebra,
quan el nervi òptic / no coneix un silenci, blau de vibracions. / La nit espur-
nejant ens crema els ulls. / Amb les guspires cauen les imatges del temps. /
No tremola aquest món sense clarors ni tacte, / l'aire mat i la pols de carbó.

Un papel oscuro se esparce por el espacio mineral.
Ni el viento, ni las palabras, ni la luz,
en este hoyo, ni la oscuridad: la ausencia
de los datos visibles, como si la techumbre
se hubiese abierto al frío, y el espacio al espacio.
El espacio sorbe al espacio y lo hace estallar:
el hoyo del ser se abre al vaciamiento.
El soplo total, el vacío que sopla
y limpia los sentidos, la cavidad desnuda,
la profundidad de la exhalación.
Decimos el hoyo, decimos el lugar vacante del ser.
Un agua blanquecina, engullida por el humo.
Volveremos a la noche, a la postal tiznada
con los colores de plomo de un alba lívida,
las manchas de sol, frías en una claridad sorda
en las aguas del río, los puentes de oscuridad,
la campana de luz fundida del otoño,
estas calles vividas tiempo atrás, en una escena
gaseosa, como un doble de nuestro tiempo real,
y volveremos a ver aquel guante verde de seda
en el oro de la portezuela del carruaje muerto,
las perlas en el turbante de la diosa

/ Un paper fosc s'escampa per l'espai mineral. / Ni el vent ni les paraules ni
la llum / en aquest sot, ni la foscor: l'absència / de les dades sensibles, com
si el sostre / s'hagués obert al fred, i l'espai a l'espai. / L'espai xucla l'espai
i el fa esclatar: / el sot de l'ésser s'obre al buidament. / La bufera total, el
buit manxaire / que neteja els sentits, la balma nua, / la fondària de l'exha-
lació. / Diem el sot, diem el lloc vacant de l'ésser. / Una aigua blanquinosa,
englotida pel fum. / Tornarem a la nit, a la postal guixada / amb els colors
de plom d'una alba lívida, / les clapes de sol, fredes en unn claror sorda / a
les aigües del riu, els pont de fosquedat, / la campana de llum fosa de la tar-
dor, / aquests carrers viscuts fa temps, en una escena / gasosa, com un doble
del nostre temps real, / i tornarem a veure aquell guant verd de seda / a l'or
de la portella del carruatge mort / les perles al turbant de la deessa / i els ful-

y los fulgores charolados de la noche en los hoteles.
Es una estampa de litografía
en un papel que se hace trizas, lento
como las hojas que caen en un sueño.
No hay transición: abrimos los ojos
en la habitación a oscuras. Laten
alas de pájaros en la negrura. ¿Es ahora
cuando soñamos? El mundo visible crece,
intuido, en la luz del tiempo imaginario.
Como un latido en una habitación a oscuras,
vivir en el espacio de hoyo del ser, vivir
hecho sólo un latido, con un sol instantáneo
al fondo de la pupila, un sol ciego, que no quema,
una bola de hielo en la habitación.
Escuchando la nada, respirando una ausencia
de aire en una campana neumática, en un cero
barométrico, el vacío glacial,
en un no-tiempo y en un no-espacio, el vacío
que me rompe los pulmones cuando lo respiro,
hasta que yo me siento respirado por el vacío,
el no-espacio que me respira, los pulmones
poderosos, y soy la respiración,

---

gors xarolats de la nit als hotels. / És una estampa de litografia / en un pa-
per que s'esmicola, lent / com les fulles que cauen en un somni. / No hi ha
transició: obrim els ulls / a la cambra a les fosques. Bateguen / ales d'ocells
en la negror. ¿És ara que somiem? El món visible creix, / intuït, en la llum
del temps imaginari. / Com un panteix en una cambra fosca, / viure en l'es-
pai del sot de l'ésser, viure / fet només un batec, amb un sol instantani / al
fons de la pupil la, un sol cec, que no crema, / una bola de glaç a l'habiació.
/ Escoltant el no-res, respirant una absència / d'aire en una campana
pneumàtica, en un zero / baromètric el buit de la gelor, / en un no-temps i en
un no-espai, el buit /que m'esbotza els pulmons quan el respiro, / fins que
jo em sento respirat pel buit, / el no-espai que em respira, els pulmons / po-
derosos, i sóc, la respiració, / sóc l'alè del no-espai, quan inhala, / i exhala,

soy el hálito del no-espacio, cuando inhala
y exhala, cuando me exhala en un espacio cerrado,
aquí, en la habitación oscura, en el cielo convexo
que rehúsa la luz, y siento que me aspiran
los pulmones de la noche en una habitación,
siento el latido, soy el latido, el cielo
que late, la luz que ha retenido el hálito
para dejar una claridad despojada en el espacio,
para despojar al espacio hasta de claridad,
para que veamos el fondo del hoyo del ser,
para que veamos el espacio sin claridad ni oscuridad,
para que veamos el espacio en el que no hay espacio,
para que veamos el espacio que es todo el espacio.

(L'espai desert, 1977)

*

INVIERNO

Precisa como escarcha, noche estricta.
Árboles: alegorías en el camino.
La luz, cuajada, este silencio dicta.
Todo mi ser desistirá de mí.

*

---

quan m'exhala en un espai tancat, / aquí, a la cambra fosca, al cel convex / que refusa la llum, i sento com m'aspiren / els pulmons de la nit en una cambra, / sento el batec, sóc el batec, el cel / qu ebatega, la llum que ha retingut l'alè / per deixar una claror despullada a l'espai, / per despullar l'espai fins i tot de claror, / perquè vegem el fons del sot de l'ésser, / perquè vegem l'espai sense claror ni fosca, /perquè vegem l'espai on no hi ha espai, / perquè vegem l'espai que és tot l'espai. *[L'espai desert.]*
     IVERN: Precisa com el gebre, nit estricta. / Arbres: allegories al camí. / La llum, quallada, aquest silenci ens dicta. / Tot el meu ésser desisteix de mi.

ARTE POÉTICA

Algo más que el don de síntesis:
ver en la luz el tránsito de la luz.

*

SIGNO

(Versión de Lorenzo Gomis)

Es el mundo alegoría.
Cabalístico el dibujo
con que expía el cielo nítido
la leve sombra del pájaro.

Nada: uña tan sólo
en la lisura serena
del firmamento aclarado.

¡Claros! En este paisaje
se imita otro, celado
es un escrito invisible.

(Como un epílogo, en *Poesía 1970-1977,* 1979)

*

ART POÈTICA: Alguna cosa més que el do de síntesi: / veure en la llum
el trànsit de la llum.

SIGNE: El món és una al·legoria. / És cabalístic el dibuix / amb què el
cel nítid expia / l'ocell, ombra sense gruix. / No res: tan sols una unglada /
en lallisor asserenada / del firmament esbandit. / Clarianes! La contrada /
n'estrafà una altra, celada / en un invisible escrit. *[Com un epílog.]*

HIMNO DE INVIERNO

(Versión de Octavio Paz)

Con la niebla en los tilos llega el olor de manzanas,
todo lo que guardó la nieve en su membrillo:
solemne, el hálito de los copos en la luz crepuscular,
alegoría temerosa del amanecer de la muerte.
Será muy clara: un cielo deslumbrante, espacios
del descuartizamiento de las estrellas y los escollos,
todo ese lavado de la luz que, ahora, presiente
el momento de la servidumbre y del férreo nublado.
Será muy clara: espumas y escarchas, polvareda
de tiza en un mediodía de corazas encendidas,
la cuadriga de púrpura del pabellón resplandeciente.
Será muy clara: el oro de viejas roderas
en las veredas trilladas, moneda de la luz,
moneda del recuerdo que tantas manos pulen,
plegaria del cobre y el joyel oxidado.
Así nos afila, en los bordes de la tarde,
la ciega orfebrería del invierno, la borrasca
que atormenta los ojos extraviados en el cielo.

HIMNE D'HIVERN: Amb la boira als tillers ve l'olor de la poma, / tot
allò que ha desat el codony de la neu: / solemne, el buf de volves en la llum
allegòrica / dels capvespres que temen el matí de la mort. / Serà molt clara:
un cel encegador, les ones /a l'esquarteament d'estrelles i d'esculls, / tota
aquesta esbandida de llum que pressentim / ara, al temps del servatge i del
núvol de ferro. / Serà molt clara: escumes i borralls, polseguera / de guix en
un migdia de cuirasses enceses, / la quadriga de porpra del tendal resplen-
dent. / Serà molt clara: l'or de les velles roderes / als corriols fressats, mo-
neda de la llum, / moneda del record, que tantes mans poleixen, / la pre-
guera del coure i el joiell rovellat. / És així qu eens esmola, als cantells de la
tarda, / l'orfebreria cega de l'hivern, la borrasca / que tempesteja els ulls es-

Ayer apenas fue jornada de agua,
hoy de granizo, mañana de fuego.
Revoloteando, la nieve nos promete hogueras
y de la brasa enjuta ha de nacer el destello del hielo.
Guarecidos, veremos el bosque del temor
y el canto de los pájaros muertos dirá nuestro destino.

*

VIGILIA

(Versión de Jaime Siles)

Y no decir más, no poder,
la copa, el casco, aquella cosa
arrojada a los vidrios, traba umbrosa
de imágenes inútiles de ayer.
Ni el estallido de ningún jardín
dirá el color de aquella rosa
que aplasta en la pupila ansiosa
el triunfo de luz de algún clarín.
¡No poder nunca más ya decir eso,
no poder ver en el revés

---

garriats pel cel. / Ahir va ser tot just la jornada de l'aigua; / avui, la del gra-
nís, i demà, la del foc. / Giravoltant, la neu ens promet les fogueres / i de la
brasa eixura en neix l'esclat del glaç. / Arrecerats, veurem el bosc de la te-
mença / i el cant dels ocells morts dirà el nostre destí. *[El vendaval.]*

VIGILIA: I no poder ja mai més dir / la copa, el casc, aquella cosa /
llençada als vidres, una nosa / d'imatges inútils d'ahir. // Cap estravella-
ment de lli / no dirà el color de la rosa / que aixafa a la pupilla closa / el
triomf de llum d'un clarí. // No poder ja dir això mai més, / no poder veure

el temblor claro de la piel,
el labio, el jugo, el vientre, el beso,
el asalto de los cuerpos, y después
no poder decir aún todo eso!

~

(Versión de Justo Navarro)

Y nunca, nunca más poder
decir la copa, el casco, eso
que rompió el vidrio, inútil peso
de las imágenes de ayer.
Tras el velo rasgado nada
dirá los tonos de la rosa
que ciega la luz victoriosa
de un clarín en pupila ajada.
No poder ver en retroceso
el temblor claro de la piel,
y nunca más poder decirlo;
ni el labio, el jugo, el vientre, el beso,
los cuerpos al asalto; y, fiel,
¡no poder nunca repetirlo!

(El vendaval, 1988)

*

---

a l'inrevés / el tremolar de la pell clara, // el llavi, els sucs, el ventre, el bes,
/ l'assalt dels cossos, i després / no poder dit tot això encara!

DEDICATORIA

(Versión de Justo Navarro)

Y tienen miedo a todo esto:
al nombre, como de animales,
fosco, al tributo negro, impuesto
que el rayo exige a sus leales.

Miedo a los ecos, vibración
naranja como la inmodestia,
miedo al oro de una molestia
que, al fulminarnos, es un don.

Sí, miedo al cuco y la picaza,
al cuerpo sin quietud, tenaza
que agoniza, pulverizada.

Tienen miedo a esto: a la vida
que brujos nos hace, a la herida
del amor, tela tan delgada.

*

ENDREÇA: I tenen por de tot això: / de dir el nom fosc, com d'una bès-
tia, / el tribut negre, aquella qüèstia / que el vassall paga al llamp i al tro. // I
tenen por de tant ressò / ataronjat com la immodèstia, / por del daurat d'una
molèstia / que, quan fulmina, ens és un do. // Por de la puput i la gralla, / del
cos neguitejat, tenalla / que es fa agonia de polsim; / d'això tenen por: de la
vida / om som bruixots, de la ferida / de l'amor, aquest tel tan prim.

AMANTES

(Versión de Justo Navarro)

Leyenda trágica: extravío,
rotos en un sueño de gruta,
gesticulando, disoluta
ropa arrugada en mudo lío.

Toda tú, sólo tú, me llegas
despojada de la caoba
de tu cuerpo: loba que roba
de los ojos rayos, refriegas.

Toda tú, todo yo: rapiña
del mercadeo de la viña
de amor de la cepa en barbecho:

fuego al rastrojo de la vida
prendemos, como el ave herida,
con la muerte, un ascua, en el pecho.

(La luz, 1991)

*

_____

AMANTS: Llegenda tràgica: els perduts, / els llençats a un somni de
cova, / gesticuladors, plec de roba / feta un fardell de manyocs muts. // Tota
tu només te m'acuts / despullada de la caoba /del teu cos de lloba que roba /
al fons dels ulls llampecs aguts. // Tota tu, tot jo, la rapinya / de la barata de
la vinya / d'amor de cep eixarreït: // fem foc dels rostolls de la vida, / però,
com la guatlla ferida, / tenim la mort encesa al pit. / *[La llum.]*

JENARO TALENS

(Tarifa, Cádiz, 1946)

En el umbral del hombre, Veleta al Sur, Granada, 1964.

Los ámbitos, Veleta al Sur, Granada, 1965.

Víspera de la destrucción, Hontanar, Valencia, 1970.

Una perenne aurora, Ángel Caffarena, Málaga, 1970.

Ritual para un artificio, Hontanar, Valencia, 1971.

El vuelo excede al ala, Inventarios Provisionales, Las Palmas de Gran Canaria, 1973. (2.ª y 3.ª ed. en Fernando Torres, Valencia, 1977 y 1980.)

El cuerpo fragmentario, Fernando Torres, Valencia, 1977. (2.ª ed., 1980.)

Reincidencias, Septimomiau, Valencia, 1979.

Otra escena. Profanación(es), Hiperión, Madrid, 1981.

Proximidad del silencio, Hiperión, Madrid, 1981.

Purgatori, Fernando Torres, Valencia, 1983. (Trad. castellana: *Purgatorio,* Hiperión, Madrid, 1986.)

Secuencias, Don Quijote, Granada, 1983.

Tábula rasa, Hiperión, Madrid, 1985.

La mirada extranjera, Fundación Instituto Shakespeare, Valencia, 1985. (2.ª ed., Hiperión, Madrid, 1986.)

Cinco maneras de acabar agosto, Fundación Instituto Shakespeare, Valencia, 1986.

El sueño del origen y la muerte, Hiperión, Madrid, 1988.

Desde esta biografía se ven pájaros, Alfar, Sevilla, 1989.

Cenizas de sentido. (Poesía 1962-1975), Cátedra, Madrid, 1989.

El largo aprendizaje. (Poesía 1975-1991), Cátedra, Madrid, 1991. (Incluye los poemarios inéditos: «Menos que una imagen», «El hostal del tiempo perdido» y «Rumor de lo visible».)

Orfeo filmado en campo de batalla, Hiperión, Madrid, 1994.

De qué color son las princesas, Episteme, Valencia, 1996.

BIBLIOGRAFÍA CRÍTICA SOBRE SU OBRA POÉTICA (SELECCIÓN)

CASADO, Miguel: «Jenaro Talens. (Reseña de *El largo aprendizaje)*», *El Urogallo,* 76-77 (septiembre-octubre de 1992), págs. 81-82.

IZQUIERDO, José María: «Tábula rasa (¿en?) de Jenaro Talens», *Revista de Occidente,* 35 (diciembre de 1985).

JIMÉNEZ, José Olivio: «Tres poetas valencianos», en *Diez años de poesía española (1960-1970),* Ínsula, Madrid, 1972.

MAS, Miguel, y RAMOS, Juan Luis (ed.).: *Jenaro Talens; Quervo, Cuadernos de Cultura,* 8 (abril-mayo de 1986).

SIMÓN, César: «El nihilismo optimista de Jenaro Talens; y las dificultades de su poesía», *Imprévue,* 1 (1981).

EN EL JARDÍN

Und wozu Dichter in dürftiger Zeit.

HÖLDERLIN

Para quién tus palabras
brotan, en esta exangüe
noche, si el hueso ignora
todo, la sombra, el bulto
del estertor, si el labio
es corteza y resbala
sin ahondar, sin ser
más que forma de tacto,
no raíz. Si supieras
en qué desiertos húmedos
tu voz calcina soles desatados.

Mira el jardín: la yedra
sobre el plátano asciende,
con su verde amenaza
de destrucción, fingiendo
no conocer la humilde
torpeza de sus ramas.
Cuánto dolor inútil
duerme en la piedra, y cruza
por el aire tranquilo
que te envolvió y absorbe. Si supieras.

Tú, poeta, que has visto
bajo los tristes sauces
de poniente, el sollozo
de los acantilados,
el tímido galope
de las cornejas, entre
miniados azafates
de oscuridad, di ahora
cuánta vana belleza
consumieron tus ojos
única, irrepetible.
Di qué sombras, qué otoños
fosforescentes fueron
tu luz, antes que el frío
de una tiniebla súbita
descubra tu verdad enmohecida.

(Víspera de la destrucción, 1970)

*

FARO SACRATIF

I

Ordenación simbólica,
si como símbolo consideramos
el arbitrario modo de reconstruir
con fragmentos dispersos,
significando que las convenciones
permiten esbozar, en un vacío
sin nombre, la unidad,
                    que ya es historia.

II

Historia, sí; su frío
redimiera del tiempo de morir.
Esta montaña tiene
caminos escarpados donde jamás las voces llegarían;
que no la habita nadie,
ni las alimañas
cruzan sobre este polvo y estas rocas
con ruinoso verdín.
Solitarias reposan las ortigas,
los matojos de aliaga en el atardecer.
Y si la luz desciende no acaricia,
resbala en la ladera
que va a dar en la mar.
Porque desde el camino se ve el mar. Un mar,
como esta tierra, estéril.

Jamás un ojo humano contempló en sus olas
los silenciosos escarceos
del sol, ni fueron brillo,
fulguración o espejo para nadie.
Nunca otros ojos, nunca:
porque la sed ardida
de los zarzales y los cabrahigos,
y esos acantilados
que un viento húmedo erosiona, y la musgosa
espuma son presente.
Como presente el ojo y esta inútil
fulguración de un hombre que medita
bajo un atardecer alucinado.

III

Toda historia es ficción.
Y más aún: sólo como ficción la historia existe.
Porque no hay tiempo, sino realidad
que acomoda la luz en la memoria:
los cuadrantes de esfera,
el péndulo implacable sobre la pared,
la recogida fiesta familiar
aderezada en el esmalte de las colgaduras,
los precoces espejos que no cobija el aire,
espacios que conmueven con un batir de alas
las pálidas gaviotas sobre el fondo del lienzo,
sin que nadie sospeche que, como torbellino,
asumen su verdad, la verdad de la noche,
con nostalgia que ignora
el frío firmamento de su inmortalidad.

IV

Toda historia es dolor,
y el dolor es historia:
la construida rosa de la resurrección.
Imaginemos un jardín.
Un jardín entre muros donde la bugambilia
crezca sobre andamiajes
que una mano plantó.
                              Y hay dalias, boj, enredaderas.
Es un jardín pequeño,
sin concreción de tiempo ni de espacio.
Sólo una luz: infancia.
Infancia, sí; pasado,
ese extraño país
donde todo sucede de manera distinta.

Ninguna flor persiste,
y, sin embargo, todas son,
pues que jamás acecha la caducidad
en el presente inmóvil
del existir, hasta que la memoria
los hechos reinventa y unifica.
Que el transcurso y el orden,
su sucesividad,
son materia simbólica,
y al final sólo queda
no el tiempo: su ficción.

(Ritual para un artificio, 1971)

*

ESTADO DE SITIO

con qué facilidad transformo en alas
cuanto mis ojos codifican
la ininteligible percepción del movimiento del espacio
la fragancia crepuscular que ningún murmullo desdibuja
pero sé que en mis manos lo posible es un símbolo
sin elocuencia la luz de la bombilla sobre el aparador
confundiendo mis libros los sillones de enea
y otros objetos sin relieve
cuya presencia hace inconcebible la sola idea del sol
el lenguaje que brota sin pausa como un soplo
de la magnificencia de la ruina
la confusión que nunca reposa
y el sonido repite me repite penetra
tal como si negara lo peculiar de este teatro solemne
con un viento que araña la calma de los pábilos
en tanto inclino la cabeza sobre la superficie

donde el silencio me proyecta una proposición
sin otra referencia que las proposiciones
en que este otoño consiste
vuelta ya cima de mi pensamiento
y allí mi rostro escrito como otra imagen de la realidad

                              (*El cuerpo fragmentario*, 1977)

                                     *

RETRATO DE DESCONOCIDO

Estar aquí para empezar de nuevo,
a través de desvanes que perturban.

Un azar que no juzga se aproxima, se impone.
Ahora que las palabras
cambian las cosas, déjame que sea
mi más firme ficción, que no apresure
el paso. Hay quien aprende
maneras nuevas de morir.
Yo no las necesito.
Estoy hablando de vivir.
También la tarde, cuando el sol se pone,
puede representar un punto de partida,
un a modo de origen.
Así es como abandono toda pretensión
de construir mi voz desde la oscuridad.
Demasiado dolor. Hay demasiado
énfasis. Un lugar inconcluso
cuya música ignoro
o no consigo recordar
dice que en esta orilla
el enervamiento del último minuto

el olvidado traje de la víspera
prefieren no asumir una distancia incrédula.
Yo miro simplemente
a esa joven que pasea esperando la lluvia.
Qué extraño no vivir un día como hoy
siendo el día de hoy, sólo el día de hoy,
sin el falso horizonte de lo que finge ser el paraíso,
con su misma memoria como ojos y su estupidez.

La presencia de la costumbre es una cita ilusoria.

Furiosamente lucho
en favor de la noche que me olvida y se aleja.

(Otra escena. Profanación(es), 1981)

*

EJERCICIO SOBRE TRANSPARENCIAS

Mi oficio es divagar sobre estas cosas,
dar cauce a lo invisible
que atraviesa unos muros tan altivos.

Mirar los árboles que mi deseo erige,
o quizá apenas la raíz o el eco
de algún árbol difuso que la luz ulcera.
Vagas apreciaciones con que amueblo un orden
que nada espera cobijar. Ah, si mi voz pudiese
vivir con ignorancia en la indefinición.

Mi oficio es la extrañeza:
ver este azul que nace con el amanecer.

*

PRIMERA VARIACIÓN

Indudablemente es fácil transcribir los objetos. Fácil describir su orgullosa insignificancia. Ver el lugar que ocupan sin obsesión de jerarquías. Ser tolerante con todo lo que les obliga a trascender una presencia túrbida. Es fácil, indudablemente, leer la prensa, comentar un poema del que nada se entiende, siendo indulgente con quienes muestran, ante los grandes aspavientos de la sabiduría, una legítima timidez. Resulta fácil reconocer que también los errores configuran lo que los viejos, los más viejos llaman experiencia. Fácil actuar, decidiendo en cada momento si permanecer o dar un paso al frente, o asumir lo atractivo de la indecisión, tan dulce algunas veces. Indudablemente es fácil. Decir, por el contrario, que es difícil no sirve. Incluso podría entenderse como signo inequívoco de debilidad.

(Proximidad del silencio, 1981)

*

EL ESTADO DE LAS COSAS

Dime cuál es mi nombre, cómo
son estos ojos que te miran,
devueltos a su viejo territorio,
con algo de un saber que no es cansancio
sino sólo el residuo que perdura
después de haber mirado tanto tiempo
las mismas cosas. Dime, di quién soy,
esta voz que antecede a un habla muda,
y brota y te acaricia y no te toca;
esta voz que en ti muere

como mueren los sueños,
sin dejar rastro ni memoria,
con las primeras luces del amanecer.
Dime. No digas nada.
Duerme bajo la misma oscuridad, junto a
los mismos muebles, en el mismo cuerpo
donde a menudo penetraba, como
aprendizaje tibio y cotidiano,
hablando en el idioma de tu desnudez,
y algo que no eras tú, ni yo, de pronto nos hacía
naufragar al dictado de una explosión inexplicable.
Duerme. La noche acaba
y he de partir. Escucha cómo el viento
silba. No temas. No
le digo adiós a nada. Duerme. Tu
porción de sombra no me envuelve. Ya
no miro a ningún lado.
Sé que no hay nada que mirar.

*

ES TAN SÓLO UNA HIPÓTESIS, PERO AUN ASÍ

G. Jonas, Untitled poem # 3

Dice que sólo duerme con extraños, que
gracias a los extraños puede dormir en paz
y permitirles ser amables anfitriones
siendo a su vez una invitada amable.
Ellos no pueden tomar nada que le pertenezca,
ella tampoco nada que les pertenezca
salvo lo más externo de su piel
y el café con tostadas en el desayuno.

Tras noches como ésas se siente tan feliz.
Dice que sólo duerme con extraños, que
de ese modo resultan más sinceros.
Saben que ella está hoy,
sin que jamás se hable de un mañana.
Si se lleva consigo algún objeto,
es relativamente fácil perdonar.
Y si olvida algo suyo sobre la mesita
pueden tirarlo luego sin problemas.
Es un dedo en un timbre después de atardecer,
o una voz dulce en el teléfono.
La promesa, tal vez, de una postal que no
suele firmar, y sin remite alguno.
Dice que sólo duerme con extraños, que
ellos sí reservan para ella
sus más limpios manteles
y su mejor sonrisa.

*

NO ES EL INFIERNO, ES LA CALLE

¿Qué ibas a hacer, ordenar los paisajes?
¿Ordenar los amores que luego son fotografías?
No hay lugar para ti bajo este cielo.
Aquí sólo las cifras crecen y se multiplican.
Tu nombre está concluso y archivado. Nadie,
nadie conoce ahora cómo la luz palpita,
cómo el sueño tropieza con la realidad,
porque los sueños pasan y se olvidan,
y un rostro no es un rostro, sino superficie
donde la eternidad cabe en un día.

El humo sigue dibujando rumores de desierto,
el aliento que la ciudad escupe por las alcantarillas,
y una multitud gris sin horizonte se amontona en las calles,
en medio de un decorado de escombros y de perspectivas.
Sólo fragmentos de tu voz perviven.
Yacen hechos añicos en un idioma blanco
desde el que te construyen y te clasifican:
y hacen que tu palabra ordene los paisajes,
y ordene los amores que luego son fotografías.
No hay nada extraño aquí. Son cosas que suceden.
En el silencio de la tarde sólo queda
el hueco de la danza sobre las últimas cenizas.

(Tábula rasa, 1985)

*

LA FIGURA EN EL TAPIZ

cánsome en fabricar lenta fortuna.

Rioja

Dónde buscar tu imagen, su volumen,
el subterfugio de decirte con
palabras que no dicen, se disgregan, y
eliden piel, y cuerpo, y no conocen,
casi como si un aire, o si fragmentos, o
tal vez memoria, que fue tuya, que
no dice cómo, ni por qué, ni dónde.

(La mirada extranjera, 1985)

*

AUTOBIOGRAFÍA

Digo
yo, digo
tú, dices
yo, dice
tú, cuanto
soy, cuanto
somos, en ti me
reconstruyo, (lo
reconstruyes), me
digo, siempre
que he hablado, te hablaba
desde mi vida, nunca,
nunca te hablo de
mí.

*

JULIA TRADUCTA (I)

> Tarifa, antiguamente llamada por
> los romanos Julia Traducta,...

Una ciudad pequeña al borde del océano
Un océano que ruge alrededor del mundo
Que lucha por las playas riega el mar interior
Padre de un mar antiguo
Que también los antiguos llamaron el mar nuestro
Cuentan que más allá de estas columnas
Se abre como una noche un abismo sin límites
Un mar hecho de luz inacabable
Donde nadie se atreve a introducir sus naves

Porque un oscuro manto cubre el cielo
Una niebla perenne difumina sus aguas
Y densos nubarrones llenan de luto el día.

Supongamos
Esta ciudad pequeña al borde del océano
Y alguien que corretea por sus calles
Qué importa cuanto hiciese
Por no existir en los derrumbaderos
De un espacio indeciso
Cuya memoria no me pertenece
Aquí sólo se invoca por asociaciones
Mientras los lagos pierden su color
Y tú bajo los mármoles
Inventas otro nombre para la locura.

(El sueño del origen y la muerte, 1988)

*

CUANTO IGNORO DE MÍ

Para la flor de las olas del gran mar
no hay otoño; lo supo. Mírame.
Cercado por un cuerpo que no es luz
sino fatiga, el aire está temblando.
Junto a los naranjales,
en un jardín con bojes, con acacias,
con arriates llenos de blancura,
donde la hierba es dulce a mediodía,
un ciprés finge indiferencia
desde el hedor de un sol desconocido.
En otro tiempo sé que estuvo aquí.

Sin otra alternativa, el sol brillaba
sobre lo nada nuevo. Era un lugar,
el mismo, casi ajeno, y en la misma ciudad.
Un niño extraño, que no conocí, me observa
sin comprender, buscando su desnudo,
ese crujido opaco que no es muerte
sino esplendor decrépito, una huella
inscrita en la memoria de otras ruinas,
el azul de un setiembre ya sin ti.
Entre ellas yace el nombre de una mujer que amó,
y en el asombro de la intimidad,
víbora pisa tal el pensamiento
que al calor de un relámpago
un oleaje de fantasmas
se mueve impune en lo visible.
Veo cómo su ingravidez gotea desde un cielo
que fuimos y no fuimos,
el extravío de otra primavera,
como un bulto sin rostro que hace suya mi piel,
un torbellino impávido, el silencio
donde aprendí el sabor de la costumbre
esa oquedad que asume mis contradicciones:
todo cuanto sus versos han escrito de mí.

[En *El largo aprendizaje. (Poesía 1975-1991)*]

*

PARÁBOLA DEL ESCRIBIDOR

Es como el rey de la polilla.
Sentado en esta biblioteca
oye un murmullo de raíces,

un olvido que aún duele,
hecho de sobresaltos,
de estupor, de vigilias.
Le resulta difícil distinguir
las mentiras falsas de las verdaderas.
Dijeron que los ojos son un cofre
en donde almacenar sueños de tierra, de estaciones, de
estrellas apagadas como un sol errabundo
cuya luz ya no es luz sino fosforescencias
congelando su origen alrededor de ti.
Recoge datos. Una historia. Son
recapitulaciones. Quiere comprender.
En esta claridad despedazada
un cuerpo anónimo interroga, busca
algo que sea lo contrario de la nada de mí.

[*Menos que una imagen,* en *El largo aprendizaje.
(Poesía 1975-1991),* 1991]

*

INFORME GENERAL

Esto que veis aquí no es un poema.
En su corteza apenas permanece
nada de mí. Las ripias del tejado
son como piedras de colores. En
su irisación me reconozco, un hábito difuso
de fragmentar los cuerpos, los paisajes,
esa materia prima que no soy,
aunque me finja sin rencor, el aura
de unos objetos que me apropio, que

hago hablar con mi boca,
oculto en la piedad de la sustitución.
Sobre su piel inscribo
un escenario de traiciones
al que mis ojos deben regresar.
Caen copos de niebla
sobre el cuaderno en blanco. Supe que
otras voces vendrían, la memoria
fría y ajena de otro amanecer,
de una luz sin sonido que me cubra
donde ningún sol brille alrededor.

[*Rumor de lo visible,* en *El largo aprendizaje.*
(Poesía 1975-1991), 1991]

ANTONIO COLINAS

(La Bañeza, León, 1946)

BIBLIOGRAFÍA POÉTICA

Poemas de la tierra y de la sangre, Imprenta Provincial, León, 1969.
Preludios a una noche total, Rialp, Madrid, 1969.
Truenos y flautas en un templo, Caja de Ahorros de Guipúzcoa, Irún, 1971.
Sepulcro en Tarquinia, Provincia, León, 1975.
Astrolabio, Visor, Madrid, 1979.
Poesía 1967-1980, Visor, Madrid, 1982.
Noche más allá de la noche, Visor, Madrid, 1983.
Poesía 1967-1981, Visor, Madrid, 1984.
La viña salvaje, Antorcha de Paja, Córdoba, 1985.
Jardín de Orfeo, Visor, Madrid, 1988.
Los silencios de fuego, Tusquets, Barcelona, 1992.
El río de sombra, Poesía 1967-1990, Visor, Madrid, 1994.
Libro de la mansedumbre, Tusquets, Barcelona, 1997.

BIBLIOGRAFÍA CRÍTICA SOBRE SU OBRA POÉTICA (SELECCIÓN)

ALONSO, Luis Miguel: *El corazón desmemoriado. Claves poéticas de Antonio Colinas,* Diputación, León, 1990.
CANO, José Luis: «La poesía de Antonio Colinas», *Ínsula,* 399 (febrero de 1980).
CAVA, Salvador F. (ed.): *Antonio Colinas; Quervo, Cuadernos de Cultura,* 2 (diciembre de 1981).
JIMÉNEZ, José Olivio: «La poesía de Antonio Colinas», en COLINAS, Antonio: *Poesía 1967-1980,* Visor, Madrid, 1982, págs. 9-49.
PAULINO AYUSO, José: «El espacio mítico-poético de Antonio Colinas», *Zurgai,* Poetas de los 70 (diciembre de 1989), págs. 50-58.
PUERTO, José Luis: «Antonio Colinas: la poesía como itinerario de purificación», *Cuadernos Hispanoamericanos,* 556 (octubre de 1996), págs. 59-84.
VV.AA.: *Antonio Colinas: armonía órfica, una poética de la fusión, Anthropos,* 105 (febrero de 1990).
—: *El viaje hacia el centro (La poesía de Antonio Colinas),* Ed. Calambur, Madrid, 1997.

POEMAS
CON UN PAISAJE AL FONDO

FANTASÍA Y FUGA EN SANTILLANA DEL MAR

Oigo como un rotundo tronar de capiteles.
¿Abrirá tras las lomas el mar grutas azules?
Crece el musgo en las uñas de los leones de piedra.
Las ballestas apuntan al vientre de la noche.
El pueblo es un gran árbol de piedra retorcida
y la lluvia no cesa de suavizar su lomo.
En el aire un aroma enfermo de eucaliptos.
Guardaré todo el sueño de esta noche en mi pecho
y volveré a pensar en las hortensias húmedas
del jardín, en la hierba medieval de los claustros.

Monstruos de las arcadas, abrid bien vuestros ojos
abultados, sabed que también yo soy duende
y sé de sortilegios y de milagrerías.
Fresquísima es la boca de la noche en las gárgolas.
Viene un ciervo de piedra a beber en la fuente.
Huele su piel a azufre, a aire marino, a yedra.
Se yergue suntuoso como un rosal, es ciego,
y suenan sus pezuñas de plata en cada losa.
Mil veces lo han herido de muerte por los bosques
y otras tantas lo han visto desde las celosías
inclinar en la fuente su cabeza sonámbula.

Qué angustia recordarme sin balcón en la noche,
sin navío de piedra surcando las higueras,
el maíz primitivo, los paganos cipreses.

Guardaré todo el sueño, la belleza en huida
y seguirán las rosas de herrumbre tan lozanas
floreciendo en las verjas como negros halcones.
Sí, volverá el milagro de la lluvia otra noche
con el son enlutado, hondo, de la vihuela,
con las yeguas en celo piafando en las cuadras,
con el bello ajimez prieto de ruiseñores.
Guardaré maga amiga de sienes de violeta
el sabor de tus labios hechizados a muerte.

*

CITA ENTRE EL SENA Y LOS CAMPOS ELÍSEOS

Mis ojos eran dos nostálgicas panteras.
¿Cómo era aquella luz que endiosaba mis horas?
Agria luz esmeralda del Ganges y del Nilo.
La luz de las manzanas salpicadas de lluvia.
La luz que hay en las puertas con picaportes de oro.
La luz que hay en los párpados de las águilas muertas.
Yo esperaba la noche como un violín maduro.
Yo esperaba tus ojos con ojeras violáceas
mientras callaban todas las fuentes y en el cielo
mastines de azabache olfateaban las nubes.
(Qué festín el del cielo, qué gran fruto podrido.)
Escuchando la lluvia que cesaba en los techos
de cinc, con los cabellos mojados, olorosos
aún por los pinares del Grand Bois de Boulogne,
—las manos escocidas de remar en el lago—,

esperando en el pórtico umbroso del museo,
con los pies en la alfombra llena de vino y faunos,
quieto entre las columnas, pálido, distraído
por el gas enfermizo de aquel primer farol,
y por los carruajes, fúnebre y aristócrata
como un poeta inglés de la «Romantic Revolt»,
pensando en los abetos de tu país al alba,
sonriendo tristemente por no llorar tu ausencia,
cercando con mis dientes tu nombre —Kerstin, Kerstin—,
mis ojos como dos nostálgicas panteras
esperaban tus ojos entre los matorrales.

*

TRUENOS Y FLAUTAS EN UN TEMPLO

TRUENOS Y FLAUTAS EN UN TEMPLO

Cuando mis pasos cruzan las estancias vacías
todo el templo resuena como una oscura cítara.
Oh mármol, si pudieras hablar cuántos secretos
podrías revelarnos. ¿Hubo sangre corriendo
sobre tu nieve dura? ¿Hubo besos y rosas
o sólo heridos pájaros debajo de las cúpulas?

Vosotras, las antorchas de los amaneceres,
¿qué visteis, qué quedó en el fondo del ánfora?
¿Y el vino derramado, el vino descompuesto
sobre los labios ácidos qué podría contar,
qué podría decirnos que no fuese locura?
El amor se pudrió como un fruto golpeado.
El amor fue trenzando pesadumbres con odios.
El amor hizo estragos en la firmeza humana.

Hoy el otoño sube muy lento por las rocas,
por las enredaderas, por las raíces dulces,
por los espinos rojos, a este lugar secreto.
De las tumbas abiertas brotan las mariposas.
Las hojas entretejen rumorosos tapices.
El agua de las fuentes: verdosa y enlutada.
Casi tocando el cielo de los atardeceres
el templo de la diosa, la pureza del tiempo.
Cuando llega la noche sostiene los racimos
de las constelaciones, es columna del mundo,
dintel lleno de flautas, hondo pozo de estrellas.

(*Truenos y flautas en un templo*, 1971)

*

GIACOMO CASANOVA ACEPTA EL CARGO DE BIBLIOTECARIO QUE LE OFRECE, EN BOHEMIA, EL CONDE DE WALDSTEIN

Escuchadme, Señor, tengo los miembros tristes.
Con la Revolución Francesa van muriendo
mis escasos amigos. Miradme, he recorrido
los países del mundo, las cárceles del mundo,
los lechos, los jardines, los mares, los conventos,
y he visto que no aceptan mi buena voluntad.
Fui abad entre los muros de Roma y era hermoso
ser soldado en las noches ardientes de Corfú.
A veces he sonado un poco el violín
y vos sabéis, Señor, cómo trema Venecia
con la música y arden las islas y las cúpulas.
Escuchadme, Señor, de Madrid a Moscú
he viajado en vano, me persiguen los lobos

del Santo Oficio, llevo un huracán de lenguas
detrás de mi persona, de lenguas venenosas.
Y yo sólo deseo salvar mi claridad,
sonreír a la luz de cada nuevo día,
mostrar mi firme horror a todo lo que muere.
Señor, aquí me quedo en vuestra biblioteca,
traduzco a Homero, escribo de mis días de entonces,
sueño con los serrallos azules de Estambul.

*

SEPULCRO EN TARQUINIA
(poema)

> E loderò quella che più mi piacque
> delle tue donne morte
> e il tenue riso ond'ella mi delude
> e l'alta imagine ond'io mi consolo
> nella mia mente
> ....
> e il sogno di voluntà che sta sepolto
> sotto le pietre mute.
>
> G. A.
>
> Poi mi partia, consumato ogni duolo.
>
> DANTE

se abrieron las cancelas de la noche,
salieron los caballos a la noche,
campo de hielos, de astros, de violines,
la noche sumergió pechos y rosas,
noche de madurez envuelta en nieve
después del sueño lento del otoño,
después del largo sorbo del otoño,

después del huracán de las estrellas,
del otoño con árboles de oro,
con torres incendiadas y columnas,
con los muros cubiertos de rosales
tardíos
y tú en aquel tranvía salpicado
a la orilla del agua por las barcas,
por las luces
y el viento y los faroles y los remos,
aquel rostro otoñal que no vería
nunca más, amor mío, nunca más,
detrás de los cristales del tranvía
con un sueño de potros en los ojos,
con un hato de ciervos en los ojos,
con un nido de tigres en los ojos,
y con la bruma de los cementerios,
y con los hierros de los cementerios,
y con las nubes rojas allá arriba
(encima de cipreses y aves muertas,
del tomillo y los búcaros fragantes)
de los cementerios
navegando en tus ojos

se abrieron las cancelas a la noche,
salieron los caballos a la noche,
se agitaron las zarzas del recuerdo,
pasó un desierto (el mar) por mi recuerdo,
lloraba aquella niña en el camino
lleno de cruces

si me vieras junto a esta mesa oscura
con la manta y los vidrios de colores,
con el fuego apagado, sin más fuego
que éste de aquí del pecho, de aquel otro

de tus días pasando apresurada
hacia el lago y la noche y los jardines,
si me vieras,
si supieras:
ataron los leones con cadenas,
les metieron argollas por las bocas,
alguien llenó de plomo cada tubo
de la fuente y el agua de la taza
de mármol,
el agua de la taza sonrosada,
el agua de aquel mármol veteado
como serpientes verdes, como sierpes,
la envenenaron toda y allí está
muerta como las hojas que cayeron,
amordazada como los leones,
llena de argollas y de soles muertos,
llena de sol y lunas ateridas
[...]

*

CASTRA PETAVONIUM

Asturica,
Argentiolum,
Petavonium.
....
ITINERARIO DE ANTONINO

I

CASTRA PETAVONIUM

cielo arrasado
con heces de naranjas
y láminas de plata ennegrecida,
el poco sol de invierno está en tu ojo, hermano,

arde, arde, nos coronan las piedras y las águilas,
castro áureo: campamento de sueños rojos,
y pasaban rebaños al ocaso
(miel de jara en mis labios, humo bravo, leche violenta)
Petavonium: los caballos dentro de la cerca
miran un anochecer con pus y luna llena,
el músculo se afana con el cuero,
horno bullente de oro, rameras, el estiércol,
hoy qué arcaica la noche, qué risa el siglo XX
(adobe con escarcha y vísceras de perros)
no pasa el tiempo pues que ayer sacó
la reja del arado un gran brazo de bronce,
bien mío es este sueño destrozado,
castra (fíbulas), *castra Petavonium*
(agua de estrella y nieve, los vaqueros
a medianoche del Teleno,
las praderas del techo del mundo),
tu manto es de ladrillo de cien onzas,
tus pies acariciados por rastrojos,
dejad en paz la huesa, nadie mueva
la losa inscrita,
paste encima el ganado,
hermano, ya que vamos hacia la muerte
y nos abrasa el cierzo
dure el sueño en tus ojos,
llamea el cielo blanco de agosto,
con la calva achicharrada
Rufus busca una sombra entre las peñas,
(¿aún las cuatro?) está borracha
la piel de sol, ungüentos y cenizas,
más allá, más deprisa (salió el segundo hogar:
los reblos afilados, terracotas, granos pobres,
lámparas funerarias, las costras del aceite)
no vayáis tan deprisa, dijo alguien

(en las gafas de Furio el polvo de mil años)
¡y pensar que creíamos en verdades escritas!
Paco viene con vino y un saco de cerámica,
Mara está en otro mundo, ¡qué desgracia!
nosotros tres quedamos
robando a Roma sueños destrozados
(nos morimos de pobres y desnudos,
pero estamos tranquilos,
si llegaran los Dioses
no hallarían aquí equivocación)

(Sepulcro en Tarquinia, 1975)

*

MOTIVO PARA UNA *VITA NUOVA*

Homenaje a Dante

(De que la poesía escrita es incapaz
de recoger los grandes misterios e impresiones
que el mundo en que vivimos nos depara
da fe este poema y su simpleza.)

Estábamos entrando en otro año.
Un día, en esa hora
con más noche que tarde del crepúsculo,
me he encontrado, al borde de un camino,
a una joven mujer, serena, con su hijo.
Para el niño sacaba un viejo campesino
agua de las entrañas del pozo de su huerto.

Ella miraba sombras y verdores
sin ver lo que miraba.
Y movía los labios, hablaba, sin lograr
escucharse a sí misma, o que la oyéramos.
El humo azulado del hogar,
la humedad vegetal de las primeras
estrellas acentuaba más su aura.
Más que un cuerpo con alma, parecía
un alma conformada
por las líneas de un cuerpo.
No era feliz del todo. O así lo suponía.

Poco antes de perderse su coche entre los árboles,
posó unos instantes sus ojos
en mis ojos.
Me miraba y tampoco me veía.
No creo en la sorpresa de otro encuentro.
Se perdió para siempre entre los árboles
esa mujer que todos
hemos idealizado o perseguido
desde que hemos abierto los ojos a la luz.
Se perdió entre las ramas de la noche
sin tener tan siquiera la ocasión de decírselo.
¿Era la amada o sólo era una madre
que nos llevaba, niños, a nosotros,
saciados y seguros,
por senderos de aromas y penumbras?

Hueco por el silencio helado de lo oscuro,
sólo llegué a saber
que estábamos entrando en otro año,
que ella dejaba en mí los días vividos
como un mar de cenizas.
Con su calma,

pasaba como pasa
el fuego en un día ventoso del estío
a lo largo de un bosque.

(¿Cómo hacer duradera con el verso
la impresión absoluta?
¿Cómo testimoniar sobre lo que soñamos
toda una vida y, de repente, un día,
sale a nuestro encuentro
inesperadamente?
Pobre prueba de la palabra escrita,
aunque aún nos quede impresa en el alma
la extensión, el ardor, el secreto de un fuego
antiguo y milagroso.)

*

LA LOSA DESOLADA

FREUD EN POMPEYA
(1904)

El hombre que socava los espíritus
en la ciudad desierta escruta el Tiempo.
Está vivo y no ve la apoteosis
de la Vida en las luces de las ruinas.
No ve que aún queda savia en los jardines
alimentados de ecos, de abandono.
No sabe que la Parca siembra vida.
Él escarba, escarba en el bosque
del lenguaje y la idea. De allí extrae
metálicos relámpagos, tormentas
que hunden la Moral, los firmes atrios
que en el dolor pasivo de los más
levantaron los menos con sus dogmas.

Confusión de humedades otoñales
en las enredaderas y en los frisos
por donde van muchachas ataviadas
que nunca morirán por las pasiones.
¡Zoe, zoe!, repiten las imágenes
en el agua cobriza de los charcos.
Y, sin embargo, es un esplendor
comido por gusanos, mientras haya
un hombre meditando entre los muros
¡Zoe, zoe!, en musgos y en ortigas,
en el cruzar untuoso de la sierpe
bajo la hoguera en llamas del crepúsculo.
La sagrada ladera sepultaron,
pero ha resucitado y está limpia
de fobias y de sangres derrotadas.
¡Zoe, zoe!, repiten los cadáveres
de yeso en el negror de las bodegas.

El inestable corazón del hombre
está como estas ruinas estuvieron:
bajo un turbión de gases y cenizas.
Hoy se sueña lo cotidiano hermoso
del ayer: las guirnaldas coronando
músicos tabernarios, el sigilo
nocturno de las lámparas votivas,
el funeral de un deportista joven,
los rebosantes carros del estío
dejando surcos hondos en la piedra
rotunda de la vía decumana.

Porque sólo el vacío nos recibe.
(La ciudad cancerosa está curada,
por la Parca, del morbo del espíritu.)
Mas quien aún vive es cráter, y su lava

por la entraña discurre, y no se hiela,
ni quiera ver la luz en los olivos,
la paz de la paloma entre las viñas.
Con sus teorías Freud no abrasa aún
la cavernosa idea del pecado,
aunque, como alacrán, mordieran éstas
la desolada losa de las almas.

(Astrolabio, 1979)

*

CANTO X

Mientras Virgilio muere en Bríndisi no sabe
que en el norte de Hispania alguien manda grabar
en piedra un verso suyo esperando la muerte.
Este es un legionario que, en un alba nevada,
ve alzarse un sol de hierro entre los encinares.
Sopla un cierzo que apesta a carne corrompida,
a cuerno requemado, a humeantes escorias
de oro en las que escarban con sus lanzas los bárbaros.
Un silencio más blanco que la nieve, el aliento
helado de las bocas de los caballos muertos,
caen sobre su esqueleto como petrificado.
Oh, dioses, qué locura me trajo hasta estos montes
a morir y qué inútil mi escudo y mi espada
contra este amanecer de hogueras y de lobos.
En la villa de Cumas un aroma de azahar
madurará en la boca de una noche azulada
y mis seres queridos pisarán ya la yerba
segada o nadarán en playas con estrellas.
Sueña el sur el soldado y, en el sur, el poeta
sueña un sur más lejano; mas ambos sólo sueñan
en brazos de la muerte la vida que soñaron.

No quiero que me entierren bajo un cielo de lodo,
que estas sierras tan hoscas calcinen mi memoria.
Oh dioses, cómo odio la guerra mientras siento
gotear en la nieve mi sangre enamorada.
Al fin cae la cabeza hacia un lado y sus ojos
se clavan en los ojos de otro herido que escucha:
Grabad sobre mi tumba un verso de Virgilio.

*

CANTO XXXV

Me he sentado en el centro del bosque a respirar.
He respirado al lado del mar fuego de luz.
Lento respira el mundo en mi respiración.
En la noche respiro la noche de la noche.
Respira en labio el labio el aire enamorado.
Boca puesta en la boca cerrada de secretos,
respiro con la savia de los troncos talados,
y como roca voy respirando el silencio,
y como las raíces negras respiro azul
arriba en los ramajes de verdor rumoroso.
Me he sentado a sentir cómo pasa en el cauce
sombrío de mis venas toda la luz del mundo.
Y yo era un gran sol de luz que respiraba.
Pulmón el firmamento contenido en mi pecho
que inspira la luz y espira la sombra,
que recibe el día y desprende la noche,
que inspira la vida y espira la muerte.
Inspirar, espirar, respirar: la fusión
de contrarios, el círculo de perfecta consciencia.
Ebriedad de sentirse invadido por algo
sin color ni sustancia, y verse derrotado
en un mundo visible por esencia invisible.

Me he sentado en el centro del bosque a respirar.
Me he sentado en el centro del mundo a respirar.
Dormía sin soñar, mas soñaba profundo
y, al despertar, mis labios musitaban despacio
en la luz del aroma: *Aquel que lo conoce*
se ha callado y quien habla ya no lo ha conocido.

(*Noche más allá de la noche,* 1983)

*

REGRESO A PETAVONIUM

Dejadme dormir en estas laderas
sobre las piedras del tiempo,
las piedras de la sangre helada de mis antepasados:
la piedra-musgo, la piedra-nieve, la piedra-lobo.
Que mis ojos se cierren en el ocaso salvaje
de los palomares en ruinas y de los encinares de hierro.
Sólo quiero poner el oído en la piedra
para escuchar el sonido de la montaña
preñada de sueños seguros,
el latido de la pasión de los antiguos,
el murmullo de las colmenas sepultadas.

Qué feliz ascensión por el sendero
de las vasijas pisoteadas por los caballos
un siglo y otro siglo.
Y en la cima, bravo como un espino, el viento
haciendo sonar el arpa de las rocas.
Es como el aliento de un dios
propagando armonía entre mis pestañas y las nubes.

Un águila planea lentamente en los límites,
se incendian las sierras de las peñas negras,
mas no veo las llamas,
las llamas que crepitan aquí abajo enterradas
bajo el monte de sueños aromados,
bajo la viga de oro de los celtas,
junto al curso del agua del olvido
que jamás —en vida— podremos contemplar,
pero que habrá de arrastrarnos tras el último suspiro.
¡Cómo pesan los párpados con la música del tiempo!
¡Cómo se embriagan de adolescencia perdida las venas!
Dejadme dormir en la ladera
de los infinitos sacrificios,
en donde arados y rebaños se han petrificado,
en donde el frío ha hecho florecer cenizales y huesos,
en donde las espadas han segado los labios del amor.

Dejadme dormir sobre la música de la piedra del monte,
pues ya sólo soy un nogal junto a una fuente ferrosa,
la vela que ilumina una bodega de mostos morados,
un trigal maduro rodeado de fuego,
una zarza que cruje de estrellas imposibles.

                                        (*Jardín de Orfeo*, 1988)

                              *

                        LA PRUEBA

    Mira: a punto estás de penetrar en el bosque.
Vas a dejar la casa blanca de la cima,
tan plácida, tan llena de música y sosiego,
y ahí te espera el bosque impenetrable.

Irremediablemente deberás cruzarlo:
el bosque que desciende por ladera escabrosa,
el bosque en que no hay nadie
y el bosque en el que puede haber de todo,
el bosque de humedades venenosas,
morada de lo negro
y de una luz que enturbia la mirada.

Entra en él con cuidado y sal sin prisas,
mas nunca se te ocurra abandonar la senda
que desciende y desciende y desciende.
Mira mucho hacia arriba y no te olvides
de que este tiempo nuestro va pasando
como la hoz por el trigo.

Allá arriba, en las ramas,
no hay luces que te cieguen si es de día.
Y si fuese de noche,
la negrura más honda la siembran faros ciertos.
Todo lo que está arriba guía siempre.

Mira, te espera el bosque impenetrable.
Recuerda que la senda que lo cruza
—la senda como río que te lleva—
debe ser dulce cauce y no boa untuosa
que repta y extravía en la maraña.
Que te guíe la música que dejas
—la música que es número y medida—
y que más alta música te saque
al fin, tras dura prueba, a mar de luz.

(Los silencios de fuego, 1992)

*

FE DE VIDA

Esperar junto a este mar (en el que nacieron las ideas)
sin ninguna idea. (Y así tenerlas todas.)
Ser sólo la brisa en la copa del pino grande,
el aroma del azahar, la noche de las orquídeas
en las calas olvidadas.

Sólo permanecer viendo el ave que pasa
y que no regresa; quedar
esperando a que el cielo amarillo
arda y se limpie con los relámpagos
que llegarán saltando de una isla a otra isla.
O contemplar la nube blanca
que, no siendo nada, parece ser feliz.
Quedar flotando y transcurriendo de aquí para allá,
sobre las olas que pasan,
como un remo perdido.
O seguir, como los delfines, la dirección de un tiempo
                                        [sentenciado.

Ser como la hora de las barcas en las noches de enero,
que se adormecen entre narcisos y faros.
Dejadme, no con la luz del conocimiento
(que nació y se alzó de este mar)
sino simplemente con la luz de este mar.
O con sus muchas luces:
las de oro encendido y las de frío verdor.
O con la luz de todos los azules.

Pero, sobre todo, dejadme con la luz blanca,
que es la que abrasa y derrota a los hombres heridos,
a los días tensos, a las ideas como cuchillos.
Ser como olivo o estanque.
Que alguien me tenga en su mano como a puñado de sal.
O de luz.

Cerrar los ojos en el silencio del aroma
para que el corazón —al fin— pueda ver.
Cerrar los ojos para que el amor crezca en mí.
Dejadme compartiendo el silencio y la soledad de los porches,
la hospitalidad de las puertas abiertas; dejadme
con el plenilunio de los ruiseñores de junio,
que guardan el temblor del agua en las últimas fuentes.
Dejadme con la libertad que se pierde en los labios de una
                                                        [mujer.

*

NOCTURNOS (III)

Perdámonos más allá, más allá todavía,
en las lomas de las piedras de bronce,
en las montañas negras de septiembre
en cuyas hondonadas
pronto alzarán los chopos sus hogueras.

Perdámonos o deja que me pierda
en ti, o acaso tras las tapias,
también de bronce,
de ese mínimo huerto.
Detrás veo un nogal
y a su sombra hallaríamos
tu paz y la mía.

Llévame, o tráeme, o piérdeme
por esta amarga y dulce tierra nuestra,
pero este anochecer del verano moribundo
no me saques del laberinto sin salida
de tus ojos.

                              (Libro de la mansedumbre, 1997)

MIGUEL D'ORS

(Santiago de Compostela, 1946)

BIBLIOGRAFÍA POÉTICA

Del amor, del olvido, Rialp, Madrid, 1972.

Ciego en Granada, Editorial Gómez, Pamplona, 1975.

Codex 3, Museo de Ciudad Real, Ciudad Real, 1981.

Chronica, Diputación Provincial, Granada, 1984.

Es cielo y es azul, Universidad de Granada, Granada, 1984.

Curso Superior de Ignorancia, Universidad de Murcia, Murcia, 1987.

Poemas, Biblioteca de Asturias «Ramón Pérez de Ayala», Oviedo, 1988.

Canciones, oraciones, panfletos, impoemas, epigramas y ripios, o Cajón de sastre donde hallará todo cuanto deseare el lector amigo, y el no tanto sobradas razones para seguir en sus trece, Academia de Bellas Letras de Retamar, Granada, 1990.

Cuatro poemas de La música extremada, Cuadernos de Cristal, Avilés, 1990.

Cosas que no soporto en un poema, Pliegos de Contemporáneos, Jerez, 1991.

La música extremada, Renacimiento, Sevilla, 1991.

Punto y aparte (1966-1990), Comares, Granada, 1992.

La imagen de su cara, Comares, Granada, 1994.

BIBLIOGRAFÍA CRÍTICA SOBRE SU OBRA POÉTICA (SELECCIÓN)

ARNAU, Pau: «Miguel d'Ors», *Ciudadela,* 1 (1989), págs. 8-11.

CADELO, Ángel, y ESTEBAN, Ángel: *Miguel d'Ors y los bachilleres del siglo XXI,* Eunsa, Pamplona, 1995.

GARCÍA MARTÍN, José Luis: «Miguel d'Ors y la nieve de Wyoming», *La poesía figurativa. Crónica parcial de quince años de poesía española,* Renacimiento, Sevilla, 1992, págs. 65-71.

LUNA BORGE, José: «Miguel d'Ors: *Del amor, del olvido,* 1972», *La generación poética del 70,* Qüäsyeditorial, Sevilla, 1991, págs. 219-227.

WAHNÓN, Sultana: «Claridad y misterio en la poesía de Miguel d'Ors», *Ínsula,* 497 (abril de 1988), pág. 14.

LOS ABUELOS

El abuelo era blanco; conocía
dos cuevas y sabía seguir huellas de lobo.
La abuela era menuda y tibia como un nido:
jugábamos a pájaros con ella.

...Y, alrededor, los dos llevaban como
un contorno de campos y palomas:
cruzaban el umbral y parecía
que con ellos entraba el verano en la casa;
al contarnos los cuentos, en sus voces
oíamos molinos y cuervos alejándose
y hasta en las mismas ropas nos traían
un recuerdo fragante, un recuerdo lluvioso
del heno y la retama...

... Y el abuelo, qué manos de valiente,
qué venas, retorcidas como parras;
las ganas que me daban
de cumplir en un día sesenta y cuatro años
para tener dos manos como aquéllas...

Luego, la abuela, aquellas zapatillas
de nube que llevaba,
aquel ir y venir, como volando,

de la escoba al misal, de sus gallinas
a las sábanas frescas,
de la labor de lana a los geranios,
del pan a las mejillas de sus nietos...
que entonces, suavemente, quedábamos dormidos
creyendo que la abuela no se acostaba nunca.

5-IX-69

(Del amor, del olvido, 1972)

*

¿CÓMO LLAMAR AL AVE...?

¿Cómo llamar al ave
de modo que del verso se levante
y vuele y se extravíe
de rama en rama, cómo? ¿Cómo llamar al río
sin detener su canto ni enmudecer su marcha?
¿Cómo lograr que el nombre de la rosa
conserve aquel perfume? ¿Cómo decir *arena*
y sentir la caricia de una mano dorada,
y cómo conseguir que el sol y el viento
y el fuego y los otoños permanezcan
en el poema? Ay, ¿dónde se aprenderá esa magia
de disponer los nombres de las cosas
de forma que quien lea nuestros versos
regrese salpicado de salitre,
tostado por el sol y confortado
por el fuego salvaje de la hoguera
alzada por nosotros con dos o tres palabras?

25-II-74

(Ciego en Granada, 1975)

*

CIUDAD EN MÍ
(SANTIAGO)

Ciudad extraña, hermosa y fea a un tiempo.

ROSALÍA DE CASTRO, *En las orillas
del Sar,* «Santa Escolástica», III, 1.

Yo no pude elegir: abrí los ojos
y la vida era lluvia y noche y piedra, y sólo
el húmedo reflejo de un farol gemebundo;
yo no tuve la culpa si invadieron mis sueños
las campanadas grises, el musgo, los paraguas
litúrgicos, aquellas nubes pétreas;
yo no tengo la culpa si esa melancolía
fue mi patria nativa, la costumbre
de mis años silvestres; y tampoco si ahora
llevo conmigo, dentro, aquella lluvia y lluvia
y lluvia que ponía
—... martes, miércoles, jueves...— pensativas
las piedras de Santiago.

28-XI-75

*

FIN DEL VERANO

Todos de blanco, al viento,
y tantas bicicletas y canciones
radiantes cuando entonces, sonriendo
los pueblos al pasar nosotros, días
multicolores, días florecidos, y el mar
y los juegos de espuma, las risas salpicadas,
Pili, Carmela, Arturo, Fede, Carmen,
si era amor o no era, y las guitarras, noches

alrededor del fuego, aquella magia
que nos ensimismaba y nos ponía
confidenciales hasta el mismo borde del llanto,
pero alguien volvió a Madrid, *qué cedo,*
rapaz, pero una urraca
por las ramas escuálidas de un chopo
y en la pista de tenis hojas grises
gimiendo y de repente toda aquella
ceniza en la memoria, setiembre, las maletas
y nos fuimos,
               aquello
ya nunca más volvimos a encontrarlo.

    10-IX-76

                    *

FATUM

Ese niño que llega, cartera remolona,
botines desatados, al colegio de Sánchez
no sabe que sus pasos felices por Sevilla
—luz, patios, calles, cales— le acercan a Collioure.

París, rue Vaugirard. Ese muchacho
gris y desmadejado que avanza hacia el otoño
verleniano del hondo Jardín de Luxemburgo
no sabe que camina hacia Collioure.

Por la alameda de oro —Soria pura—,
lentos enamorados demorándose,
mirándose en el Duero —Soria pura—. La novia,

con manos inocentes,
sacude la ceniza —tiza acaso—
del hombro del poeta, que no sabe
que tan dulces senderos le llevan a Collioure.

El señor que, enlutado como un cirio,
con su bastón y pasos soñolientos
—domingo provincial— sube a los olivares
de Baeza no sabe que sube hacia Collioure.

El viejo arrebujado en sus recuerdos
que mira cómo pasan,
vertiginosos, los naranjos por la ventana
del coche, y los aspira —Levante azul—, no sabe
que por aquella ruta de flores y palomas
y muchachas se está acercando a Collioure.

Un súbito frenazo, la puerta abierta, el frío
látigo de la lluvia. Sale a la noche y anda
entre voces anónimas, oscuras,
y olor a bajamar. La lluvia. Unas preguntas
francesas, tan extrañas como un sueño, la lluvia,
los papeles, la lluvia, los gendarmes mojados
alzando la cadena fronteriza.
Igual que un sueño todo.
Francia, ya clareando, y aquel cartel: «COLLIOURE»,
nombre jamás oído. No sabe que allí estaba,
desde siempre, esperándole su muerte.

3/4-II-1979

(Codex 3, 1981)

*

COSAS

A Ignacio Falgueras y Conchita Sorauren.

Yo quizás he llegado a estas palabras
porque en 1938, en el frente
de Cogolludo, un tábano
hizo mover un poco la cabeza
a mi padre. Y también porque mi madre
tuvo curiosidad por las vergüenzas
del Imperio Romano, y no por Columela.

Yo pude contemplar las melodiosas
colinas de Viterbo
porque una vez mis pasos se enredaron
con un papel que ya se llevaba el otoño.

La vida es un profuso laberinto.
Una chiquilla de Jaén derrama
una copa de vino y esa copa
la lleva a un adulterio.
Un hombre pierde un tren: por eso gana
24 millones. Otro muere
o deja de morir por llamarse García.

Como un niño que mira, desbordado,
una partida de billar, contemplo
cómo Dios lleva el mundo
desde el Génesis al Apocalipsis.
Qué misteriosamente y a la vez
con rigor de reloj
va avanzando la vida.
                    Me pregunto
a dónde me conduce este poema,

a qué amistad, a qué desdicha acaso,
qué rostros, qué viajes
dependerán mañana de estos versos.

16 /17-II-81

*

POSIBLE ARTE POÉTICA

A Henriette Boutens y Luis Labiano.

La flauta que a través del orballo anunciaba al afilador,
mi abuela regresando de la Novena, con su velo y con la si-
    llita de cuero al brazo,
las risas de las mujeres de Paraños aquel día en que, con ro-
    pas de hombre, iban a castrar las colmenas,
Benito *o do Nabal* desgarrando los dedos del conejo que
    cazó conmigo, para colgárselo del cinto,
las venas de la mano de mi padre mientras me enseña el al-
    fabeto griego en su despacho de Santiago,
la cara de mi mujer cada vez que huele el mar,
la cima del Monte Perdido el 13 de julio de 1977 (aquel co-
    lor que no estaba previsto en el lenguaje)...
Acaso sólo escribo para que algún desconocido, en algún si-
    tio, se haga cargo de alguna de estas cosas
y tanta hermosura no se confunda con la nada cuando yo ya
    no esté aquí para decirla.

Taramay, 23-VII-79

(Chronica, 1984)

*

VATICINIO

Le esposarán las manos por la espalda,
pero él tendrá seis años
y correrá mojado entre las altas
hierbas de su memoria.

Le cerrarán la puerta,
se callará la llave al otro lado,
y él verá los sinsontes entre los patriarcales
olmos de Baton Rouge, la Via del Babuino,
las bateas azules de Cangas de Morrazo.

Le pondrán cualquier número, lo formarán en fila,
lo contarán, y él, mientras,
cabalgará cantando contra el viento
desmedido de algún acantilado.

Lo matarán y nunca se habrá muerto,
y sobre su cadáver, a pie firme,
le sonreirá a los muertos que le miren
al otro extremo de las metralletas.

19-X-1983

*

OCTUBRE EN LA VENTANA

Atardece la vega. Nubarrones de bronce
ponen el horizonte romántico. Difusos
encinares, cortijos, llamaradas de chopos.
Una brisa amarilla riza los olivares.

Se me va la mirada hacia el silencio
de oro. Y sin embargo el corazón
me dice que este campo no es mi campo
ni mi cielo este cielo,
que toda esa hermosura no ha nacido
de la sangre de mis antepasados...

Apoyo en la ventana pensativa
mi soledad. Contemplo
las sombras de los montes alargándose.
Son bellos esos pinos,
pero cuando los miro sólo veo
pinos: no hay nada de mi vida en ellos,
no está bajo sus copas mi infancia cristalina
jugando a federales con los primos.

Se va la tarde y yo me voy con ella
hacia la lluvia lenta de mi patria.

> 6-X-1984, subiendo a los Alayos

*

RADIOGRAFÍA

Por gallego esta lluvia
oscura murmurándome en el alma.
Por d'Ors la habilidad para el fracaso.
Por Navarra esta forma
de agarrar las preguntas por los cuernos.
Por lo visto poeta.

Y además ciudadano de las nieves
sin nombre, tiernamente amargo como
los cortos de Charlot,
eterno partidario de los ciento volando,

católico a pesar de ser católico,
inesperado como los viejos *Blanco y Negro,*
Salicio juntamente y Nemoroso,
al margen, reaccionario progresista, extranjero
crónico, capricrónico. Distinto a este poema.

    12-X-84

                    *

CARTA

A ti, que serás siempre La Ignorada,
a ti, que llegaste a quién sabe qué lugar
cuando yo acababa, ay, de salir de él,
o perdiste aquel tren, no sé cuál, que te hubiera traído
al centro de mi vida,
o estabas en un banco de algún parque
un día que yo no quise pasear entre las hojas verlenianas,
a ti,
por la chacarera de tu mirada que nunca he visto,
por ese corazón que desconozco y es como una playa de
                                    [setiembre,
a ti, por todo lo que me habría obligado a amarte,
a ti, que me habrías amado hasta nunca,
que ahora puedes estar llorando
en la luz fría de una habitación de hotel,
o con tus hijos en el British Museum,
o ves el arco iris en una telaraña,
o piensas en mí sin saber que soy yo,
a ti, retrospectiva, condicional, perdida,
dondequiera que estés,
                    este poema.

    8-II-1985

                    (Curso superior de ignorancia, 1987)

                    *

BLUES DE LA TARDE DE DOMINGO

Tristeza de la tarde de domingo y la lluvia.
Tristeza, sobre todo,
de estar aquí escribiendo estas palabras
y haciendo ya imposibles tantas cosas
que ayer se me ofrecían;
de estar aquí y no estar en La Alcazaba
bajo el látigo gris de la ventisca
ni estar entre las olas de Carchuna
ni viendo con mis hijos desde la oscuridad
los desiertos ecuestres de Arizona;
de estar aquí, pensando a cuántas cosas
dice no cada sí que pronunciamos,
cuántos caminos quedan perdidos para siempre
en cada encrucijada; preguntándome
qué miguel d'ors fue el que impidió aquel otro
miguel d'ors aterido y feliz en la noche
despiadada del Eiger, y aquél que, entre humo y copas,
cantaba, o cantaría, y ya no cantará
en Helsinki rancheras mejicanas
enhiestas como gallos de pelea, y el otro
que explicaba unos versos de *Soledades* bajo
la nieve de Wyoming,
y tantos otros ex-futuros miguel d'ors,
ninguno de los cuales desearía
encontrarse en Granada un domingo de lluvia
y de octubre escribiendo estas palabras.

4-X-87

*

CUANDO ESTÉS EN WYOMING

Cuando estés en Wyoming por fin, y como siempre
despiertes —en Cheyenne o en Buffalo— y sea lunes
y lluvia, como siempre,
y vuelvas a encontrarte en el espejo,
como siempre, a ese pobre
diablo que no puede soportarte,
y deberes, hastío, soledad y fracasos
hayan urdido en torno a ti otra jaula
de sombra como ésta;
cuando no tengas más remedio que admitir
que allí también está la vida, esta miseria,
y que los Brown, los Fox y los McKinley
tienen también por dentro
eso tan infrahumano que es un hombre;
cuando, en definitiva, Wyoming sólo sea
el nombre desabrido
de la maldita realidad,
                          entonces
a ver qué territorio de esperanza te inventas,
a ver con qué palabras escribes los poemas
que hoy escribes soñando con Wyoming.

   6-X-1988   *(La música extremada,* 1991)

                        *

ARMA VIRUMQUE
(RETRATO DE MI PADRE)

Que de todas las fechas de su vida
perdure para siempre en esta hoja

aquélla, que contiene, resumida,
su más honda verdad: con boina roja,
el máuser, el detente y el fulgor
de un sueño ennobleciéndole la cara,
oye acercarse la batalla por
los recios campos de Guadalajara.
Con un trasfondo de ametralladora
se eleva una oración de su alma fuerte.
Llega la prueba ya. Llega la hora
de mirarle a los ojos a la muerte.
Adivino la *Eneida* en su bolsillo
con un olor a pólvora y tomillo.

11-XI-91 y 4-XI-92

*

COMO UNA ESPECIE DE NOSTALGIA

Qué claro estaba el mundo
en las clases —sería hacia el 54—
del Hermano Isidoro. Por encima
de todas las distancias, todavía
puedo oír en su voz el sitio de Numancia,
la zarza ardiendo, aquellas
películas retóricas —recuerdo «Jeromín»—
que sus palabras estrenaban en
la pantalla secreta de nuestra fantasía.
Y nuestra forma de entender las cosas
tenía, como el patio del fútbol, una línea
inflexible en el centro: a este lado, los buenos
—Abel, Mío Cid, San Juan
Bautista de La Salle, el general

Moscardó, Constantino y Viriato, «pastor
lusitano»—, y enfrente —negro y rojo,
como el Infierno de nuestras enciclopedias—,
el Imperio del Mal.
                Los años han pasado,
pero en algún rincón perdido de nosotros
(aquí haría falta ahora —lo siento— un buen poeta
que pudiera expresar este misterio
con palabras más vivas) hay un niño perplejo
ante el mundo que ve con nuestros ojos:
buenos que son los malos, mentiras que son ciertas,
traidores que defienden a la chica
(que al fin resulta que tampoco era
lo que las apariencias indicaban)...
Quizás eso —repito, dicho por un poeta
un poco menos desmañado—
explicara por qué
cada noticia que me llega con las tostadas
de la mañana, cada paredón manuscrito,
cada clamor que inunda nuestras calles
de pancartas y broncos pareados,
inexplicablemente,
me trae como una especie de nostalgia
del Hermano Isidoro.

    15-XI-91

                *

PRINCIPIO PARA UN POEMA AUTOBIOGRÁFICO PROLOGAL

     Yo soy aquel que ayer no más (si *ayer*
     puede significar «hace dieciocho años»)
     cantaba del amor y del olvido.

O, para ser exacto, de no sé qué campanas
que oía algunas tardes no sé dónde
—pero sin duda alguna allá por el ensueño—
por motivos, supongo, de Endocrinología
(veintimuypocos años, y con Saturno encima
llenándome y llenándome, sigiloso e imparable
como esos camareros de restaurante bien,
mi copa de tenaz melancolía,
y, completando el cuadro —clínico, lo repito—,
alguna que otra tierna compañera de apuntes
con, por ejemplo, una manera angélica
de pronunciar *together* en primero de Inglés
o un pañuelo estampado con momentos de hipódromo
—consúltese el poema, que entonces me encantaba,
«Agora qu'inda é tempo de cireixas»),
y también de esa atmósfera
pura, cálida, azul, paradisíaca
... y, la verdad, notablemente apócrifa
que los críticos llaman «recuerdo de la infancia»
y más o menos sirve de escondrijo
—porque algo hay que buscarse—
cuando desde muy dentro nos acosan
como perros furiosos ciertas cosas
que mire usted por dónde
no son sino las negras consecuencias
de lo que fue realmente nuestra infancia.

29-X-90

(La imagen de su cara, 1994)

*

UN SONETO ME MANDA HACER QUEVEDO

Desayunos noticias opiniones
martes lluvias atascos «buenos días»
clases fichas cafés bibliografías
facturas doctorados macarrones

semanas conferencias comisiones
alumnas primaveras guerras trajes
adioses onomásticas viajes
cartas amigos libros vacaciones

y se me van los años y me meto
ya en los últimos versos del soneto
y me alejo de mí en veloz huida

y contemplando tanta nada junta
mi casi medio siglo se pregunta
dónde demonios estará la vida

    10-XI-95

                    *

POR FAVOR

Se van muriendo uno tras otro
como en las películas de náufragos
o de aviones estrellados en neveros incógnitos.

Sucumbió el portero de fútbol catequístico

y el bailarín de valses bajo la luz periódica de un faro

y el estudiante que sueña
un verano arqueológico en Egipto

y el insensato que sufre por unos ojos
que eran una sucursal del Cantábrico

y el posible profesor de español en Colorado.

Ahora está agonizando —es evidente— el aspirante a gran
[poeta
y no vivirá mucho el montañero que conoce por sus nombres
todas las aguas de Belagua y Zuriza.

No sé cuáles serán los supervivientes definitivos,
los miguel d'ors que lleguen a la última secuencia
—que según los antiguos es el paso de un río—,
pero le pido al Cielo que en aquel grupo esté, por favor,
el muchacho que una tarde,
mirándote mirar el escaparate de la librería Quera
de la calle Petrixol de Barcelona,
empieza a enamorarse de ti como un idiota.

    3-II-96

                                        (Inéditos)

GUILLERMO CARNERO

(Valencia, 1947)

BIBLIOGRAFÍA POÉTICA

Dibujo de la muerte, El Guadalhorce, Málaga, 1967. (2.ª ed. ampliada en Ocnos, Barcelona, 1971.)
El sueño de Escipión, Visor, Madrid, 1971.
Variaciones y figuras sobre un tema de La Bruyère, Visor, Madrid, 1974.
El azar objetivo, Trece de Nieve, Madrid, 1975.
Ensayo de una teoría de la visión. (Poesía 1966-1977), Hiperión, Madrid, 1979. (2.ª ed., 1983.)
Divisibilidad indefinida, Renacimiento, Sevilla, 1990.

BIBLIOGRAFÍA CRÍTICA SOBRE SU OBRA POÉTICA (SELECCIÓN)

BOUSOÑO, Carlos: «La poesía de Guillermo Carnero», en CARNERO, Guillermo: *Ensayo de una teoría de la visión. (Poesía 1966-1977),* Hiperión, Madrid, 1979, págs. 9-68.
BRINES, Francisco: «Integración del título en el poema», *Ínsula,* 310 (1972), págs. 4 y 7.
DADSON, Trevor: «Orpheus, Garcilaso, and "Natura artifex": reflections on poetic creativity in the work of Guillermo Carnero», *The Modern Language Review,* 1 (vol. 92, January 1997), págs. 86-97.
GIORDANO, Jaime: «Reflexiones sobre "Ávila" de Guillermo Carnero», *España contemporánea,* vol. 3, 2 (1990), págs. 69-78.
GONZÁLEZ MUELA, Joaquín: «Dos poemas de Guillermo Carnero», KING, Willard F. (ed.): *Poemas y ensayos para un homenaje,* Tecnos, Madrid, 1976, págs. 80-87.
JIMÉNEZ, José Olivio: «Estética del lujo y de la muerte», *Diez años de poesía española,* Ínsula, Madrid, 1972, págs. 375-389.
JOVER, José Luis: «Nueve preguntas a Guillermo Carnero», *Nueva Estafeta* (agosto-septiembre, 1979), págs. 148-153.
KRUGER-ROBINS, Jill: *Frames of referents. The postmodern poetry of Guillermo Carnero,* Bucknell University Press, Lewisburg, 1997.
LANZ RIVERA, Juan José: «Rechazo del realismo y del surrealismo: por una concepción barroca y simbolista de la poesía de Guillermo Carnero», *La llama en el laberinto. Poesía y poética en la generación del 68,* Editora Regional de Extremadura, Mérida, 1994, págs. 105-122.
LÓPEZ, Ignacio Javier: «Metapoesía en Guillermo Carnero», *Zarza Rosa,* 5 (octubre-noviembre, 1985).
—: «Persistencia de la estética novísima: *Divisibilidad indefinida,* de Guillermo Carnero», VV.AA.: *Homenaje a José Luis Varela,* Centro de Estudios Cervantinos, Alcalá de Henares, 1995, págs. 223-235.
SIMÓN CÉSAR: «Fracaso y triunfo del lenguaje en Guillermo Carnero», *Papeles de Son Armadans,* 249 (1976), págs. 249-263.
ZIMMERMANN, Marie-Claire: «Signes de Castille dans la géographie poétique de Guillermo Carnero», *Ibérica,* 2 (1993), págs. 249-264.

PRIMER DÍA DE VERANO EN WRAGBY HALL

¿Qué hacer, sino dejar que las cosas
sigan su curso?

D. H. LAWRENCE

Un tímido vaho de sol, a través de los blancos visillos
ojeteados en verde, remedando
alguna cacería o Arcadia, entretejida
de pájaros y frutos, despierta en los tapices
y en las puertas forradas de terciopelo un vago
hormigueo de sueños, un clarear de soles
entre el helado viento de los pinos nevados,
una alucinación de iluminado polvo
que los oboes pintados en los vasos de porcelana, simétricos
en las cuatro esquinas oscuras, resonando
cuando los pies oprimen el león o el cubo de las ruedas
de la diosa, difunden en el espacio umbrío
de las campanas ondulantes sobre los tallos del agua.
Por las volutas esgrafiadas en amarillo y blanco sobre la
                                    [pared malva
se entrelaza un presentimiento de zarcillos y hojas,
un vaho de tierra caldeada bajo las gavillas de heno
ondulando al compás de las suaves colinas, con un ritmo
de lejanas abejas.

En la eterna penumbra de la casa, en que apenas
giran las estaciones, como entre la hojarasca
eternamente umbría de los bosques,
parpadean las fuentes, los relojes gotean
sobre el mármol, enfrente de los espejos, giran
agitando sus frágiles campanillas.
                              Y a poco
se agazapan las aguas sobre los terciopelos,
arlequines de mármol abandonan sus ojos al crepúsculo.
Los caballeros charlan en el salón —corbatas
de Bond Street— de orquídeas o de falos. La tarde
gotea como el limo de las barbas de un dios
en las fuentes que invaden los lotos de la noche.
¿Cómo encontrar la vida? Ni la sangre querría
abandonar las venas seccionadas. Crepúsculo
de verano adormece los cuerpos. En la sala
los naipes, las levitas, los bastones de ámbar.
Casi parecerían impúdicos los versos
del viejo Anacreonte: «Dadme, dadme la lira
de Homero».
                    Nada debe perturbar el decurso
de las horas. Tan sólo, en silencio, que alguien
renueve los marchitos ramos, y así hasta la muerte
sólo será una gota más en los alabastros,
sólo una nueva brizna sobre las alamedas,
así no será trueno sobre los oleajes,
así los emparrados recibirán inertes
un año y otro el estéril augurio de la vida.

*

EL ALTÍSIMO JUAN SFORZA COMPONE
UNOS LOORES A SU DAMA MIENTRAS
CÉSAR BORGIA MARCHA SOBRE PÉSARO

La gama de los grises y de los rosas pálidos
sosiega en la penumbra nuestros ojos
que han visto tanta muerte. Culebrinas, arietes,
pavos reales, fuegos de artificio
acarician los muros. Entre las arpas gira
un contenido vendaval de amor.
Eternamente jóvenes, esos cuerpos de niños o de diosas
no en el jardín, no expuestos
al fuego y a la nieve y al hierro de la lanza, sino cálidamente
abrigados aquí, en el delgado aroma del marfil, no devueltos
al ciclo, a la vorágine de lo que vive y muere. No en el aire
que sacude la pólvora, sino en esta penumbra
entre un rescoldo helado de rubíes. Máscaras no corrompen
el finísimo brillo de las carnes de mármol. Eternamente
                                        [jóvenes,
eternamente vivos, eternamente vivos como en el primer día,
                                [debajo de la máscara,
y ni fuego ni muerte ni curso de las horas
habitarán jamás este salón.

                              *

BACANALES EN RÍMINI PARA OLVIDAR
A ISOTTA

En unas breves horas puede el vino, en la dulce demencia del
                                        [festín,
y las arpas, laúdes, las delicadas sedas,
aplacar el amor, como la cólera. ¿Qué queda como presa a la
                                        [vejez,

qué peor enemigo que este arte
de conservar la vida? El brillo de los mármoles labrados
no ocultará tu muerte. No seremos
dentro de poco ya, ni estos dorados
cortinajes, las vívidas hogueras,
el carmesí arrugado tras la danza
ni el líquido destello de las gemas
en los rubios cabellos, tras el baño.
Proclaman en el llano azul los fresnos
el baño de las ninfas. Un tropel
de centauros te cerca. Todos estos brillantes candeleros y telas
han de prevalecer sobre nosotros, quizá será la muerte
la única certeza que nos ha sido dado alzar sobre la tierra,
escuchad cómo rasga una hoja lentísima los tapices del palio,
cómo se desvanecen esos versos unidos a la música, cómo la
                                        [proa del Buccentoro,
sumergiendo en el agua los flecos amarillos,
se acerca, con los rojos gallardetes al viento,
mientras flotan sin rumbo cadáveres y rosas.

(Dibujo de la muerte, 1967)

*

CHAGRIN D'AMOUR PRINCIPE D'OEUVRE D'ART

Le plus triste des alchimistes.

BAUDELAIRE

Así tu cuerpo fue como resume
nuestra pupila el mundo: la imagen delicada
de la belleza basta
para hacernos sentir, y la pintura
de la propia desdicha.

Y la felicidad no tiene historia.
Pero en la ciudad vive: cada calle
es un recuerdo que salvar,
la acuarela del cielo en los días de lluvia
y otras banalidades de filiación diversa
que son felicidad.
                    Hay colores o músicas
que llevan hacia noches en que el calor de un cuerpo
era toda razón: motivo ahora
de construcción poética, entonces estaciones
de una cierta ignorancia convenida
para mejor fingir que sólo cuerpos
tuvieran realidad: en resumidas cuentas
para mejor vivir,
pero no sin ficción.
                    Es cada calle
recorrer la ciudad como tenderse entonces
al lado de tu cuerpo. En las noches, inmensa,
reluce en lejanía. De nuevo oigo su voz
poco a poco apagándose hacia el amanecer.
Volver a visitarla en un hotel furtivo
y barato, y saberla
dispuesta a despertar a una palabra.

Banalidad sin duda
y humildad de vivir: una falta de gusto.

Estéril todavía más que la dicha misma acaso
este poema. Imaginarla
con la mirada lúcida del constructor de frases,
perseguir la anuencia de memoria, dicción
y pensamiento,
y tener la impudicia de escribirla: bastardos
los gozos del poeta, como su diosa misma.

Y todos son preciosos para volver a ella.
La palabra es un don
para quien nada siente, le asegura
la existencia de un orden,
el derecho de asilo. Porque él ni mira el mundo
ni lo advierte, y sus ojos
no son más que un espejo al que conmueve
una corporeidad de formas puras:
sus goces son la muerte, la renuncia
anticipada asiste a su pupila
con un halo de ausencia, y su deseo
tiene toda la pompa de las causas perdidas:
extremo de elegancia
y de temor. *Et solus iste sapit* [1].
Porque el amor nos salva: no haber vivido en vano.
No haber envejecido cuando la noche acaba
ida como sus músicas, darnos como el poema
la razón de estar vivos.
                          Y gracias al poema
te llamamos amor. Si no, qué llamaríamos
a tu dudoso hechizo,
siempre el poema definiendo
el monótono encuentro con las sábanas sucias,
propiciando sutiles
especies de flaqueza,
ennobleciendo la común astucia
que nos devuelve el mundo, y hasta nos proporciona
razón para crear. Devuelta la palabra
a la palabra, es el momento
en que gotea el agua sobre la piel mordida

---

[1]   De Marsilio Ficino sobre el estar de Tiresias en los Infiernos, *Teología Platónica de la Inmortalidad de las Almas,* Libro XIV, capítulo VII.

y se entibia el encanto: un tranquilo deseo
vertido al ejercicio
de la función poética, y la razón más firme
para empezar de nuevo,
anhelar el hallazgo de la palabra escrita
desde un cuerpo.
                    ¡Y preténdene
quitar la elocución! [2]
                              Gracias a un cuerpo
apetecer el mundo, y gracias al dolor
(preferimos nombrarlo con más delicadeza)
recobrar el dominio
de la palabra, el alma
de las cosas.
              Mirar
con gratitud inconfesable
el desenlace de la historia
porque su esencia es noble; y más, es decorosa
esa contemplación entre doliente
y resignada, de antemano
prevista, que resume
tanta sabiduría; y como el arte, santa.
Amor, poema, una ciudad por ti
es un mundo, una justa
coloración del alba;
es familiar el brillo de su asfalto
y sus calles amigas.
La palabra es un don, y sus goces bastardos
me dan razón de ti, son tu mejor herencia.
Pero no sin ficción.

                              (El sueño de Escipión, 1971)

                              *

---

[2]   Luis Carrillo y Sotomayor, *Libro de la Erudición Poética.*

VARIACIÓN I
DOMUS AUREA

I

La sordidez es nuestro pan
se inserta entre los cuerpos como un huésped incómodo
y opera en sus volúmenes
la falsación del aire
o desdeña esos hurtos: es entonces
un archipiélago de dudas,
inquiere nuestro rostro, usurpa nuestro nombre
en cometer acciones honorables.
Parodia nuestros gestos a los pies de la cama,
dibuja el garabato de la carne desnuda
en que creemos estar vivos.
                              Es el gran escenógrafo
que cada amanecer pone en orden el mundo:
las fachadas, los arcos de triunfo,
los síntomas del miedo
que aplazan cada tarde las sombras con su abrazo
y que engulle la noche que no dura.
La sordidez es nuestro pan,
nos provee de odio y en él somos lenguaje
que sin embargo deteriora,
levantamos un muro de palabras
que al odio se reduce
y el odio deteriora; parodiándolo
nos envuelve en palabras como velos.
Envolverse en palabras como velos
para mitificar las figuras del odio
como las estaciones de la risa,
porque el discurso del fracaso,
la lucidez, la fantasmagoría,

son un arte de amar, tienen su método
como lo tiene el uso de la carne
cuando creemos estar vivos,
cuando desdice al odio,
con sus fabulaciones, la noche que no dura.
Como tiene su método
el léxico pomposo de las causas perdidas,
brillante como vanos los recursos,
los motivos, los temas
del lenguaje poético —sentimientos comunes
que recorren lo ancho de la tierra
y otros lenguajes deterioran: anuncios luminosos,
la propaganda de las estaciones
de invierno, los burdeles, las lavanderías—
y admitimos aquí
como materia propia del discurso poético.
La sordidez es nuestro pan,
origen del discurso que llamamos poema,
origen del discurso de la carne
en que creemos estar vivos,
envueltos en palabras como velos.
Odio, carne, poema: palabras como velos.

II

El discurso poético
fueran haces de signos surgidos en el aire,
emanación
de la presencia pura de volúmenes juntos
o colores o masas.
                    Lo mismo que la nave
es ritmo por la doble pulsación de los remos
donde todo es presencia como el yute o el cáñamo

o el lino y la madera con sus triples argollas
y esa presencia es música.
                              Como a un lado del muro
las significaciones que afligen al poema
palpitan como su mugre, y más adentro
no destila el violín más que una forma
inmóvil en color y al escucharse ausente.
                                      Lo mismo que
        la roca
es una arista dócil a la mano,
tan irreconocible que carece
de partes, a lo sumo es un color
extenso, que ante el mar no significa
y sonoro en las olas que no tienen historia,
no así el poema: viejos estandartes
llamados a contar siempre la misma hazaña
intentando la música que los cuerpos omiten
y enturbian las palabras con su fango:
no hay palabras ni cuerpos nacidos en el aire.

III

Qué hermosura los seres nacidos en el aire,
no en el aire poblado de las grutas marinas
donde rasguean trépanos de algas
y amenaza el susurro de las bestias del fondo

ni el aire batido del estrecho,
inerme al remolino de las rocas gemelas,
que recoge la imagen la sombra de las alas
pendientes en el cielo y son materia,

o el aire de las cumbres
que inexpugnan los ecos sin orilla
y ve la sucesión de sombra y luz;
luz y sombra son cambio: son materia.

No el aire que colores intercalan
a las evanescencias de su arco,
investidura dócil de sentido
que el païsaje asume, y es saeta

como el aire evadido a las minas de sal
desconoce el derrumbe de las hojas
pero lame en los pozos escalas de color,
color inmóvil, gélido: materia.

No el aire de los ríos subterráneos
que no turba color ni luz entibia
pero ultraja posibles en su peso
un contrapunto de invisibles gotas

o el aire encanecido de las criptas
donde el azogue espejos deteriora
que reflejan esferas y encajes de cristal;
feliz inanición que el polvo omite.

Aire no que no anula la distancia,
el sonido, el color y las pirámides
de luna en que se finge la quietud
y es materia.
                Nacidos en el aire.

*

MIRA EL BREVE MINUTO DE LA ROSA

Mira el breve minuto de la rosa.
Antes de haberla visto sabías ya su nombre
y ya los batintines de tu léxico
aturdían tus ojos —luego, al salir al aire, fuiste inmune
a lo que no animara en tu memoria
la falsa herida en que las cuatro letras
omiten esa mancha de color: la rosa tiembla, es tacto.
Si llegaste a advertir lo que no tiene nombre
regresas luego a dárselo, en él ver: un tallo mondo, nada;
cuando otra se repite y nace pura
careces de más vida, tus ojos no padecen agresión de la luz,
sólo una vez son nuevos.

*(Variaciones y figuras sobre un tema de
La Bruyère, 1974)*

*

I

MUSEO DE HISTORIA NATURAL

Encerrados en un espacio distante
perfeccionan allí la estabilidad de no ser
más que inmovilidad de animales simbólicos
la escorzada pantera, el mono encadenado
y la fidelidad que representa el perro
echado ante los pies de la estatua yacente;
adquieren aridez en la luz incisiva
bajo las losas de cristal del domo,
traslúcido animal que no perece.
La boa suspendida

por cuatro alambres tensos sobre cartón pintado
no es más que el concepto de boa.
                           Agavillados
bajo un domo distante, la memoria
les redondea el gesto, los induce
a la circunferencia imaginaria
en la que inscriben dentro de su urna
la suspensión del gesto, salto rígido
igual que las mandíbulas abiertas
gritan terror de estopa, agonía en cartón, violencia plana.
Agazapados tras una puerta distante,
cuando la empuja el simulacro vuelve
a componer su coreografía;
y un día han de invadir los bulevares
de la ciudad desierta, amenazando
la arquitectura fácil del triunfo
y el gesto de la mano que acaricia
la mansedumbre impávida de animales pacíficos.

(El azar objetivo, 1975)

*

OSTENDE

Obediencia me lleva y no osadía.

VILLAMEDIANA

Nuestros burgueses... sienten una gran-
dísima fruición en seducirse unos a
otros sus mujeres.

Manifiesto Comunista, II.

Recorrer los senderos alfombrados
de húmedas y esponjadas hojas muertas,
no por la arista gris de grava fría
como la hoja de cuchillo.

Mueven
su ramaje los plátanos como sábanas lentas
empapadas de noche, de grávida humedad
y reluciente.
                    También en la espesura
late la oscuridad de las cavernas
y el sol sobre las hojas evapora
las gotas de rocío—
                              el aura de calor
que envuelve e ilumina los cuerpos agotados
cuando duermen: si acercas la mejilla
ves las formas bailar y retorcerse,
un espejismo fácil y sin riesgo:
dos bueyes que remontan la colina,
el mago que construye laberintos,
el calafate, el leproso, el halconero
parten seguros al amanecer,
no como yo, por los senderos
cubiertos de hojas muertas, esponjadas y húmedas.
A veces entre los árboles clarean
los lugares amenos que conozco:
el pintado vaporcillo con su blanca cabeza
de ganso, acribillada de remaches y cintas;
las olas estrellándose bajo el suelo de tablas
del gran salón de baile abandonado,
las lágrimas de hielo que lloran los tritones
emergiendo en la nieve de las fuentes heladas;
el cuartito en reposo con la cama deshecha
junto al enorme anuncio de neón
que lanza sobre el cuerpo reflejos verdes, rojos,
como en las pesadillas de los viejos opiómanos
del siglo diecinueve.
                              Un cervatillo salta
impasible: lo sigo.

              En un claro del bosque
está sentada al borde de la fuente,
con blanquísima túnica que no ofrece materia
que desgarrar a la rama del espino.
Corro tras ella sin saber su rostro,
pero no escapa sino que conduce
hasta lo más espeso de la fronda,
donde juntos rodamos entre las hojas muertas.
Cuando la estrecho su rostro se ha borrado,
la carne hierve y se diluye; el hueso
se convierte en un reguero de ceniza
y en medio de la forma que levemente humea
brilla nítida y pura una piedra preciosa.
La recojo y me arreglo la corbata;
de vuelta, silencioso en el vagón del tren,
temo que me delate su fulgor
que resplandece y quema aún bajo el abrigo.
Tengo una colección considerable
y en el silencio de mi biblioteca
las acaricio, las pulo, las ordeno
y a veces las imprimo.
En el dolor se engendra la conciencia.

Recorrer los senderos alfombrados
de húmedas y esponjadas hojas muertas,
inseguro paisaje poblado de demonios
que adoptan apariencia de formas deseables
para perder al viajero.
                    Mas no perecerá
quien sabe que no hay más que la palabra
al final del viaje.
                    Por ella los lugares,
las camas, los crepúsculos y los amaneceres
en cálidos hoteles sitiados

forman una perfecta arquitectura
vacía y descarnada como duelas y ejes
de los modelos astronómicos.
Vacío perseguido cuya extensión no acaba
como es inagotable la conciencia,
la anchura de su río
y su profundidad.
                    Desde el balcón
veo romper las olas una a una,
con mansedumbre, sin pavor.
Sin violencia ni gloria se acercan a morir
las líneas sucesivas que forman el poema.
Brillante arquitectura que es fácil levantar
igual que las volutas, los pináculos,
las columnatas y las logias
en las que se sepulta una clase acabada
ostentando sus nobles materiales
tras un viaje en el vacío.
                    Producir un discurso
ya no es signo de vida, es la prueba mejor
de su terminación.
                    En el vacío
no se engendra discurso,
pero sí en la conciencia del vacío.

*(Ensayo de una teoría
de la visión, 1979)*

*

TEATRO DUCAL DE PARMA

Acaricia la luz la pedrería
y el calor de la seda recamada
amortigua la música dorada
que cede el ondear de su armonía

al esplendor de la cristalería,
como el horror y la pasión pautada
destrenzan su razón luego trenzada
en sabia y ordenada simetría.

El silencio y la muerte así burlada
trazan espacios de serena gloria
y un firmamento plácido y fingido

como pueblan los reinos de la nada
la escenificación de la memoria
y la cartografía del sentido.

*

MÚSICA PARA FUEGOS DE ARTIFICIO

Hace muy pocos años yo decía
palabras refulgentes como piedras preciosas
y veía rodar, como un milagro
abombado y azul, la gota tenue
por el cabello rubio hacia la espalda.

No eran palabras frágiles, prendidas al azar
de un evadido vuelo prescindible,
sino plenas y grávidas victorias
en las que ver el mundo y obtenerlo.

La emoción de enunciar un orden justo
cedía realidad al sonido y al tacto
y quedaba en los labios la certeza
de conocer en el sabor y el nombre.

Pero la certidumbre de una mirada limpia
es una ingenuidad no perdurable,
y el viento arrastra en ráfagas de crespones y agujas
el vicio de creer envuelto en polvo.

Y si tras de la luz esplendorosa
que pone en pie la vida en un haz de palmeras
el miedo de dormir cierra los cálices
susurrando promesas de una luz sucesiva,

el fulgor de la fe lento se orienta
al imán de la noche permanente
en la que tacto, imagen y sonido
flotan en la quietud de lo sinónimo,

sin temor de mortales travesías
ni los dones que otorga la torpeza
sino un fugaz vislumbre de medusas:
inconsistentes ecos reiterados

en un reino de paz y de pericia,
apagado jardín de la memoria
donde inertes se pudren sumergidos
los oropeles del conocimiento

y como resquebraja la alta torre
la solidez de su asentado peso,
de tan robusto, poderoso y grave
se quiebra y pulveriza el albedrío.

Así para las aves y la plácida
irrepetible pulcritud del junco
hay cada día olvido inaugural
en la renovación de la mañana:

quien hace oficio de nombrar el mundo
forja al fin un fervor erosionado
en la noche total definitiva.

*

MUSEO NAVAL DE VENECIA

Tanta morosidad, si no dilata
la erosión caediza de los oros,
si los haces pintados y sonoros
derriba ennegrecidos por su plata,

¿para qué fue? Su lujo no rescata
el cálido concierto de los coros,
y entre tantos aromas y tesoros
voló hecha humo la última sonata.

Pero cuando descubra el viajero
tan espléndido y raro pudridero
de restos de tramoya y bambalina

dirá que no fue inútil el intento:
si se perdió la voz y el argumento
algo fue, pues dejó tanta rüina.

*

EL ESTUDIO DEL ARTISTA

Anónimo holandés

Al fondo de la estancia tenebrosa
atestada de mapas y anaqueles,
de caballetes, bustos y cinceles
donde la araña teje sigilosa

una figura pálida y borrosa
rodeada de libros y papeles
alza un compás y cruza dos pinceles
contemplando la noche silenciosa.

Una llama de vela mortecina
signa la oscuridad más que ilumina
y descubre el temor y la torpeza,

la mueca de desprecio y extrañeza
con que asoma la estúpida cabeza
del mono que levanta la cortina.

*

RAZÓN DE AMOR

(SEPULCRO EN LOMBARDÍA)

> ... la dolencia
> de amor, que no se cura
> sino con la presencia y la figura.
>
> S. JUAN DE LA CRUZ

Vuela por el silencio la ternura
al regazo del oro fatigado
que abriga un cuerpo en mármol desmayado,
ausente en el disfraz de su blancura,

y mi mano se pierde en la tersura
del pecho agudo, craso y abombado;
deseo embellecido y abreviado
sin la presencia, mas con la figura:

el presente en especies de memoria
anticipa su paz y su nobleza
y el término es el punto de partida

en que omite la mezclada gloria
de vacuidad, de encanto y de vileza
que por imprecisión llamamos vida.

(Divisibilidad indefinida, 1990)

LEOPOLDO MARÍA PANERO

(Madrid, 1948)

Bibliografía poética

Por el camino de Swan, El Guadalhorce, Málaga, 1968.
Así se fundó Carnaby Street, Ocnos, Barcelona, 1970.
Teoría, Lumen, Barcelona, 1973.
Narciso en el acorde último de las flautas, Visor, Madrid, 1979.
El que no ve, La Banda de Moebius, Madrid, 1980.
Last River Together, Endymion, Madrid, 1980.
Dióscuros, Endymion, Madrid, 1982.
El último hombre, Libertarias, Madrid, 1982.
Antología, Libertarias, Madrid, 1985.
Poesía 1970-1985, Visor, Madrid, 1986.
Poemas del manicomio de Mondragón, Hiperión, Madrid, 1987. (2.ª ed.,
   1992; 3.ª ed., 1997.)
Contra España y otros poemas no de amor, Libertarias/Prodhufi, Madrid,
   1990.
Y la luz no es nuestra, Los Infolios, Valladolid, 1991.
Heroína y otros poemas, Libertarias, Madrid, 1992.
Piedra negra o del temblar, Libertarias/Prodhufi, Madrid, 1992.
Agujero llamado Nevermore (Selección poética, 1968-1992), Cátedra, Ma-
   drid, 1992.
Orfebre, Visor, Madrid, 1995.
El tarot del inconsciente anónimo, Valdemar, Madrid, 1997.
Tensó (en colaboración con Claudio Rizzo), Hiperión, Madrid, 1997.

Bibliografía crítica sobre su obra poética (selección)

BLESA, Túa: *Leopoldo María Panero, el último poeta,* Valdemar, Madrid,
   1995.
DOMÍNGUEZ, Gustavo: «Leopoldo María Panero», *La Moneda de Hierro,*
   3-4 (1980), págs. 85-89.
GARCÍA FERNÁNDEZ, Eugenio: «A modo de introducción», PANERO, Leo-
   poldo María: *Poesía 1970-1985,* Visor, Madrid, 1986, págs. 7-26.
LANZ, Juan José: «Leopoldo María Panero o la voz del silencio», *Ínsula,*
   593 (mayo de 1996), págs. 8-10.
POLO LÓPEZ, Milagros: «Fuga y sol negro en Leopoldo María Panero»,
   Cuarteto y fuga para un espacio desierto, Libertarias/Prodhufi, Madrid,
   1995, págs. 223-286.
TALENS, Jenaro: «De poesía y su(b)versión (Reflexiones desde la escritura de-
   notada "Leopoldo María Panero"», PANERO, Leopoldo María: *Agujero lla-
   mado Nevermore (Selección poética, 1968-1992),* Cátedra, Madrid, 1992.

ANN DONNE: UNDONE

J'ai pris un canif dont lame avait un tran-
chant acéré, et me suis fendu les chairs aux
endroits oú se reunissent les lèvres.
Je regardai dans un miroir cette bouche
meurtrie par ma propre volonté.

LAUTREAMONT

Tantas veces tus pasos he creído escuchar
William Wilson, tus pasos, detrás de mí, a lo largo de los
                              [interminables Corredores
Desnudos como el Invierno
Como el invierno propicios a fantasmas y a Ecos,
Tantas veces, tantas veces tus pasos he creído escuchar
William Wilson, detrás de mí
En los interminables Corredores como la sombra del Castillo
                              [a que éstos conducen

Su anticipación, su Espejismo
Como la sombra de los Verdaderos Espejos
A que éstos conducen,
Espejismo nacido de la fiebre
En los interminables Corredores donde crece la Fiebre
Única vegetación, única Flor
En el reino de la piedra desnuda,

Desnuda como el Invierno,
En el reino del Musgo, del *amarillo jaramago,*
De la Amapola que crece sobre la piedra desnuda como el
                                              [Invierno,
Tantas veces tus pasos, William Wilson,
Tantas veces tus pasos he creído escuchar
Estos pasos que son el Eco de mis pasos,
Esta Sombra que es la sombra de mi sombra.

La Amapola es la Flor que crece en los Glaciares
Es la Flor sólo aroma,
Color y tallo hechos de aire,
La Flor que no dará Fruto
Porque la única Flor fecunda sabemos que no crece,
Lejana y fría en el Salón de los Espejos.

La Amapola es la Flor que nace de la caridad de Diablo
Para con los Sedientos, para con aquellos que han de elegir
Entre la Amapola o el Hielo, o la lejana visión del Salón de
                                              [los Espejos.
Mas la Amapola se deshace con inocente crueldad en las
                                              [manos de los Sedientos

Y sólo nos queda caminar, continuar la Cadena de nuestros
                                              [pasos,
Porque sólo esta Cadena puede salvarnos de la interminable
                                              [Caída,
Porque sólo esta Cadena puede por fin llevarnos, a lo largo
                                              [de los interminables Corredores

Desnudos como el Invierno
Al lugar al que como Arcos se tienden nuestros pasos,
Que no es otra cosa que la Huella de nuestros pasos,
Que no es otra cosa que el Salón de los Espejos.

Las Cadenas del Demonio se deshacen antes de tocarlas
Y no es verdad que yo escuche tus pasos,
Que yo los haya escuchado alguna vez,
William Wilson, tus pasos, tantas veces,
En los interminables Corredores donde crece la Fiebre
Única Flor, la Amapola que crece
Sobre la piedra desnuda como el Invierno,
La Amapola que es Muerte y conduce sólo a la Muerte
Fuera de nuestra Salvación, de nuestra única posible
                                                    [Salvación,
Que son los Carruajes vacíos en el Crepúsculo, moviéndose en
            [dirección a mi esperanza, moviéndose en dirección al
                                        [Salón de los Espejos.
Mientras que la Amapola nos hace olvidar el Camino
Y convierte el Castillo en Laberinto.

No es verdad que ahora los escuche,
No es verdad y es verdad la sonrisa de la Esfinge
Porque la única verdad es aquello que no es verdad
Y la única esperanza en la Tierra aquello que está
Fuera del Mundo y en el Mundo
Fuera del Mundo y de la Tierra.
No es verdad William Wilson,
WILLIAM WILSON NO EXISTE
O al menos no es Aquel que nos salvará de la Ceniza
Pues es él mismo quien nos conduce a la Ceniza:
Las Cadenas del Demonio se deshacen con inocente crueldad
                                [en las manos de los Sedientos.

(Así se fundó Carnaby Street, 1970)

*

HOMENAJE A CATULO

> Quia, ut dicitur, osculant porteriora catti.
>
> ALAIN DE LILLE

El culo de Sabenio está cantando
está cantando y ya no es
el vibrar de las serpientes
(allí) sino recogimiento y muerte
y muerte:
El culo de Sabenio está cantando
en soledad dulce y absoluta: el culo de Sabenio
devora en su redondez al viento
y el triángulo emana duros troncos
non unquam digitum inquinare possunt
como el invierno triste y absoluto

seco y frío
purior salillo est

más puro que la sal, no espera
en su carencia de tiempo se aligera
vivo sólo por el falo, existiendo sólo por él
espejo que no sabe ser solo
pese a su irremediable soledad.
(oh, yo, Sabenio amo tu triángulo
restrinjo amor, sitio del excremento [1]
donde reinan las hadas espumosas
cuyo aliento me enferme los venenos viscosos

Gaius

alegre en el abismo, alegre en el suicidio
joy of nothingness: alegre en el suicidio   cattus

---

[1]   Juan Ramón Jiménez: «El amor es el lugar del excremento».

Oh, yo, Sabenio, amo tu triángulo
que arde en fuego terrible hacia la nada (joy)
nada es la alegría
la alegría es la nada
y en ese oscuro túnel
que es tu culo, Sabenio
                              oignon
dormiremos despiertos en la estéril visión
en ese oscuro y claro culo
despiertos para el cuchillo
en ese oscuro túnel.
                    Y los árboles (duros troncos)
servían de fundamento al cielo
aborrecidos diamantes excrementos
terribles y separados del mundo
                              (Besa este culo)
y las sirenas bordando la noche sin ojos.

Oh madre nube que no tienes peso
Nadie ruega por nosotros.

                                        (Teoría, 1973)*

                    *

GLOSA A UN EPITAFIO

(CARTA AL PADRE)

                              And fish to catch regeneration.

                    SAMUEL BUTLER, *Pescador de muertos.*

   Solos tú y yo, e irremediablemente
   unidos por la muerte: torturados aún por
   fantasmas que dejamos con torpeza
   arañarnos el cuerpo y luchar por los despojos

del sudario, pero ambos muertos, y seguros
de nuestra muerte; dejando al espectro proseguir en vano
con el turbio negocio de los datos: mudo,
el cuerpo, ese impostor en el retrato, y los dos siguiendo
ese otro juego del alma que ya a nada responde,
que lucha con su sombra en el espejo-solos,
caídos frente a él y viendo
detrás del cristal la vida como lluvia, tras del cristal
                                                    [asombrados
por los demás, por aquellos Vous etes combien? que nos
                                        [sobreviven
y dicen conocernos, y nos llaman
por nuestro nombre grotesco, ¡ah el sórdido, el
viscoso templo de lo humano!
                                        Y sin embargo
solos los dos, y unidos por el frío
que apenas roza brillante envoltura
solos los dos en esta pausa
eterna del tiempo que nada sabe ni quiere, pero dura
como la piedra, solos los dos, y amándonos
sobre el lecho de la pausa, como se aman
                                        los muertos
«amó», dijiste, autorizado por la muerte
porque sabías de ti como de una tercera persona
bebió dijiste, porque Dios estaba (Pound dixit)
en tu vaso de whiski
amó bebió, dijiste, pero ahora espera
¿espera? y en efecto la resurrección
desde un cristal inválido te avisa
que con armas nuestra muerte florece
                                        para ti que sólo
sabías de la muerte. Aquí
¿debajo o por encima?
                    de esta piedra

tú que doraste la sobrenatural dureza y el
dolor sobrenatural de los edificios desnudos
                                        ¿en qué perspectiva
—dime— acoger la muerte?
                                en la mesa de disección
tú que danzaste
                        enloquecido en la plaza desierta
                                                tropezando
hiriéndote las manos en el trapecio del silencio
en pie contra las hojas muertas que
se adherían a tu cuerpo, y contra la hiedra que tapaba
obsesivamente tu boca hinchada de borracho,
                                        danzas, danzaste
sin espacio, caído, pero
no quiero errar en la mitología
de ese nombre del padre que a todos nos falta,
porque somos tan sólo hermanos de una invasión de lo
                                                [imposible
y tus pasos repiten el eco de los míos en un largo
corredor donde
                        retrocedo infatigable, sin
jamás moverme
                        ¡ah los hermanos, los hermanos invisibles
                                                [que florecen
en el Terror! ¡Ah los hermanos, los hermanos que se
                                                [defienden
inútilmente de la luz del mundo con las manos,
que se guardan del mundo por el Miedo, y cultivan en la
                                                [sombra
de su huerto nefasto la amenaza de lo eterno, en
el ruin mundo de los vivos! ¡Ah los hermanos,
                                        Y el ave,
el ave que vuela sobre el mundo en llamas, diciendo solo
a los mortales que se agitan debajo, diciendo

solo: ABISMO, ABISMO!
                       Abismo, sí, tibia guarida
de nuestro amor de hermanos, padre.
                                ¡Pero tan solos!
¡Tan solos! Fantasmas que hace visible la hiedra
—como hiedramerlín comoniñadecabezacortada como
mujermurciélagola niña que ya es árbol—
                                crecen hojas
en la foto, y un florecer te arranca
de los labios caníbales de nuestra madre Muerte, madre
de nuestro rezo
florecen los muertos florecen
unidos acaso por el sudor helado
muerto de muchas cabezas hambrientas de los vivos
te esperamos ave, ave nacida
de la cabeza que explotó al crepúsculo
ave dibujada en la piedra y llena
de lo posible de la dulzura, de su sabor
ajeno que es más que la vida, de su crueldad
que es más que la vida
                      ¡ira
de la piedra, ira que a la realidad insulta,
                                  que apalea
a la cabaña torpe de la mentira con verbos
que no son, resplandecen, ira
suprema de lo mudo!
                      (te esperamos
en la delgada orilla de lo que cae, en el prado
nocturno que atraviesan lentos
los elefantes
                percibís el frío
                        la
                        conspiración de las algas,
                        gelatina, escamas, mano

que sobresale de la tumba
manos que surgen de la tierra como tallos
surcos arados por la muerte,
cabezas de ahorcados que echan flor:

                                        decapitados que dialogan
a la luz decreciente de las velas,

                                ¡oh quién nos traerá la rima
la música, el sonido que rompa la campana
de la asfixia, y el cristal borroso
de lo posible, la música del beso!

                De ese beso, final, padre, en que desaparezcan
de un soplo nuestras sombras, para
asidos de ese metro imposible y feroz, quedarnos
a salvo de los hombres para siempre,
solos yo y tú, mi amada,
aquí, bajo esta piedra.

                                *

                        MA MÈRE

> *A mi desoladora madre,* con esa ex-
> traña mezcla de compasión y náusea
> que puede sólo experimentar quien co-
> noce la causa, banal y sórdida, quizá,
> de tanto, tanto desastre.

Yo contemplaba, caído
                        mi cerebro
aplastado, pasto de serpientes, a
vena de las águilas,
                        pasto de serpientes
yo contemplaba mi cerebro para siempre aplastado

y mi madre reía, mi madre reía
viéndome hurgar con miedo en los despojos
de mi alma aún calientes
                    temblando siempre
como quien tiene miedo de saber que está muerto,
y llora, implora caridad a los vivos
para que no le escupan encima la palabra muerto. Vi digo
mi cerebro en el suelo licuándose, como un excremento
para las moscas. Y mi espíritu convertido en teatro
vacío, del que todo pensamiento ha desertado
—tutti gli spirti miei eran fuggiti
                    dinanzi a Lei
mi espíritu como un teatro vacío
donde en vano alentaba inútil, mi conciencia,
                              cosa oscura o
aliento de monstruo presentido en la caverna. Y allí, en el
                              [teatro vacío,
o bajo la carpa del circo abandonado, tres atletas
—Mozo, Bozo, Lozo—
                    saltaban sin descanso, moviendo
con vanidad desesperada el trapecio
de un lado a otro, de un lado a otro. Y también, cortesanas
con el pelo teñido de un oro repugnante, intercambiaban
leyendas sobre lo que nunca hubo
en el palacio en ruinas. Y me vi luego, más tarde
mucho más allá del demasiado tarde,
                              en una esquina desolada de
alguna ciudad invernal, mendigando
a los transeúntes una palabra que dijera
algo de mí, un nombre con que vestirme. Puerta
del infierno —del
infierno de la imposibilidad de sufrir ya— puerta del infierno
—del infierno de la posibilidad de sufrir ya—
este poema, este canto exhausto
esta puerta que chirría en la casa

sin nadie, llevada sólo por lo deshabitado del viento,
como un pelele o marioneta infame que mimara
su carencia de ser con lo exagerado del gesto: una muñeca
llevada por los hilos invisibles de todas las manos
y negada por todos los ojos. Como una muñeca me mimo
a mí mismo y finjo
delante de nadie que aún existo. Peonza
en la mano del dios de los muertos. Como una muñeca
                                                     [extraviada
en la ruta implacable de tantas otras, de las incontables
                                                     [marionetas
que ejecutan su vida como un rito funerario,
una obsesión senil o un delirio
último de moribundo. Porque los hombres no hablan, me
                                                     [dije, dije
a los ciegos que manchaban
de heces y sangre sus zapatos al pisar mi cerebro.
        Y al momento
de pensar eso, un niño
orinó sobre la masa derretida,
                             dando luego
de beber vino rojo y fuerte a un sapo
para que borracho riera, riera, mientras caía
sobre el invierno de la vida la lluvia
más dura. Y al verlo, y mientras me arrastraba
cojeando entre los muertos, pensé: llueve,
llueve siempre en las ruinas. Y mi madre rió, al oír aquel
                                                     [ruido
que delataba mi pensamiento.

                (Narciso en el acorde último de las flautas, 1979)

                                *

EL LOCO

He vivido entre los arrabales, pareciendo
un mono, he vivido en la alcantarilla
transportando las heces,
he vivido dos años en el Pueblo de las Moscas
y aprendido a nutrirme de lo que suelto.
Fui una culebra deslizándose
por la ruina del hombre, gritando
aforismos en pie sobre los muertos,
atravesando mares de carne desconocida
con mis logaritmos.
Y sólo pude pensar que de niño me secuestraron para una
                                        [alucinante batalla
y que mis padres me sedujeron para
ejecutar el sacrilegio, entre ancianos y muertos.
He enseñado a moverse a las larvas
sobre los cuerpos, y a las mujeres a oír
cómo cantan los árboles al crepúsculo, y lloran.
Y los hombres manchaban mi cara con cieno, al hablar,
y decían con los ojos «fuera de la vida», o bien
                                «no hay nada que pueda
ser menos todavía que tu alma», o bien «como te llamas»
y «qué oscuro es tu nombre».
He vivido los blancos de la vida,
sus equivocaciones, sus olvidos, su
torpeza incesante y recuerdo su
misterio brutal, y el tentáculo
suyo acariciarme el vientre y las nalgas y los pies
frenéticos de huida.
He vivido su tentación, y he vivido el pecado
del que nadie cabe nunca nos absuelva.

                              (*Last River Together,* 1980)

                    *

PROYECTO DE UN BESO

Te mataré mañana cuando la luna salga
y el primer somormujo me diga su palabra
te mataré mañana poco antes del alba
cuando estés en el lecho, perdida entre los sueños
y será como cópula o semen en los labios
como beso o abrazo, o como acción de gracias
te mataré mañana cuando la luna salga
y el primer somormujo me diga su palabra
y en el pico me traiga la orden de tu muerte
que será como beso o como acción de gracias
o como una oración porque el día no salga
te mataré mañana cuando la luna salga
y ladre el tercer perro en la hora novena
en el décimo árbol sin hojas ya ni savia
que nadie sabe ya por qué está en pie en la tierra
te mataré mañana cuando caiga la hoja
decimotercera al suelo de miseria
y serás tú una hoja o algún tordo pálido
que vuelve en el secreto remoto de la tarde
te mataré mañana, y pedirás perdón
por esa carne obscena, por ese sexo oscuro
que va a tener por falo el brillo de este hierro
que va a tener por beso el sepulcro, olvido
te mataré mañana cuando la luna salga
y verás cómo eres de bella cuando muerta
toda llena de flores, y los brazos cruzados
y los labios cerrados como cuando rezabas
o cuando me implorabas otra vez la palabra
te mataré mañana cuando la luna salga,
y así desde aquel cielo que dicen las leyendas
pedirás ya mañana por mí y mi salvación
te mataré mañana cuando la luna salga

cuando veas a un ángel armado de una daga
desnudo y en silencio frente a tu cama pálida
te mataré mañana y verás que eyaculas
cuando pase aquel frío por entre tus dos piernas
te mataré mañana cuando la luna salga
te mataré mañana y amaré tu fantasma
y correré a tu tumba las noches en que ardan
de nuevo en ese falo tembloroso que tengo
los ensueños del sexo, los misterios del semen
y será así tu lápida para mí el primer lecho
para soñar con dioses, y árboles, y madres
para jugar también con los dados de noche
te mataré mañana cuando la luna salga
y el primer somormujo me diga su palabra.

(El último hombre, 1982)

*

[YO FRANÇOIS VILLON]

Yo François Villon, a los cincuenta y un años
gordo y corpulento, de labios color ceniza
y mejillas que el vino amoratara,
a una cuerda ahorcado
lo sé todo acerca del pecado.
Yo, François Villon,
a una cuerda pendido
me balanceo lento, habiendo sido
peor que Judas, quien también murió ahorcado.
Las viejas se estremecen al oír mis hazañas
pues no tuve respeto para la vida humana.
Que el viento me mueva, ya oigo cerca las voces
de aquellos que mandé a freír monas.

Me esperan en el infierno
y alargan las manos
porque se ha corrido allí, del Leteo al Cocyto
¡que al fin Villon había muerto ahorcado!
Ya la luna aparece, e ilumina la horca
dando a mi rostro el color de la sangre
yo, que hice mal sabedor de que lo hacía
hasta que por fin he muerto ahorcado.
Ya los lobos ladran en torno al patíbulo
y los niños gritan, parecidos a ratas:
¡Villon ha muerto ahorcado!
Viejas que me insultabais en la carretera oscura:
¡sabed que el semen moja mis caderas
y es fresco y sabroso el semen del ahorcado!
Que mis dientes sirvan
de jugo en tu caldera
bruja de los límites, tú a quien admiro
sabedora de embrujos, de filtros y de hechizos
más poderosos que la fe y que los apóstoles
de quienes se burló el Mago, más apta que ellos
para conocer el dolor
¡de este que un sepulcro merece!
Y que el viento diga, al amanecer, mañana
vanamente a ranas y a gusanos
Villon se ha hecho al fin célebre
pues al fin una horca dibuja su figura
¡Villon ha muerto ahorcado!
Y que de mi mano ajada caiga la rosa
que mis dientes estrujaron
pues ella supo mis crímenes
y fue mi confidente
y dígalo ella al mundo, cayendo sobre el suelo
¡Villon ha muerto ahorcado!
Pronto vendrá la canalla

a hozar en mi tumba
y orinarán encima, y los amantes
harán seguro el amor sobre mis huesos
y será la nada mi más escueto premio
para que ella lo diga,
no sé si nada o rosa:
¡Villon ha muerto ahorcado!
Sabrán de mí los niños
de edades venideras
como de un gran pecador
y asustados correrán a esconderse
bajo las sábanas cuando sus madres
les digan: «Cuidado ahí viene.»
Y esa será la fama de Villon, el Ahorcado.
Y será tal mi fama que prefiero el olvido
porque un día, mañana
de ese futuro que el hedor hace
parecerse al recuerdo, una mano
dejará caer, al oír mi nombre
el fruto del culo, el excremento
y mi vida, y mi carne, y todos mis escritos
¡promesa serán sólo para las moscas!

(Piedra negra o del temblor, 1992)

*

LA CUÁDRUPLE FORMA DE LA NADA

Yo he sabido ver el misterio del verso
que es el misterio de lo que a sí mismo nombra
el anzuelo hecho de la nada
prometido al pez del tiempo

cuya boca sin dientes muestra el origen del poema
en la nada que flota antes de la palabra
y que es distinta a esa nada que el poema canta
y también a esa nada en que expira el poema:
tres pues son las formas de la nada
parecidas a cerdos bailando en torno del poema
junto a la casa que el viento ha derrumbado
y ay del que dijo una es la nada
frente a la casa que el viento ha derrumbado:
porque los lobos persiguen el amanecer de las formas
ese amanecer que recuerda a la nada;
triple es la nada y triple es el poema
imaginación escrita y lectura
y páginas que caen alabando a la nada
la nada que no es vacío sino amplitud de palabras
peces shakespearianos que boquean en la playa
esperando allí entre las ruinas del mundo
al señor con yelmo y con espada
al señor sin fruto de la nada.
Testigo es su cadáver aquí donde boquea el poema
de que nada se ha escrito ni se escribió nunca
y ésta es la cuádruple forma de la nada.

(Orfebre, 1995)

*

[¿QUÉ ES EL DESTINO?]

¿Qué es el destino?
Es un perro que ladra.
Este perro que nos persigue como una sombra infiel,
insomne como la muerte purificadora
que borra la memoria impersonal toda.

Este sentido de la lentitud es lo mismo que el sentido del
                                                    [norte:
matar en el norte semeja un suicidio con lentitud profana.
Eran las doce en mis ojos
las doce en mis labios
y mis labios comían mis narices.

                        *

[DOCE ESTÁ EN LA RAÍZ DE MI NOMBRE]

Doce está en la raíz de mi nombre,
doce está en la raíz del poema,
y doce la oscura raíz de mi nombre,
doce es Dios cuando muere en las águilas y el poema se
                [enfrenta con el oscuro tribunal de la lectura,
para morir así entre tus manos, lector que no me nombras
y que no conoces el espanto de la blancura, que no conoces
    la raíz oscura de mi nombre en donde doce está escrito y
    tu nombre no figura, no figura la oscura raíz de la lectura,
    en donde vive el hombre nutriendo con sus heces el poe-
    ma, en donde vives tú borracho vivo hombre que supuras
    ajeno a esta mano oscura que trama dulcemente el canal
                                            [con sus dos manos,
para luego entregarlo al hombre que supura.
Sólo una vez muerto puedo escribir para siempre,
porque el poema es un hombre muerto porque sólo la mano
                                                    [es cierto
ante el hombre pálido que se ríe, ante el hombre sin voz que
                        [se descalza, ante la página que ríe.
Jamás cruzaremos los océanos del tiempo.
Te confieso que crucé los océanos de mis días en tu
                                                [búsqueda.

Te encontré y encontré también el rostro de la irrealidad.
Tú fuiste lo real palpable cuando con la gillette te afeitaste
    el vello de tu sexo para que mi lengua pudiera así lamerte
    mejor y con dulzura recorrer el terciopelo de tus labios y
                                      [de tu ano.
Con las piernas abiertas te observaste en el espejo y con
                                  [detenimiento dijiste
—Cómeme
—Okey
—Perdóname, tú sueles decir «bésamelo», hazlo como si yo
                              [fuera una adolescente.
De rodillas detuve las olas de aquel océano para introducirme
en lo más profundo de tu secreto.
Humedad, tus aguas envolvieron mi lengua,
mi sangre (sinónimo de asepsia) pintó tus labios de un carmín
            [color violeta como los labios de los moribundos.
Tu pene fláccido quería semejarse a mi pene erecto.
Mi sexo llegando al fondo de tu vida más íntima aplastó
tus aguas y sigiló el orificio.
Durante este tiempo relajé tus noches perpetuas.
Luego regresaste al barrio de la periferia mientras yo nadando
contra corriente seguía persiguiendo una forma en el océano
                            [de mi tiempo inacabado.
¿Cumpliste con tu deseo de marcharte a otro país?
¿Fumar opio en Hong Kong?
¿Regresar a Tánger?
¿O simplemente te quedas en la prolongación de la periferia?
    La racionalidad acompaña tus pasos durante tu caminar:
    último viaje hacia el infierno ubicado en el norte.

*

[OH SEÑOR DE LAS FORMAS DIME QUÉ
MAL NACE...]

Oh señor de las formas dime qué mal nace, quién anda entre
    gusanos y quién anda entre perros maldiciendo oscura-
    mente el nombre de la nada, el nombre feroz de este
            [poema, en que ladran los peces bandidos de la nada,
bandidos del silencio en que mueren las heces de mi oscuro
privilegio de escribir entre insultos y cuando se acaba
el poema, oír, los ladridos del perro:
todo queda aprisionado en el diminuto acuario de la mente,
sigilado entre cristales indestructibles.
Comidos por las ratas, comidos por los lobos,
comidos por los hombres, una mano hoza donde estuvo mi
                                            [nombre
y escribo en la oscura raíz donde lloran lobos enemigos
del hombre, de las ratas que enfrente escriben suavemente
las letras del vino y de la sangre:
esta sangre que rehúsa coagular como un virus desconocido,
esta sangre sabia que moja tus labios aún más erosionados
por un grito enmudecido por paredes de cemento pulido
con agua y cal,
cemento pulido por tu sangre sin color.
El ángel caído de la gloria perdida testificó cuando
la sangre se volvió viscosa y maquilló labios
y dientes de marfil.
Las zorras ladraron en el bosque, que todo lo rodea,
mientras agonizaban perdiendo el pelaje.
Luego nosotros, estirpe ritual, nos hundimos en las dunas,
entre miles de pequeños granitos, todos iguales entre sí.
Dunas de arena, arena entre las dunas.
Tú arena y dunas: yo atrapado en la clepsidra.

                                            (Tensó, 1997)

LUIS ALBERTO DE CUENCA

(Madrid, 1950)

BIBLIOGRAFÍA POÉTICA

Los retratos, Azur, Madrid, 1971.
Elsinore, Azur, Madrid, 1972.
Scholia, Antoni Bosch, Barcelona, 1978.
Necrofilia, Cuadernillos de Madrid, Madrid, 1983.
Breviora, Cuadernillos de Adal, Torrelavega, 1984.
La caja de plata, Renacimiento, Sevilla, 1985.
Seis poemas de amor, Newman, Málaga, 1986.
El otro sueño, Renacimiento, Sevilla, 1987.
Poesía (1970-1989), Renacimiento, Sevilla, 1990.
Nausícaa, Pliegos de Contemporáneos, Jerez, 1991.
77 poemas, Universidad de Sevilla, Sevilla, 1992.
El hacha y la rosa, Renacimiento, Sevilla, 1993.
Animales domésticos, Coda, Madrid, 1995.
Versos, Universitat de Lleida, Lleida, 1995.
Por fuertes y fronteras, Visor, Madrid, 1996.
El bosque y otros poemas, Rafael Inglada Ediciones, Málaga, 1997.

BIBLIOGRAFÍA CRÍTICA SOBRE SU OBRA POÉTICA (SELECCIÓN)

FIDDIAN, Robin W: «Rewriting Bécquer: "Julia" by Luis Alberto de Cuenca», *Siglo XX/20th Century,* vol. 11, 1-2 (1993), págs. 31-47.

LANZ, Juan José: *La poesía de Luis Alberto de Cuenca,* Trayectoria de Navegantes, Suplementos de *Antorcha de Paja,* Córdoba, 1991.

—: «La literatura como representación en *Poesía (1970-1989),* de Luis Alberto de Cuenca», en *La llama en el laberinto, Poesía y poética en la generación del 68,* Editora Regional de Extremadura, Mérida, 1994, págs. 159-171.

MARTÍNEZ MESANZA, Julio: «Temas y formas en la poesía de Luis Alberto de Cuenca», *Zarza Rosa,* 7 (octubre-noviembre, 1986), págs. 21-35.

PACIFICI, Giorgio: «Il quotidiano magico nell'opera di Luis Alberto de Cuenca», en CUENCA, Luis Alberto de: *Amour fou e altre poesie* (Antología en italiano), Levante Editori, Bari, 1989, págs. 7-12.

PASIÓN, MUERTE Y RESURRECCIÓN
DE PROPERCIO DE ASÍS

SONETO

Sombras, Propercio, sombras, gavilanes
oscuros, imprecisos, niebla pura,
cincha, brida y espuelas. No profanes
el mástil del amor, la arboladura

del deseo, la ofrenda de los manes,
con la triste verdad de tu locura,
cosmética, veneno, miel, divanes
y el perfume letal de la lectura.

Conocerás un puente de cuchillos,
la brisa del instante, el terciopelo
remoto como el torso de una diosa.

Sudor frío de muerte, tenues brillos
de Cintia envuelta en luminoso velo,
y, al fin, la permanencia de la rosa.

*

MAROONED

Silencio de barreras coralinas en el Fort du Rocher.
Escasea el bucán en los depósitos de la Cofradía.

Venías de los *Mabinogion*.
You lov'd me like a mist junto a los pumas de la noche.

Entre el estruendo de las baterías españolas.
El látigo del ron en la garganta.

La vergonzosa fuga del enemigo.
El fin de un gobernador cobarde.

Feliz balance en Puerto Bello.
Consumar con el sol una jornada victoriosa.

Enarbolaste la bandera negra de Némesis.
Me sentía orgulloso de tu valor.

Y en la choza besar tus labios
y sentirme otra vez *marooned*.

(Elsinore, 1972)

*

RUMBO A LONDRES, EL CONDE DRÁCULA RESUCITA UN PASADO SENTIMENTAL

Hasta aquí, amor. Aquí. Fauce abisal
de mi propio deseo, encadenado
y libre como el ancla entre sus limos.
Aquí, ferviente explorador de gozos.

No temas, cuerpo mío, arquitectura
sumergida, ciudad imaginada.
Gusta breve solaz, toca su lumbre,
admira su contorno, prevalece.
Tiniebla en la tiniebla, pez de sombra,
no hay heraldo que horade tu silencio
con dulce, memorable, dulce canto.
No hay heraldo. Detente, alado brillo
del sueño, resplandor de los cobardes.
Oscura vida, ven, y tus panoplias
de soledad nocturna, tus escudos
heráldicos, tu faz de terciopelo,
cristal anochecido del abandono.
Ven, oh tú, palpitante enredadera
de destrucción y plenitud, oh vida.
Y no la selva familiar, ni el húmedo
contacto de tu quilla con la proa
del mar, no el espolón entre los senos
me ofrezcas, artificio o salvación
final, sí deslizante carabela,
submarino solar y travesía
nostálgica y feliz, hermosa y triste,
lejos de Transilvania, de los ojos
tan suaves, del cabello, de las manos
que tanto amé y se han ido para siempre.

(Scholia, 1978)

*

ALICIA LIDDELL ABANDONA
EL PAÍS DE LAS MARAVILLAS
PARA CONTRAER MATRIMONIO

SONETO

Un pastel en los labios, un olvido
con nata en la memoria de la frente.
De chocolate y oro la pendiente
del seno, las ardillas del vestido.

La bizarra silueta de un bandido
en los ojos. La imagen balbuciente
de aquel primer amor, su negligente
porte de adolescente forajido.

Fresas y soledad en las mejillas,
celofán de los hombros, tulipanes
de brisa y risa y mar y tierna veda

de minúsculos tigres, o abubillas
al acecho de fieros gavilanes.
El cremoso susurro de la seda.

(Scholia, 1978)

*

AMOUR FOU

Los reyes se enamoran de sus hijas más jóvenes.
Lo deciden un día, mientras los cortesanos
discuten sobre el rito de alguna ceremonia
que se olvidó y que debe regresar del olvido.

Los reyes se enamoran de sus hijas, las aman
con látigos de hielo, posesivos, feroces,
obscenos y terribles, agonizantes, locos.
Para que nadie pueda desposarlas, plantean
enigmas insolubles a cuantos pretendientes
aspiran a la mano de las princesas. Nunca
se vieron tantos príncipes degollados en vano.

Los reyes se aniquilan con sus hijas más jóvenes,
se rompen, se destrozan cada noche en la cama.
De día, ellas se alejan en las naves del sueño
y ellos dictan las leyes, solemnes y sombríos.

*

EL EDITOR FRANCISCO ARELLANO, DISFRAZADO DE HUMPHREY BOGART, TRANQUILIZA AL POETA EN UN MOMENTO DE ANSIEDAD, RECORDÁNDOLE UN PASAJE DE PÍNDARO, *PÍTICAS* VIII 96

SONETO

Sin mujer, sin amigos, sin dinero,
loco por una loca bailarina,
me encontraba yo anoche en esa esquina
que se dobla y conduce al matadero.

Se reflejó una luz en el letrero
de la calle, testigo de mi ruina,
y de un coche surgió una gabardina
y los ojos de un tipo con sombrero.

Se acercaba, venía a hablar conmigo.
Mi aburrido dolor le interesaba.
Con tal de que no fuese un policía...

*

ISABEL

Isabel se ha matado. Dejó cartas absurdas
con recomendaciones y sarcasmos estúpidos.
Lo consiguió por fin, y me alegro por ella:
sufría demasiado. En la autopsia el forense
desmenuzó su cuerpo y encontró dentelladas
cerca del corazón y a la altura del pubis.
No hay luz en la buhardilla de Zurbano. El silencio
pasea su victoria sobre las papelinas
ocultas en el libro de Arcimboldo, y la muerte
ha llenado la casa de paz y de goteras;
sigue abierto un tebeo de Conan por la página
en que matan a Bélit, y otro de Gwendoline
con manchas de carmín en las dulces heridas.
Isabel ha dejado de molestar. Sus ojos
ya no arrojan al mar residuos radiactivos.

*

EL OTRO BARRIO DE SALAMANCA

Debajo de los *parkings* hay mundos subterráneos
que muy pocos conocen. Los habita una raza
de príncipes y reyes, de bardos y de brujos.
¡Subsuelo de las calles de Velázquez y Goya!

¡Océanos secretos de aguas centelleantes
bajo Lista y Serrano, Jorge Juan y Hermosilla!
¡Cúpulas, altas torres de ciudades de plata!
¡Palacios encantados, templos de mármol negro
debajo de la calle Don Ramón de la Cruz!
¡Odaliscas ocultas bajo las tuberías
del gas, en el asiento de la calle de Ayala!

Conozco a una doncella de ese mundo perdido
que me envía señales de humo por teléfono.
No consigue olvidar la ciencia de mis manos.

(La caja de plata, 1985)

*

JULIA

Mientras haya ciudades, iglesias y mercados,
y traidores, y leyes injustas, y banderas;
mientras los ríos sigan vertiendo su basura
en el mar y los vientos soplen en las montañas;
mientras caiga la nieve y los pájaros vuelen,
y el sol salga y se ponga, y los hombres se maten;
mientras alguien regrese, derrotado, a su cuarto
y dibuje en el aire la V de la victoria;
mientras vivan el odio, la amistad y el asombro,
y se rompa la tierra para que crezca el trigo;
mientras tú y yo busquemos el medio de encontrarnos
y nuestro encuentro sea poco más que silencio,
yo te estaré queriendo, vida mía, en la sombra,
mientras mi pecho aliente, mientras mi voz alcance
la estela de tu fuga, mientras la despedida
de este amor se prolongue por las calles del tiempo.

«Somos el sueño de una sombra, amigo»,
me dijo. Y era Bogart, y me amaba;
y era Paco Arellano, y me quería.

*

SONETO DEL AMOR ATÓMICO

Has minado la selva de mi pecho.
Le has dado fuego a todos mis olvidos.
Has llenado de muertos y de heridos
el pacífico reino de mi lecho.

Te has subido a la lámpara del techo
para bombardearme los sentidos.
Has vertido explosión en mis oídos
con tu voz nuclear siempre al acecho.

No más fisión, amor, no más ojivas
ni más misiles en mi dormitorio.
Cesen con tu victoria los enojos.

Me rindo. Tú has ganado. Mientras vivas,
no alcanzarás un triunfo tan notorio:
me has volado la mente con tus ojos.

*

MAL DE AUSENCIA

Desde que tú te fuiste, no sabes qué despacio
pasa el tiempo en Madrid. He visto una película
que ha terminado apenas hace un siglo. No sabes
qué lento corre el mundo sin ti, novia lejana.

Mis amigos me dicen que vuelva a ser el mismo,
que pudre el corazón tanta melancolía,
que tu ausencia no vale tanta ansiedad inútil,
que parezco un ejemplo de subliteratura.

Pero tú te has llevado mi paz en tu maleta,
los hilos del teléfono, la calle en la que vivo.
Tú has mandado a mi casa tropas ecologistas
 a saquear mi alma contaminada y triste.

Y, para colmo, sigo soñando con gigantes
y contigo, desnuda, besándoles las manos.
Con dioses a caballo que destruyen Europa
y cautiva te guardan hasta que yo esté muerto.

*

LA MALCASADA

Me dices que Juan Luis no te comprende,
que sólo piensa en sus computadoras
y que no te hace caso por las noches.
Me dices que tus hijos no te sirven,
que sólo dan problemas, que se aburren
de todo y que estás harta de aguantarlos.
Me dices que tus padres están viejos,
que se han vuelto tacaños y egoístas
y ya no eres su reina como antes.
Me dices que has cumplido treinta y cinco
y que no es fácil empezar de nuevo,
que los únicos hombres con que tratas
son colegas de Juan en IBM
y no te gustan los ejecutivos.

Y yo, ¿qué es lo que pinto en esta historia?
¿Qué quieres que haya yo? ¿Que mate a alguien?
¿Que dé un golpe de estado libertario?
Te quise como un loco. No lo niego.
Pero eso fue hace mucho, cuando el mundo
era una reluciente madrugada
que no quisiste compartir conmigo.
La nostalgia es un burdo pasatiempo.
Vuelve a ser la que fuiste. Ve a un gimnasio,
píntate más, alisa tus arrugas
y ponte ropa sexy, no seas tonta,
que a lo mejor Juan Luis vuelve a mimarte,
y tus hijos se van a un campamento,
y tus padres se mueren.

*

GUDRÚNARKVIDA

Carmen en estos casos se supera.
Se dispone a sufrir sin una lágrima.
No se golpea el pecho con las manos,
ni gime, ni los ojos se le nublan.
A su lado se sientan sus amigas,
todas muy maquilladas, con modelos
exclusivos y oscuros, lamentando
la muerte de Ricardo entre sollozos,
Carmen está tan triste que no llora.
Tanto dolor le sube a la cabeza
que no sabe qué hacer para alojarlo.
Mientras, María rompe el fuego y dice:
«No sé si va a servirte de consuelo,
pero he sufrido mucho en esta vida.

Mi familia murió en un accidente
de coche, en pleno estado de embriaguez:
mis dos maridos, hijos, hijas, todos.
Me he quedado solísima en el mundo.»
Como Carmen seguía sin llorar,
habló Julia, la de ojos transparentes,
y entre lágrimas dijo estas palabras:
«Más he sufrido yo. Mis siete hijos
murieron peleándose entre ellos
y mis padres se ahogaron en la playa
el verano pasado, uno tras otro.
Yo sola preparé los funerales
y encargué las guirnaldas de sus tumbas.
Para mí ya no existe la alegría.»
Marta la triste habló, sumida en llanto:
«A mí me odia Fernando, pero teme
quedarse sin dinero si me deja.
Sale con una chica, últimamente,
que no ha cumplido aún los veinte años.
Me obliga a descalzarla cuando viene
y a servirle en la cama el desayuno.
¡No puedo más de fiestas y de drogas
y de esa horrible gente de la noche!»
Pero Carmen no llora. Se levanta,
quita la tela que cubría al muerto,
ve el pelo enmarañado por la sangre,
ve los brillantes ojos apagados,
ve el pecho roto, las mejillas frías,
los labios negros y los pies blanquísimos,
ve el despojo que ayer fuera Ricardo.
Y Carmen ya no puede seguir viendo.
Cae hacia atrás, como si aquello fuese
a desaparecer si no lo mira,
y sus amigas corren a atenderla.

Y cuando su cabeza se refugia
en un cojín que apunta al cielorraso,
no puede evitar Carmen que una lágrima,
una caliente lágrima de amor,
resbale de sus ojos.

(El otro sueño, 1987)

*

EL JUICIO DE PARIS

A la dudosa luz del alba
las tres diosas se contonean
recién lavadas y peinadas,
cada una con un espejo
que dice: «Tú eres más hermosa.»

Fina escarcha y polvo de estrellas
salpica los divinos cuerpos
hechos de sueño y de rocío
y de polen de madreselva
y de feérica telaraña.

Se desperezan los gorriones.
Un viento sur muy destemplado
riza las ramas de los árboles.
Llega Paris a la glorieta
silbando alegre tonadilla.

*

LA VENUS DE WILLENDORF

Entre las chicas norteamericanas
que estudian español en la academia
de enfrente de tu casa, hay una gorda
que es igual que la Venus de tus sueños.
Bajo una camiseta de elefante
que pone «University of Indiana
(Jones)» y unos pantalones de hipopótamo,
se mueve por el mundo con el arte
que le da su ascendencia mitológica.
Hace ya varios días que vigilo
desde el balcón su cuádruple barbilla
y el sol dorado de su cabellera.
Hace ya varios días que le envío,
cuando se pone a tiro de mis ojos,
dardos de amor y flechas de deseo.
Pero no llegan nunca a su destino.

(El hacha y la rosa, 1993)

*

EL LIBRO DE MONELLE

Se llama Marcel Schwob. Tiene veintitrés años.
Su vida ha sido plana hasta el día de hoy.
Pero el relieve acecha en forma de una puta
a la que lo conduce, una noche, el azar.

Se llama Louise. Es frágil, menuda y enfermiza,
silenciosa y abyecta. Casi no se la ve.
Sólo hay terror y angustia en los inmensos ojos
que le invaden la cara, dignos de Lillian Gish.

En sus brazos Marcel olvida que mañana
citó en la biblioteca a su amigo Villon.
Se olvida hasta de Stevenson, su escritor favorito,
de Shakespeare, de *Moll Flanders* y del Bien y del Mal.

Qué tres soberbios años de amor irresistible
aguardan al judío en la paz del burdel.
El cielo de París aún retiene sus vanas
promesas y las tiernas caricias de Louise.

Pero lo bueno acaba. Ella muere de tisis
y Marcel languidece, privado de su sol.
«No queda más remedio que volver a los libros»,
se dice, y da a las prensas *El libro de Monelle*.

                                    (*El hacha y la rosa*, 1993)

                    *

EPIGRAMA

Me gustó imaginar, como a todos los hombres,
que la chica que amaba se acostaba con otros,
que se lo hacía incluso con gente de su sexo,
para darle más morbo y más psicopatía.
Me divirtió sufrir con esos disparates,
pensar que aquellas curvas que tanto me excitaban
habían sido de tirios y serían de troyanos.
Pero traspasé el límite. Lo tomé tan en serio
que tuve que vengar mi honor nunca ofendido
en el plano real, que es el que menos cuenta.
Sí. La maté en el mismo lecho en que imaginaba
que me había engañado tan deliciosamente,
y luego me maté, por si cupiera duda
de mi amor, silenciando críticas venideras.

Caminante que pasas al lado de esta tumba,
que estas palabras guíen tus pasos en la vida.
Por más que te divierta imaginarla en brazos
de alguien que no seas tú, no pierdas el sentido.
Mátala sólo a ella, trocea su cadáver
y búscate otra chica para seguir soñando.

*

LÍNEA CLARA

Dicen que hablamos claro, y que la poesía
no es comunicación, sino conocimiento,
y que sólo conoce quien renuncia a este mundo
y a sus pompas y obras —la amistad, la ternura,
la decepción, el fraude, la alegría, el coraje,
el humor y la fe, la lealtad, la envidia,
la esperanza, el amor, todo lo que no sea
intelectual, abstruso, místico, filosófico
y, desde luego, mínimo, silencioso y profundo—.
Dicen que hablamos claro y que nos repetimos
de lo claro que hablamos, y que la gente entiende
nuestros versos, incluso la gente que gobierna,
lo que trae consigo que tengamos acceso
al poder y a sus premios y condecoraciones,
ejerciendo un servil e injusto monopolio.

Dicen, y menudean sus fieras embestidas.
Defiéndenos, Tintín, que nos atacan.

(*Animales domésticos,* 1995)

*

EL PERRO DE MI NOVIA

No existe nombre menos indicado
que *Joker* para el perro de mi novia.
Nunca sonríe, nunca gasta bromas,
no es partidario de las emociones
y lo que más le gusta del paseo
es regresar a casa. ¿Quién diría
de este *retriever* plácido y dorado
que fue otrora una bestia sanguinaria,
cuando no había pacto entre los canes
y los hombres, y aún no había *terriers*
ni *collies* ni pastores alsacianos,
sino un único perro, parecido
al lobo y, como él, bastante bruto,
proclive a devorar niñas y abuelas?
Por una vez los siglos no han pasado
en vano, pues el perro de mi novia
no devora otra cosa que comida
para perros, y no sale de noche,
y no persigue perras por la calle
(entre otras cosas, porque está castrado).

*

TEICHOSCOPIA

a Carlos García Gual

Tras nueve años de guerra, el rey de Troya
no sabe quiénes son sus enemigos.
Se lo pregunta a Helena, allá en lo alto
de la muralla: «Dime, Helena, hija,
¿quién es ese que saca la cabeza

a los demás y que parece un rey
por su modo de andar y por su porte
señorial?» «Mi cuñado, Agamenón,
un hombre insoportable que no cesa
de gruñir, el peor de los esposos
y un mal padre.» «¿Y el rubio que está al lado?»
«Es mi marido, Menelao, un idiota
que no supo apreciar como es debido
lo que tenía en casa y no comprende
a las mujeres.» Príamo registra
la información de Helena en su vetusto
cerebro, y continúa preguntando:
«Y ese otro de ahí, de firme pecho
y anchos hombros, que va y viene nervioso
por el campo, las manos a la espalda,
como quien trama algo, ¿quién es ése?»
«Odiseo de Ítaca, un fullero
de quien nadie se fía, un sinvergüenza.»
«¡Caramba con los griegos!», piensa Príamo,
y le dice a la novia de su hijo:
«Otros veo, muy altos y muy fuertes,
que destacan del resto. Por ejemplo,
esa masa magnífica de músculos
que está sentada al fondo, a la derecha...»
«Es Ayante, una bestia lujuriosa
y prepotente, un grandullón con menos
inteligencia que una lagartija.»
«¡Qué bien hice estos años —piensa Príamo—
sin saber quiénes eran estos tipos!
Basta que gente así reclame a Helena
para no devolverla.» Y en voz alta
dice a la chica: «¿Dónde estará Paris?»
«Imagino que en la peluquería,
haciéndose las uñas y afeitándose.»

«Ayúdame a bajar de la muralla
y vamos en su busca, que os invito
a los dos a una copa en el palacio.»

                              *

EL ENCUENTRO

a Juan Manuel de Prada

En Salamanca, el último noviembre,
te encontré por la calle, tan delgada
como entonces, pero con más arrugas.
Dabas clases de no sé qué muy raro
(textología, por ejemplo) y eras
muy feliz explicando a tus alumnos
lo divino y lo humano. Me dijiste
que tus hijos quedaron en Madrid,
con su padre, y que sólo los veías
—ya eran mayores— tres o cuatro veces
al año; que te habías doctorado
(¡por fin!) y que ahora sólo te faltaba
ser funcionaria para ver el mundo
desde el lugar que merecías.
                              Yo
te dije que bueno, que pasaba
por allí casualmente, que tenía
un amigo escritor en Salamanca
y que había venido a visitarlo.
Tú me dijiste: «¿Tienes mucha prisa
o podemos tomarnos algo juntos?»

Después de muchas copas, con el alba
siguiendo nuestra pista, te lo dije:
«Desde entonces no ha habido otra mujer.»
Y en mi interior bullía la mentira
al alimón con el deseo, y todo
—aquel horrible bar, tú y yo, la noche—
era tan esperpéntico y absurdo
que se parecía a la vida.

(Por fuertes y fronteras, 1996)

*

SOBRE EL «CANTAR DE LOS CANTARES»

Cuando leo el *Cantar de los Cantares*
pienso: ¿cómo es posible que la dicha
—simbólica o real o figurada—
tenga que ver con el amor? ¡Qué raro!
Imagino que hay veces en la vida
en que el deseo nubla los sentidos
y apetece fundir dos soledades
en una sola y construir el mundo
desde el principio, como si la historia
no contase y el tiempo y el espacio
no estuviesen ahí. Pero esas cosas
deben guardarse dentro y no contarlas
a todo el mundo en plan «Bésame, vamos,
qué bella eres, soy la flor silvestre,
paloma mía, no hay en ti defecto,
despierta, corre, ven, dame tus labios,
enferma estoy de amor, llévame al lecho,
levántate» y demás intimidades.

El amor positivo, el que nos guía
hacia arriba y nos salva del infierno,
es siempre una excepción. Si Margarita
logró que Fausto no se condenara,
eso no significa que ya siempre
vaya a ocurrir lo mismo. Margaritas
no abundan. Lo corriente es que el amor
te sepulte en la sima de la angustia
y no que te conduzca al paraíso.
Amor es pesadilla, duro fármaco
que crea dependencia y sufrimiento.
Por eso de los libros sapienciales
que ennoblecen la Biblia (y añorando
las Biblias de verdad, las que tejieron
los viejos pueblos de Mesopotamia
y que, ay, no han llegado hasta nosotros)
no es el *Cantar* mi libro favorito.
Me gustan más los *Psalmos* (con *ps)*
Job y el *Eclesiastés,* por ese orden,
libros todos escritos desde el fondo
de una fosa, en el zulo de la vida,
como mandan los cánones humanos.
Será que no soy joven ya, y la muerte
va dibujando abismos a mi espalda,
y Dios no me hace caso, y tú te has ido,
y estoy de mal humor últimamente.
Será que cada vez me dice menos
el pensamiento judeocristiano.
No sé lo que será, pero he leído
muy despacio el *Cantar,* en una nueva
y erudita versión, y su lectura
me ha servido de poco, más o menos
lo mismo que un rumor que no se oye
o una luz que se apaga.

                                        (Inédito)

JAIME SILES

(Valencia, 1951)

BIBLIOGRAFÍA POÉTICA

Génesis de la luz, El Guadalhorce, Málaga, 1969.
Biografía sola, El Guadalhorce, Málaga, 1971.
Canon, Ocnos, Barcelona, 1973.
Alegoría, Víctor Pozanco ed., Barcelona, 1977.
Poesía 1969-1980, Visor, Madrid, 1982.
Música de agua, Visor, Madrid, 1983.
Poemas al revés, El Tapir, Madrid, 1987.
Colvmnae, Visor, Madrid, 1987.
Semáforos, semáforos, Visor, Madrid, 1990.
El Glipodonte y otras canciones para niños malos, Espasa Calpe, Madrid, 1990.
Poesía 1969-1990, Visor, Madrid, 1992.

BIBLIOGRAFÍA CRÍTICA SOBRE SU OBRA POÉTICA (SELECCIÓN)

AFTISSE TOSSER, Louise-Marie: *Columnae de Jaime Siles: Une nouvelle esthétique,* Université de Lille III, Lille, 1991.
AMORÓS, Amparo (ed.): *Palabra, mundo, ser: la poesía de Jaime Siles, Litoral,* 166-168 (abril de 1986).
DEBICKI, Andrew P.: «Un clasicismo contemporáneo: la poesía reciente de Jaime Siles», *Zurgai,* Poetas de los 70 (diciembre de 1989), págs. 44-49.
DÍAZ ARENAS, Ángel: *Comentario semiótico a nueve poemas de Jaime Siles,* PPU, Barcelona, 1991.
MORCILLO, Françoise: *Jaime Siles: ontología y poesía en «Poesía 1969-1980»,* Université Paris-Sorbonne, Paris, 1984.
MORELLI, Gabriele: «La poesia di Jaime Siles», SILES, Jaime: *Alfabeto notturno. (Alfabeto nocturno).* (Antología bilingüe italiano-español), Levante Editori, Bari, 1991, págs. 7-19.
RIBELLES, José María: «La poesía emergente de Jaime Siles», *Zarza Rosa,* 2 (abril-mayo de 1984), págs. 47-58.
ZIMMERMANN, Marie-Claire: «Du travail de la raison en poèsie: introduction à l'analyse d'un texte de Jaime Siles», en *Le Raisonnement (13 è Colloque d'Albi Langages et Signification),* Université de Toulouse-le Mirail, Toulouse, 1993, págs. 57-70.

GÉNESIS DE LA LUZ

La luz es un ave que se quema,
　　　　　que se inflama encendida, que se nace
del carcaj de la noche, saeta en la distancia
traspasando los anquilosados nervios de lo oscuro.
Sin humos, sin diabólicos embrujos ni fármacos,
　　　　　tan sólo
resplandor, titileante brillo, filo de daga
en busca de algún cuerpo donde abrir
　　　　　　　　　　　　de la sangre
las vetas minerales, el manantial enrojecido
del lamento, las compuertas de la rabia retenida
que en los dientes encuentra su muralla.
¡Qué alaridos de júbilo! ¡Qué embriaguez de belleza!
¡Qué rojos siderales! ¡Qué carnívoramente ha parido este alba!
Y un corazón seccionado
llueve sangre entre copas de pinos. Un pájaro se engendra
de plumaje de fuego y pico de bengala
que va ardiendo los aires, que deja tras de sí
un tumulto de lava, de bella, pura, ancestral
lava, lava, lava.

(Génesis de la luz, 1969)

*

BIOGRAFÍA

Mi ayer son algas de pasión,
luces de espuma.
Y una arena insaciable que devora
los cuerpos submarinos.
Un cielo blando donde beben
las palomas sin rumbo del estío.

(Biografía sola, 1971)

*

DAIMON ATOPON

A Marifé y Pepe Piera

I

Se te puede buscar bajo un ciprés de espuma,
en los dedos del aire, metálico, del sueño,
en un volcán de pájaros incendiados de nieve
o en las olas sin voz de los peces de plata.

Te ocultas en los ríos,
en las hojas de piedra,
en las lunas heladas.
Vives tras de las venas,
al borde de los dientes,
invisible en la sangre, desnuda, de la aurora.

Te he visto muchas veces arder en los cristales,
saltar en las pupilas,
consumirte en los ecos de un abismo innombrable.

Tu sombra me dio luz,
acarició mi frente,
se hizo cuerpo en mi boca.
Y tu mirada quema, relámpago de hielo,
humo en las cejas,
lava.

II

Árbol de olvido, tú,
cuerpo incesante,
paloma suspendida sobre el vértigo.

Hay una sal azul tras de tus cejas,
un mar de abierto fuego en tus mejillas
y un tic-tac indecible que me lleva
hasta un profundo dios hecho de espuma.

Y es otear el aire,
arañar el misterio,
acuchillar la sombra.

Y te voy descubriendo,
metálica mujer, entre el espino:
un murmullo de sangre transparente
en el rostro perdido del silencio.

III

Por ti la luz asciende a mediodía,
arena prolongada hasta mis labios,
hilo de tierra ardiente y presurosa
donde el espacio brota más intenso.

Es un géiser de espuma,
de interrumpida lava,
de paloma incompleta
que multiplica el aire en dimensión de voces.

Todo es música, nota, diapasón.
Hasta los cuerpos, en la nada, suenan.

*

TRAGEDIA DE LOS CABALLOS LOCOS

A Marc Granell

Dentro de los oídos,
                        ametralladamente,
escucho los tendidos galopes de caballos,
            de almifores perdidos
                                en la noche.
Levantan polvo y viento,
                        al golpear el suelo
sus patas encendidas,
                    al herir el aire
sus crines despeinadas,
                        al tender como sábanas
sus alientos de fuego.
Lejanos, muy lejanos,
                        ni la muerte los cubre,
desesperan de furia
                    hundiéndose en el mar
y atravesándolo como delfines vulnerados de tristeza.
Van manchados de espuma
                            con sudores de sal enamorada,

ganando las distancias
                        y llegan a otra playa
y al punto ya la dejan,
                        luego de revolcarse, gimientes,
después de desnudarse las espumas
                        y vestirse con arena.
De pronto se detienen. Otra pasión los cerca.
El paso es sosegado
                y no obstante inquieto,
los ojos coruscantes, previniendo emboscadas.
El líquido sudor que los cubría
        se ha vuelto de repente escarcha gélida.
Arpegian sus cascos al frenar
        el suelo que a su pie se desintegra.
Ahora han encontrado de siempre, sí, esperándoles las
        yeguas que los miran.
Ya no existe más furia, ni llama que el amor, la dicha de la
                                                [sangre,
las burbujas amorosas que resoplan
        al tiempo que montan a las hembras.
Y es entonces el trepidar de pífanos, el ruido de cornamusas,
        el musical estrépito
que anuncia de la muerte la llegada.
Todos callan. Los dientes se golpean quedándose
soldados.
        Oscurece. La muerte los empaña, ellos se entregan
y súbito, como en una caracola fenecida, en los oídos escucho
un desplomarse patas rabiosas, una nube de polvo levantado
                                                [por crines,
un cataclismo de huesos que la noche se encarga
        de enviar hacia el olvido.

                        *

CONVENTO DE LAS DUEÑAS

A Federico Ordiñana

El oscuro silencio tallado sobre el tacto
golpea sin tocar la luz de esta materia,
de esta altura perdida persiguiendo
la eternidad donada a sus figuras.

Un sosiego perenne asciende hasta la música,
difumina los ecos sonoros del espacio
y pulsa, impele, domeña, geometriza
la mágica sorpresa del aire en surtidores.

Infiel al arbotante, a la jamba convexa,
al ritmo que la mano con claridad impone,
deja un aliento verde para llegar al sueño,
al éxtasis que crece desde la piedra en fuga.

Y queda un resplandor, una callada imagen,
un fragmento de tiempo que impreciso se ahonda
y nunca más se ha sido: se está siendo
porque en su dimensión la forma dura.

(Canon, 1973)

*

HYPNOS Y THANATOS

Para Mario Hernández

Thanatos.—Por mí el silencio con sonido rompe
                los latidos, los cráneos, las frentes
                y en un agua de mármol los cuerpos se
                                                [transforman
            en permanencia vítrea y en tránsito.

Hypnos.—Tú y el silencio sólo sois un nombre,
        una palabra que nada atrás encierra,
        pues qué, de quién, en dónde ha sido nada
        y nada ha sido de qué, de quién, en dónde.

Thanatos.—Y tú, sin más, eco de joven voz un día has sido,
          torpe deseo que al mismo ser se enfrenta,
          ebriedad que ansía lo que no fue y pudo
          existir una vez, quizá, en la memoria.

Hypnos.—De la roca reviértenme los dardos
        y contra mí, veloces, se eternizan.
        Siento crecer de ti hasta mí las alas
        que en movimiento duran
        y en el tiempo.
        Pero también existe otra presencia,
        otro susurro lento y sigiloso.
        Si fui de ti y contra mí me llevas,
        contra ti y hacia mí, despacio yo
        te traigo.

                                    (Alegoría, 1977)*

                            *

                    IDENTIDADES

                                A José Antonio Llardent

                        Eu não sou eu nem sou o outro.

                        MARIO DE SÁ-CARNEIRO

    Lo que el agua aquí oculta no es un rostro,
    ni lo que abajo suena, su presencia:
    es otra identidad, cuya memoria
    ni el olvido siquiera podría precisar.

Más allá de su voz vibra la sombra
y dicen un yo que nadie más repite,
como si el tiempo en él tan sólo fuese
la materia de un soplo sin final.

*

MÚSICA DE AGUA

El espacio
—debajo del espacio—
es la forma del agua
en Chantilly.

No tú, ni tu memoria.
Sólo el nombre
que tu lenguaje escribe
en tu silencio:

un idioma de agua
más allá de los signos.

*

EL CENTRO DE LA LUZ

Nada conforma el centro de la luz,
sino el vacío que en ella misma crece.
Sonora orquestación de las palmeras.
Címbalo idéntico al eco de la luz.
Qué cantidad de espacio en transparencia.

Masa, volumen, línea, espesor.
Materia sida
no en ritmo: en voz, en mar, en movimiento.

*

PÁGINA

A Luis Alberto de Cuenca

De la realidad del mundo
                              caen las hojas,
que ya no son las hojas,
                              sino la luz
que cruza entre las hojas
de una tinta
              que niega toda luz.
              Como las hojas, así también la página,
nieve de plata convertida en humo
por un cuerpo
              de signos
                          para nadie.
Las palabras te miran: no te nombran.
Las palabras
              desde la orilla opuesta
del papel.
          Página
              de la realidad
que, con sus letras,
                    otro lenguaje
para nada
          forma.

                              (Música de agua, 1983)

*

HORTUS CONCLUSUS

> Et l'avare silence et la massive nuit.
>
> MALLARMÉ

Por donde el firmamento
columnas no sostiene ni levanta,
todo es pensamiento
que la noche suplanta:
vacío de la voz que, muda, canta

mientras en un espejo,
que no refleja nada, se contiene
la luz de su reflejo
que un solo signo tiene:
la nada del sonido que sostiene.

Porque no hay más negrura
que el vacío total de lo completo,
donde toda escritura
se convierte en secreto
de las letras que forman su alfabeto.

Condensación brotada
no de la voluntad: del embeleso
de la nada creada,
del signo en ella preso,
de la vida que, a veces, sólo es eso:

instantes que no acaban
de ser lo que no son y nunca han sido,
no eran, sino estaban.
Su voz era un olvido.
Su tiempo, en otro tiempo contenido.

Negación del lenguaje
que niega cuanto afirma toda vida.
Tapiz y tatuaje,
inteligencia sida
pintura sin color en sí perdida.

La noche ya se aleja
y hacia formas más plenas me encamino.
El mundo me refleja
no lo convexo, sino
la arena, el mar, la luz, el difumino.

Y por ellos llevado
alcanzo yo mi ser, que es esta suerte
de lenguaje olvidado,
de música tan fuerte
que no es posible en él ninguna muerte.

Todo el futuro espera
llenar de claridad este presente.
La noche sólo era
la tinta transparente
de la nada, que ser nada consiente.

Pero la luz es día
que a sí mismo se fija y se sostiene.
La mirada confía.
El iris la retiene.
Cúpulas de cristal dentro contiene.

La claridad resuena
y no de su vacío: de su fronda

el silencio se llena,
eco disuelto en onda
por la espuma más alta y más redonda.

*

COLUMNAS DEL LENGUAJE

¿Sostenidas por quién
aquí se alzan,
en ebriedad de luz,
estas columnas?

A vosotras, columnas,
que sois las no empezadas,
las aún sostenidas
por mármoles sonoros
cuyos ecos precisos
no duran sobre el mar.

A vosotras, figuras
de lo siempre invocado,
cuerpos del mediodía
que un resplandor profundo
hace surgir en voz.

A vosotras, frontera
del abismo insalvable,
columnas del lenguaje
en las que me sostengo,
perdido, yo también.

(Columnae, 1987)

*

SEMÁFOROS, SEMÁFOROS

A Pedro Laín Entralgo

La falda, los zapatos,
la blusa, la melena.
El cuello, con sus rizos.
El seno, con su almena.

El neón de los cines
en su piel, en sus piernas.
Y, en los leves tobillos,
una luz violeta.

El claxon de los coches
se desangra por ella.
Anuncios luminosos
ven fundirse sus letras.

Cuánta coma de rimmel
bajo sus cejas negras
taquigrafía el aire
y el aire es una idea.

El cromo de las motos
gira a cámara lenta.
Destellos, dioramas,
tacones, manos, medias.

Un solo parpadeo
y todo se acelera.
El carmín es un punto
y es un ruido la seda.

La falda, los zapatos,
la blusa, la melena
se han ido con la luz
verde que se la lleva.

En un paso de cebra
la vi y dije: ¡ella!
Y todos los motores
me clavaron su espuela.

El semáforo dijo
hola y adiós. Y era
muy pronto para todo,
muy tarde para verla.

El ámbar me mordía
los ojos y las venas
y la calle tenía
resplandor de pantera.

En qué esquina de yodo
su mirada bucea.
En qué metro de níquel
o burbuja de menta.

Ningún libro me dice
ni quién es ni quién era.
Ni su nombre ni el mío
intercambian fonemas.

Lloran los diccionarios,
lloran las azoteas
y dicto mis mensajes
en una lengua muerta.

He llegado hasta junio
y estoy en las afueras.
La costura del cielo
tiene blondas de niebla.

Las boquitas pintadas
dejan polvo de estrellas
en el borde de un vaso
boreal de ginebra.

Escrito en cuneiforme
el perfil de sus ruedas
los taxis amarillos
tatúan la alameda.

La noche me maquilla
con su breve tormenta
de bares y de hoteles
sonámbulos que tiemblan.

Otoño de terrazas
vacías y de mesas,
de toldos recogidos
y sillas genuflexas.

Los lápices de labios
con la aurora despiertan.
Los espejos los miran
dibujar sus dos letras.

En un paso de cebra
la vi y dije: ¡ella!
y todos los motores
me clavaron su espuela.

Ésta es la misma calle.
Ésta, la misma acera.
Y la hora, la misma.
Sólo ella no es ella.

La falda, los zapatos,
la blusa, la melena.
El cuello, con sus rizos.
El seno, con su almena.

¿Y la coma de rimmel
bajo sus cejas negras?
El aire me grafía
aún su silueta.

Esculpida en el ámbar
de algún paso de cebra
fosforece su piel,
fosforecen sus medias.

*

HIMNO A VENUS

Amor bajo las jarcias de un velero,
amor en los jardines luminosos,
amor en los andenes peligrosos
y amor en los crepúsculos de enero.

Amor a treinta grados bajo cero,
amor en terciopelos procelosos,
amor en los expresos presurosos
y amor en los océanos de acero.

Amor en las cenizas de la noche,
amor en un combate de carmines,
amor en los asientos de algún coche,

amor en las butacas de los cines.
Amor, en las hebillas de tu broche,
gimen gemas de jades y jazmines.

*

EPITAFIO PARA MANUEL SILES
MUERTO EN ASUNCIÓN DEL PARAGUAY

Dejo mi destino aquí,
español y americano.
Quede, pues, mi nombre así
de su raíz tan lejano.
Paraná y Pilcomayo
me envuelvan en su tapiz.
Savia, árbol, hojas, tallo
hacia un cielo de maíz.
Soy de otro meridiano.
No termino: empiezo en mí.

*

RÉQUIEM PARA ANÍBAL NÚÑEZ

A ti que remontaste las enormes
crestas de la república del suelo;
a ti que, en unidades uniformes,
te elevaste a la voz en blanco vuelo;

a ti que, entre columnas filiformes,
escribiste la página del cielo,
te escriben hoy —mientras se borra el Tormes—
la piedra, el sol, la luz, el mar, el hielo.

Y tú que alanceaste los ponientes
de luna de marfil y tez de acero,
las tundras, los meandros, las rompientes

del líquido lenguaje en grado cero,
desatas hoy en llanto los torrentes,
secos y solos, del solar ibero.

(Semáforos, semáforos, 1990)

LUIS ANTONIO DE VILLENA

(Madrid, 1951)

BIBLIOGRAFÍA POÉTICA

Sublime solarium, Azur, Madrid, 1971.
Hymnica, Málaga, 1975.
El viaje a Bizancio, Málaga, 1976.
El viaje a Bizancio, Provincia, León, 1978, edición definitiva.
Hymnica, Hiperión, Madrid, 1979, edición definitiva.
Huir del invierno, Hiperión, Madrid, 1981.
Un paganismo nuevo (Antología), Olifante, Zaragoza, 1981.
Poesía 1970-1982, Visor, Madrid, 1983.
La muerte únicamente, Visor, Madrid, 1984.
Marginados, La Pluma del Águila, Valencia, 1986.
Poesía 1970-1984, Visor, Madrid, 1989.
Como a lugar extraño, Visor, Madrid, 1990.
Marginados, Visor, Madrid, 1993, edición definitiva.
La Belleza impura, Poesía 1970-1990, Visor, Madrid, 1995.
Asuntos de delirio (1989-1996), Visor, Madrid, 1996.

BIBLIOGRAFÍA CRÍTICA SOBRE SU OBRA POÉTICA (SELECCIÓN)

GARCÍA RODRÍGUEZ, Javier: «De la belleza al deseo. Del deseo a la
    muerte: aproximación a la obra poética de Luis Antonio de Vi-
    llena, 1971-1984», *Tropelías,* 2 (1991), págs. 41-47.
GUTIÉRREZ, José: «Una antigua lectura aristocrática. (Introducción
    a la poesía de Luis Antonio de Villena)», *Zarza Rosa,* 1 (sep-
    tiembre-octubre de 1983), págs. 36-52.
JIMÉNEZ, José Olivio: «La poesía de Luis Antonio de Villena», VI-
    LLENA, Luis Antonio: *Poesía 1970-1982,* Visor, Madrid, 1983.
PERRIAM, Chris: *Desire and dissent. An Introduction to Luis Anto-
    nio de Villena,* Berg, Oxford, 1995.
VV.AA.: Revista *Litoral,* 188 (monográfico dedicado a Luis Anto-
    nio de Villena), Málaga, 1990.
—: *Les Langues Neo-latines,* 284 (monográfico dedicado a Luis
    Antonio de Villena), París, 1993.

CENIT, FUEGO Y NADIR DE GUIDO GOZZANO

Desesperadamente amaba las frondas del ocaso,
la etérea golondrina, tropo o voz del silencio.
Descansaba sus ojos en ópalos de fuego, recortaba
un enjambre de rosas o amaranto en viridarios
verdes como cortinas luengas, como bocas de faunos.
Sacerdotes de Persia con los ojos inmensos como
azabaches solos, donde un labio de sangre, un sueño,
en el ámbar del vidrio desmayaba las uñas,
el múrice, el polvo de arroz y el fuego de una actriz
de tragedia. Y los pétalos tiernos acercaba a sus labios.
Nostalgia de montañas sentía por la sangre,
cincelados abetos que en los brazos del tiempo un
recuerdo albergaban, celindas como lagos sin memoria,
dúctiles, largos, sinuosos y tórridos collares.
La corrupción anida, príncipe del viento, en la belleza.
En mis brazos se mece como añoranza eterna,
renuncia a todo árbol porque todo es inútil,
y afán de muerte siempre en la voz de las rosas.
Después fue tan sólo tomar el alfanje de su vaina
de oro, encerrar versos tibios en las cajas-desvanes
y arder en la memoria símbolos eternos, columnas,
fustes, capiteles dorados como antorchas o esmeraldas
sus ojos entre dioses de oro, sedas, vertumnos,
ninfas de opereta...

Las damas de la corte sangran senos de alondra,
y Heliogábalo muerto —235 de la era cristiana—
sobre el mármol dejó para nosotros, rojos alminares,
olor de casia dulce y de cerezas...
La corrupción anida, príncipe del viento, en la belleza.

(Sublime solarium, 1971)

*

CLÉRIGO VAGANTE

Andando entre la nieve de góticos aromas,
por los largos caminos de la ancha Europa,
entre catedrales y villas de sombra alargada,
va un hombre mal vestido, de mirada profunda.

Ha leído a Ovidio, latines y bestiarios.
Bebido tal vez de todos los vinos de la tierra.
Fornicado y amado en tabernas y burdeles
con mujeres sin historia y damas de leyenda.

Sabe que la vida es sólo un extraño
hilván de cosas inconexas; placeres y dolores,
ebriedad y miseria, libros y oro.
No hay final o el final nadie lo sabe.

Andando entre la nieve, feliz y beodo,
acaso echado fuera de alguna casa noble,
masca versos latinos, camino de ninguna parte
el viejo Archipoeta, clérigo en Colonia.

Homo videt faciem, sed cor patet Iovi.
No hay final o el final nadie lo sabe.

(El viaje a Bizancio, 1976)

*

LA VIDA ESCANDALOSA
DE LUIS ANTONIO DE VILLENA

¿Y qué puedo decir? ¿Asentir? ¿Negarlo?
He bajado las escaleras que he bajado
(muy en penumbra, a menudo), me he tendido
con los cuerpos que ha sido —con esos precisamente—
aunque no, desde luego, con cuantos he deseado.
Con la vista me voy, sin evitar atajos,
a los lugares aquellos que no sospecha nadie.
A ciertas horas no se llame a mi teléfono;
donde voy aquel rato no lo nombro al amigo
—ese que tiene casa y mujer y empleo asegurado—.
Lo que bebo en tu copa (he hablado de ti
todo el poema) lo adjetivo para que no se entienda.
Lo que hago contigo lo niega mi faz por la mañana.
Por la esquina maleva paso, embozado, muchas noches.
¿Asentir? ¿Negar? Sé bien que se murmura.
Pero yo no hago caso. (Y no se escandalicen los prudentes.)
Que toda vida que se vive plena es vida para escándalo.

*

HOMENAJE A CATULO DE VERONA

Un Billar es una sala mágica,
donde tapetes verdes y focos silenciosos
se mezclan a máquinas que foguean
fortunas con canicas de acero
y muchachas reidoras. Donde se dispara,
tras cristal, a liebres saltarinas
e inmensos osos que rugen. Un lugar
donde, frecuente, pasa, tentadora,

la Belleza. Como tú, que jugabas
a esto o aquello, con indolencia
adolescente, demorando tu pelo negro
y tu mirada negra, jovencísima,
y tus piernas esbeltas, fastuosas.
Pura tentación de la Belleza, no es
difícil imaginar tu cuerpo delicioso,
suave, sobre la colcha. Ofrecido,
en una perfecta desnudez cómplice
y callada. Así, delicada Belleza,
como pasas ahora entre los billares,
buscando al mejor postor o la entrega,
tras el juego feliz y la bebida, generosa.

~

¿Qué extraño don es la Belleza? ¿Lo
sabe quien la tiene? ¿De dónde procede,
cómo surge, por qué es tan oscuro su
nacer, por qué tan diversos sus poseedores?
¿En qué consiste su hechizo? ¿Y cómo
puede surgir en el denso olor de unos billares?

*

UN ARTE DE VIDA

Vivir sin hacer nada. Cuidar lo que no importa,
tu corbata de tarde, la carta que le escribes
a un amigo, la opinión sobre un lienzo, que dirás
en la charla, pero que no tendrás el torpe gusto
de pretender escrita. Beber, que es un placer efímero.
Amar el sol y desear veranos, y el invierno

lentísimo que invita a la nostalgia (¿de dónde
esa nostalgia?). Salir todas las noches, arreglarte
el *foulard* con cariño esmerado ante el espejo,
embriagarte en belleza cuanto puedas, perseguir
y anhelar jóvenes cuerpos, llanuras prodigiosas,
todo el mundo que cabe en tanta euritmia.
Dejar de amanecida tan fantásticos lechos,
y olerte las manos mientras buscas taxi, gozando
en la memoria, porque hablan de vellos y delicias
y escondidos lugares, y perfumes sin nombre,
dulces como los cuerpos. ¡Qué frío amanecer entonces,
qué triste es, qué bello! Las sábanas te acogerán
después, un tanto yermas, y esperarás el sueño.
Del día que vendrá no sabes nada. (No consultas
oráculos.) Te quemarán hastíos y emociones,
tertulias y bellezas, las rosas de un banquete
suntuario, y las viejas callejas, donde se siente
todo, en el verano, como un aroma intenso.
Vivir sin hacer nada. Cuidar lo que no importa.
Y si todo va mal, si al final todo es duro,
como Verlaine, saber ser el rey de un *palacio de invierno*.

*

PARA HONRAR A IBN QUZMAN, ZEJELERO

¡Cómo te gusta, amigo, meterte en historias de esas!
Citas clandestinas, amores furtivos, cuentos extraordinarios,
y vidas entre el sobresalto, la cama y las monedas.
Frecuentas (ya lo dicen) los bares apartados y los clubs
de noche; bebes, charlas y ves hasta altas horas.
Tienes siempre al retortero dos o tres beldades jóvenes,

con quienes haces planes de sexo y de delicias, buscando
el mejor momento. Te cuentan lo que hizo aquel,
y qué pasó en tal casa. Te dicen con quién se metieron
en cama por la vez primera, y qué sienten, y por qué
les gusta (como a ti) el cálido contacto de la piel desnuda.
Y tras pláticas, líos y citas curiosísimas,
gozas al final del cuerpo maravilloso aquel, suavísimo,
perfecto; los labios en sus labios y el grato pelo negro.
Y vuelves otra vez a otras historias. Siempre así,
marginales, ardientes, penumbrosas. Porque te acuerdas
que viste el otro día el trasero más bello de la tierra.
En fin, que por ahí se te ve, de un lado a otro,
en bares y tugurios, en lujosos palacios o en verbenas,
regodeándote feliz con esa gente, de la que sacas luego
lo que escribes. (Que eres mirón y truchimán, según sabemos.)
Pero te sientes allí vivo como nunca. Sabes que palpas
realidad al extender la mano. Y un fruto que mordido
deja jugo, como ninguno gusta, y jamás decepciona.

>   Por lo demás mis noctámbulos
>   amigos, mis camaradas de taberna,
>   me aseguran (y hay que creerlo)
>   que mis zéjeles se oirán en el Irak,
>   y hasta, sin duda, en la dorada Persia.

                                        (Hymnica, 1979)

                              *

GIOVANNI ANTONIO BAZZI,
«IL SODOMA»

Sólo la calle me hace falta.
En cualquier acera hallo la Biblia.
El ángel que detiene la mano

de Abraham, o el San Juan joven
que predica en el desierto:
Jordán sus labios y palmeras tiernas.
Lo que pinto, por eso, semeja
otra cosa. Pero es la calle sólo,
la realidad absoluta de este reino.
Todo lo demás es decorado,
simplemente pretexto. Lo que yo
amo, sobre todo, es la vida, el mundo,
la juventud irrepetible, el momento
de la gracia, cruel y transitorio.
Poco me importa que ciertos familiares
no me saluden. O que de mí se diga
que bebo muchas tardes con mozos
de cuerda y pajes que se bañan
en el Tíber. ¡Amo tanto la realidad,
amigo mío, que todos creen que son
fábulas lo que pinto! Sebastián
muriente, o la Troya desolada
de la que huye el crinado Eneas.
Pero no hay nada de eso. Ojos
vistos al azar, cuerpos que amo
en una tarde. Cinturas breves
que arden como la ciudad aquella.
Soy un ladrón de realidad,
y creo bien que todo arte es rapto.
Por eso importa más el vivir,
finalmente. Y de una u otra manera,
el artista, señor, es delincuente.

*

RETRATO DE BRUNETTO LATINI

Tapándose las bubas con lienzos de gasa,
entre olores de algalia y con los dientes negros
caminaba a su estudio, de mañana, en Florencia.
(No aguantará ya mucho este mal viejo.
Parece un condenado roído por las chispas
del fuego griego.) ¡Cuánto, cuánto tiempo!
Fértiles albores de los viajes, y los años
en Francia y en Castilla. Recuerda aquella
gruta de Toledo, y el sabor sarraceno de sus labios
pecando doblemente. *(¿No es ese el güelfo ilustre,*
el autor del «Trésor»? Me asquea tal estirpe.
Tres años lleva enfermo con putos y latín.)
Y luego había aquellas tardes doradas por el sol,
escuchando la voz de Marco Tulio y sus sentencias,
inflamado en el ritmo de la frase y pensando
en el río, donde quebraría lanzas sobre la hierba
la mejor juventud itálica. Y los caballos piafando
entre el vapor del heno —¿de quién es ese nombre?—,
su cabello de oro junto a las calzas rojas. Agatón.
Y era la misma mano de las martas en las noches
ardientes del tinelo, o entre los documentos del Estado
y en los antiguos versos donde estaba aquel nombre...
(Degenerado, que trajo moros para quilar con él.
Mala higa le file. ¿Qué se me importa a mí que sea
clérigo? Yo usaría la espada. ¡Mi señor eminente...!
Al Infierno ha de ir ese viejo aunque trate príncipes.)
Tabernas, libros, batallas, ¿en qué gastar mejor?
Las palabras que traen miel a los labios, el dosel
entreabierto donde fulge su cuerpo como un marfil
asiático, mientras oigo la voz nocturna pidiendo
por las benditas ánimas... Y morir ¿cuántas veces?
El fuego sobre todo. Concededme el fuego, como el canto

del rabel en un palacio o el brillo de aquel día
sobre el mar azul... El pregonero son y los *Tesoros,*
un humo —al fin— tan pobre y baladí... Pero
el momento mismo de palabras y torsos...
El rápido momento. El fuego voraz y extasiador.
Bueno, la vida es ciertamente una miseria puerca
y el pecado ¿no crees? una palabra tan bella como sol.
Trepaba las escaleras de la torre ayudado
de un mozo y un bastón. Escasos dientes negros.
Y aunque quemado todo y entre quemados iba
—como quien hasta el fondo apuró de un hondo tazón—
éste es de los que ganan, y en nada un perdedor.

(Huir del invierno, 1981)

*

TEMAS CREPUSCULARES

Las primeras ilusiones que se pierden
(y hablo de sentimientos)
mueven mucho aparato de tragedia,
pero en realidad, qué poco importa.
El jersey roto se sustituye por uno nuevo aún mejor,
o cuando menos, y a nuestro parecer, aún más hermoso.
La verdad es que en esos momentos
la vida pugna por salir, el agua es clara, se cuela la ilusión
(vivaz y alegre, aunque se derrumbe y vuelva)
por todos los resquicios, por todas partes.
Y el crepúsculo no es sino la esperanza de un día nuevo.
Pero después (lo sabes) es distinto.
Se cruza el horizonte como sin darse cuenta.
Se tacha un teléfono (o te cansa la voz)

mas no hay con quien sustituirla. Y cuanto queda en lejanía,
ese *te llamaré dentro de dos semanas,*
que tú hubieses querido inminente y ahora,
saber que la novedad se vuelve cuesta arriba,
y que a menudo no se cambia el jersey
sino que se acude al arte muy pobre del remiendo;
todo eso te va llenando de nostalgia,
te va tornando irremisiblemente más absurdo, más lejos,
y cuando recuerdas cómo te ilusionaron ciertas cosas,
el gozo que viviste tan intenso,
tantas puertas biendispuestas por delante,
has de decirte que ya no eres aquel,
te preguntas qué ha pasado, pues no hace aún mucho tiempo,
y cuando intentas colocarte la vieja máscara,
no cabe, los rasgos no corresponden,
hay sutiles variaciones, pero definitivas e ineluctables.
Así es que sueñas quedarte en una isla,
empiezas a ser escéptico con el futuro,
te tiñes de añoranza, no te importa rebajarte
para pedir amor *(cariño,* acaso, que es palabra más débil)
aún esperando ya —y casi de antemano—
las dos inevitables semanas (perpetuas)
que habrá por medio.
Y aunque veas que todavía brilla el sol,
tú dices que ya no es como antes.
Y cuando los chicos se marchan de la isla, anocheciendo,
al que (como tú) pregunta si no es muy duro quedarse solo,
le respondes, sirviéndote una copa y con triste sonrisa,
esa frase que tanto has estudiado, esa frase tan tuya:
Querido, pero si todos estamos solos. ¿No lo sabes?

(La muerte únicamente, 1984)

*

ET OMNIA VANITAS

Como quien todo ha perdido
y voluntario se desprende de lo que aún le quedaba...

Una casa apartada y pequeña,
con los solos ruidos del aire o de la vida,
cerca de la montaña... Y álamos y olmos
junto a un río pedregoso, que levísimo escapa.
Rústico casi todo, y rústica la mesa
sobre la que tantos tomos convierten el conocimiento
en la única aventura deseada...
(Schopenhauer, Teócrito, Medrano, memorialistas
de los siglos áureos...)
Un corral con gallinas: Y andar con sayal franciscano
y una vieja peluca *Luis XVI,*
para los días muy fríos o con el alma extraña...
¿Es este aquel de abrigos y bufandas sorprendentes?
¿El escandaloso, buscador de extravagancia?
Como de tantas cosas, qué poco ha quedado...
Desengaño, cierzo, desinterés, acedía,
un gran apetito de ausencia y de fracaso.
Aquí, retirado de todo,
sin el consuelo del bucolismo arcádico,
en un campo benigno y triste,
sedante, polvoriento, silvestre, manso...
Enfrascado en los libros, desdeñoso del mundo,
rotos los hilos de las vanidades,
ajeno, solitario, altivo, arisco,
estrafalario amigo que no ya no aguardas nada...

*

FELIPE II

No te entendieron. Fue tu historia una historia de fe.
Mi reino no es de este mundo —habías oído—
y pensaste que esa fe, la creencia, lo que se pide
a quien vive su idea, sería responder *amén.*
Elevar el reino de Dios en la Tierra,
anticipando la futura plenitud del Espíritu...
Quisiste un país lleno de llamas vivas,
ardiendo en fiebre desde su nacimiento,
un reino de espadas heroicas hasta la sangre última,
de ascetas absolutos en un claustro de oro,
de ígnea disciplina y sentidos tan tensos
que brotarían flores de mística locura...
Visionarios, santos, conquistadores, eremitas, penitentes,
hombres nacidos para Dios e impacientes de hallarlo
y fundirse con él: *Muero porque no muero.*
Seres embrujados que viven fuera del orden de la naturaleza.
Todo un país delirando divinidad —esto es, absoluto—
y aborreciendo la tierra y su mentira.
¿Hubo jamás espectáculo tan alto, tan digno, tan quimérico?
Tú fuiste más allá que Luis de Baviera;
más lejos, el lema que heredaste y diste cuerpo.
Es cierto que ello causó terror e injusticia
a quienes no supieron o no quisieron.
Y la sangre culpable hace que tus compatriotas
renieguen aún de ti, rey de lo absolutamente perfecto.
¡Idiotas! Si hubiésemos seguido tu ley,
si hubiésemos andado tu sendero,
España sería hoy el mundo todo
o el resto calcinado de una gigantesca hoguera.
Porque envueltos todos en delirio de amor,
en místicos arrobos, en batallas de Dios a través de tus tercios,
en puñales de rosas y lirios como espadas,
vueltos combustión, ardencia, éxtasis, lujuria

que deshace el cuerpo,
habríamos abandonado el mundo,
abjurado del maldito barro,
y cometido —plenamente felices, benditos hijos de Dios,
de un Dios que merezca ese nombre—
el más hermoso, el más osado suicidio colectivo de la Historia.
Eras la mano de la Muerte,
la mano de la sola verdad. Eras *real*. No, no te entendieron.

(Como a lugar extraño, 1990)

*

HÉROES

Diría hoy que salían de un libro prohibido.
Pero —entonces— salían sobre todo de la vida...
Altos, delgados y blancos, los dos odiaban el sol
y tenían marcas en las manos: Se quemaban a sí mismos.
Fumaban cannabis y bebían anís por las mañanas.
Dormían en cuartos de pensiones. Vestían de negro.
Sabían muchas letras de rock y hablaban del cuerpo
como si fueran cirujanos o negreros...
Les gustaba el arrabal y el barrio, el argot.
Tenían fintas y modos de chavales canallas.
Eduardo, el mayor, maleante y anarquista.
Escribía poesía visionaria. Y escupía.
Decía cosas salvajes de la gente y del mundo.
Juan Ángel, el pequeño, tenía grandes ojos dulces
y una belleza malsana, criminal y blanda.
Dibujaba sueños y falos y en nada creía.
Andando por las noches, recorriendo chigres y garitos
evocaban fantasmas, bandoleros, navajas, chulos...

Y a veces se reían y a veces se besaban ostentando.
Amarilleaban los dedos de sus manos muy largas.
Y meaban en la calle, sin pudor, pirados y agresivos.
Les teníamos envidia y lejanía: No eran libros.
Eduardo murió de sobredosis y Juan Ángel, antes,
se marchó a Perú. No volvió. Y nunca nadie supo.

(*Marginados,* 1993)

*

EL AÑO EN QUE VIVÍ MI JUVENTUD

Cuando acababa de cumplir veinte años,
harto del romo ambiente de Madrid
y de aquella Facultad de *progres* aburridos,
me largué a Italia, en busca de placer
y doctrina, y llegué muy pobre a la hermosa Ferrara...
¡Aún recuerdo sus altas torres de ladrillo
románico, y los tapices prerrafaelitas de sus nobles casas,
o el pozo de un *cortile* que manaba agua de Grecia!
¡El salón de espejos vénetos y columnas toscanas,
la dama Graffi que tocaba la espineta oscurecido
y tenía un hijo con alas al que llamaban *Chat de-lys*...!
Los espiritistas evocaban a Catulo por las tardes
y los que íbamos de jarana y *chianti*
por las húmedas callecillas estrechas,
bajo la luna, evocábamos a la reina Leonor,
que cabalgó desnuda en Antioquía.
Ferrara estaba llena de golfos y eruditos
y se decían palabrotas en latín,
y las putas del barrio judío traducían del parsi
libros eróticos secretos, y bebían vino de Chiraz,

porque Ferrara tiene algo de luna de Oriente...
¡Que me lo digan a mí! Una noche llamó
un estudiante a mi buhardilla y me dijo que
su nombre era Karim, nacido en Delhi, musulmán...
Y le invité a beber té chino, y a escuchar a Haendel,
y Karim me dijo que me regalaría una perla,
porque íbamos a ser amigos toda la vida y esa noche entera...
Y a la hermana de Karim le decían Hindu,
y los tres galopamos muchas tardes entre los pinos,
extramuros de Ferrara, y una noche nos pintamos
los labios para amarnos y recitarnos los tres una canción
goliárdica que había compuesto aquel muchacho húngaro...
Ferrara era una fiesta de música y amores,
rumor de besos, resonar de copas,
y de los palacios colgaban cintas de seda
y sones de rabel, como abejitas de un oro muy blanco...
Había fuegos y gitanos por las noches,
negros de Sudáfrica, indios del Amazonas
con collares de ignotos colmillos sobre su piel finísima
y todos —por la noche— nos reuníamos a bailar,
comer betel con anís, y hacer ofrendas a Hathor...
Las callejas olían a ostras y a líquenes
y en el río, a mediodía, había chicos desnudos
y princesas de Bassani en fábulas doradas...
La dama Armida murió de amor.
Y el príncipe Fauzhi llevaba un guepardo
cuando le invitabas a *sandwiches*...
Pero Karim y Hindu volvieron a La India.
Y mi familia me llamó desde Madrid, indignada.
—*¿Te has dado cuenta de que ya tienes veintiún años?*
Vamos, querido, es hora de volver y trabajar...
Debes pensar seriamente en el futuro.
Así es que dije adiós, adiós para nunca jamás a Ferrara.

*

SIEMPRE ÁNGELES DESOLADOS

Madrid, octubre de 1969. Desde un piso muy alto oímos
llover y huele a té caliente y humo de tabaco...
Hemos deambulado con Lovecraft y Crowley por ríos
de ponzoña, y soñamos en los nudos del sexo y la
                                        [experiencia,
que destruye el cuerpo para brillar y enaltecer las almas...
The sound of silence suena en el tocadiscos, muy suave,
y es como si un buque fuese cruzando el Atlántico de noche,
mientras nos perdemos en abismos de adentro, lujos de
                                        [grandes
cenas, oropel de morfina con aguja de oro, muchachos o
                                        [mujeres,
paraísos lejanos de turbulencia y carne, viajes, *rock'nd roll,*
                                        [droga...
El periódico, en recuadro pequeño —me señalas— dice que
ha muerto Kerouac. El primer escritor vivo al que quise
                                        [(cortos años)
ha muerto. Sabíamos bien poco: *On the road,* vagabundos,
                                        [whisky.
Esa noche de octubre de 1969 somos dos locos adolescentes.
No conocemos el dolor, o creemos que consiste sólo en sus
                                        [gestos...
Tenemos fe y anhelo de destrucción y lujo.
No hemos vivido nada: Tedio, universidad, amigas.
Pero tenemos tal ansia de vida y de experiencia,
que en una balanza, ganaríamos a una esfera terrestre
                                        [gigantesca.
Quisiéramos ojeras muy profundas, trenes transiberianos,
estetas germanófilos, pederastas ingleses, una dama ocultista
con encajes a quien adoran los *hipsters* de Deyá,
baños de luna y marihuana, Mrs. Robinson sentada
en cama de alquiler, carreteras, moteles, Janis Joplin, morir

por exceso de anfetas y de vida: Morir, literariamente...
Y brindamos por Kerouac con una fórmula de
Madame Blavatsky, y bebemos ese té que ya está casi frío...
No imaginábamos apenas los rostros tan glaciales del dolor.
Sólo queríamos vivir. Kerouac, al fin, quería sólo muerte.
Pero te aseguro, Jose, que era igual, aun es exactamente la
                                                    [misma cosa.

[Asuntos de delirio (1989-1996), 1996]